职业教育“十三五”改革创新规划教材

中职生体育与健康

基础模块

胡德刚 迟小鹏 辛守刚 主 编
郑安微 贾秦 蔡杰铮 董晓艳 刘慧茹 副主编

清华大学出版社
北 京

内 容 简 介

本书是职业教育“十三五”改革创新规划教材，依据《中共中央国务院关于深化教育改革全面推进素质教育的决定》《中等职业学校体育与健康课程标准》《关于强化学校体育促进学生身心健康全面发展的意见》等文件编写而成。

本套书分为基础模块、拓展和职业模块两册，基础模块主要内容包括体育理论、田径、足球、篮球、排球、乒乓球、羽毛球、网球、游泳、武术、健美操；拓展和职业模块主要内容包括定向运动、瑜伽、轮滑、矫正体操、职业体育知识。

本书可作为中等职业学校体育课教材，也可作为体育运动参考用书。

图书在版编目（CIP）数据

中职生体育与健康：基础模块 / 胡德刚，迟小鹏，辛守刚主编 . — 北京：清华大学出版社，2017（2021.8重印）

（职业教育“十三五”改革创新规划教材）

ISBN 978-7-302-47743-3

Ⅰ. ①中… Ⅱ. ①胡… ②迟… ③辛… Ⅲ. ①体育课 – 中等专业学校 – 教材 ②健康教育 – 中等专业学校 – 教材 Ⅳ. ① G634.961

中国版本图书馆 CIP 数据核字（2017）第 166205 号

责任编辑：刘士平
封面设计：张京京
责任校对：刘 静
责任印制：丛怀宇

出版发行：清华大学出版社
网　址：http://www.tup.com.cn, http://www.wqbook.com
地　址：北京清华大学学研大厦 A 座　**邮　编：**100084
社 总 机：010-62770175　**邮　购：**010-62786544
投稿与读者服务：010-62776969, c-service@tup.tsinghua.edu.cn
质量反馈：010-62772015, zhiliang@tup.tsinghua.edu.cn
课件下载：http://www.tup.com.cn, 010-62770175-4278
印 装 者：三河市科茂嘉荣印务有限公司
经　销：全国新华书店
开　本：185mm × 260mm　**印　张：**17.5　**字　数：**380 千字
版　次：2017 年 7 月第 1 版　**印　次：**2021 年 8 月第 4 次印刷
定　价：49.00 元

产品编号：075214-02

《中职生体育与健康》（基础模块）

编写委员会

主　编

胡德刚　北京建筑大学
迟小鹏　北京外国语大学
辛守刚　北京市第四中学

副主编

郑安微　福建省同安第一中学
贾　秦　河北师范大学附属民族学院
蔡杰铮　北京市十一学校
董晓艳　北京市第四中学
刘慧茹　北京市第四中学

编　委（按姓氏笔画排序）

马彩云　厦门市同安区莲花中心小学
王　品　北京物资学院
李少杰　北京师范大学
李东光　北京西藏中学
李伟才　北京警察学院
李林云　北京建筑大学
李振涛　沈阳市第一二〇中学
张宏宇　北京信息科技大学
岳全亮　北京教育学院附属中学
范运萍　中国地质大学（北京）
胡德俊　北京建筑大学
徐　杰　中央民族大学
郭美娟　北京工业大学
廖惠萍　厦门外国语学校湖里分校
翟　曜　中国教育科学研究院北京大兴实验学校

前言

本书是职业教育“十三五”改革创新规划教材，依据《中共中央国务院关于深化教育改革全面推进素质教育的决定》《中等职业学校体育与健康课程标准》《关于强化学校体育促进学生身心健康全面发展的意见》等文件编写而成。本书在编写时努力贯彻教学改革的有关精神，严格依据课程标准的要求编写，具有以下特色。

1. 立足职业教育，突出实用性和指导性

（1）本书内容紧扣新课程标准要求，定位科学、合理、准确，力求降低理论知识点的难度；正确处理好知识、能力和素质三者之间的关系，保证学生全面发展，适应终身体育能力的需要；以就业为导向，既突出学生对运动技术运用能力的培养，又保证学生掌握必备的基本理论知识，实现“练”有所思，“学”有所悟；贯彻课程建设综合化思想，合理协调基础理论知识与基本技能之间的密切关系，将不同的知识有机地连贯起来，为学生奠定必要的健身知识与技能基础。

（2）本书内容立足体现为高素质劳动者培养目标服务，注重“通用性教学内容”与“特殊性教学内容”的协调配置，体现出新编教材对不同地区、不同专业既有“统一性”要求，又有选择上的“灵活性”和“差异性”，尽量满足不同层次、不同地区、不同职业的需要。

（3）本书内容通俗易懂、依据的标准新、内容新、方法新。突出实践性和指导性，拉近现场与课堂教学的距离，丰富学生的感性认识。

2. 以学生为中心，创新编写体例

（1）针对部分教学内容，在本书中设置具有直观性和带有感情色彩的引导文、知识窗、小贴士、图片等。让学习内容表现出通俗性、生动性、实用性和指导性等，以此激发学生对该课程的学习热情和学习兴趣，缩短理论与实际应用之间的差距，构建理论与应用之间的纽带，培养创新能力和自学能力。

（2）设置思考题，降低难度，突出针对性和实用性，立足加强学生对知识点的理解和掌握。改变单一的“考学生”的教学观念，树立引导、服务和帮助学生掌握知识的新理念。

（3）部分内容可以通过分组教学、课外锻炼、专题讨论等方式开展教学，引导学生积极主动地交流与探讨，造就创新与探讨的开放式教学环境，提高学生的探索兴趣，加深学生对相关知识的理解。

3. 重视学生个性发展需要，渗透探索精神、创新意识、爱国教育等

（1）体现以人为本，面向学生个性发展需要，在部分章节中设置“探讨话题”“分析与交流”等栏目，创造相互交流、相互探讨的学习氛围，激发学生的学习兴趣，培养学生的分析能力和自学能力。

（2）介绍成熟的新知识、新技能，并面向实际应用，使学生在日常锻炼中能够运用正确的方法。

（3）在课程学习和实践教学活动中注重渗透爱国主义教育、职业道德教育、心理健康教育，激发学生的爱国热情和敬业精神。

本书在编写过程中参考了大量的文献资料，在此向文献资料的作者致以诚挚的谢意。由于编者水平有限，书中难免有错误和不妥之处，恳请广大读者批评指正。了解更多教材信息，请关注微信订阅号：Coibook。

编　者

2017 年 3 月

目 录

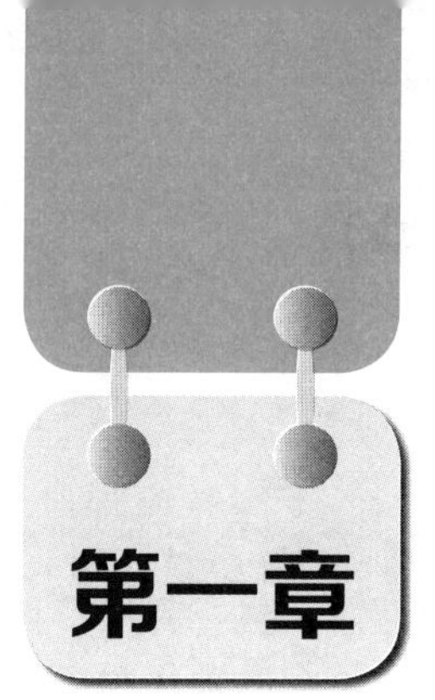

第一章

体育与人类的发展

体育作为最早出现的原始教育，是人类学习生存技巧和生产劳动的产物，是伴随人类社会历史进程发展而逐渐发展起来的，对人类的发展起着举足轻重的作用。本章解读了体育的发展史，概述了体育的价值与作用，叙述了古代奥运会的开创、近代奥运会的复兴等内容。

学习目标

（1）认识体育的概念。
（2）了解体育的起源、发展过程及体育对人类发展的作用。
（3）理解奥林匹克运动及其内涵与价值。

第一节 体育的产生和发展

人类生存和社会发展的需要是体育产生的根源和发展的动力。体育的历史源远流长，是人类最早的教育形式，在其自身的流变过程中，积淀了丰富的内涵。通过本节学习，可以深入认识体育的概念、产生及发展的历史根源，同时了解校园体育文化的价值。

一、什么是体育

体育分为广义体育和狭义体育，广义体育也称为体育运动，是指以身体练习为主要形式，以增强体质，促进人的发展，丰富社会文化生活和促进精神文明为目的的一种有意识、有组织的社会活动，它是社会大文化的一部分；狭义的体育即身体教育，是一个发展身体，增强体质，传授锻炼身体的知识、技能、技术，培养道德和意志品质的教育过程，它是教育的组成部分，是培养全面发展的人的一个重要方面。体育的分类比较复杂，按照活动场所可以分为家庭体育、学校体育、社会体育；按照参与者年龄可以分为婴幼儿体育、青少年体育、中老年体育；按照自身属性可以分为竞技体育、群众体育；按照发展年代可以分为古代体育、近代体育、现代体育。

二、体育的产生和发展

1. 体育的产生

在历史的长河中，体育是伴随着人类社会产生和发展的。原始社会，人类劳动的直接目的是生存。原始人为了生存和保卫自身安全，常与野兽和自然灾害做斗争，还要跋山涉水寻找食物等，如图 1-1-1 所示。通过各种身体活动和使用生产工具培养了人的多种技能，从而发展了走、跑、跳、投、游泳、格斗等基本活动能力，提高了包含速度、力量、耐力、灵敏在内的多方面身体素质，并逐步形成了以生存为直接目的的体育文化。原始人在生产劳动和生存竞争中的身体活动是原始体育的最初形态。

图 1-1-1 原始人捕获食物

2. 体育的发展

体育是伴随着人类社会的历史进程发展起来的，从原始体育到当今体育，经历了古代体育、近代体育、现代体育三个时期。

（1）古代体育

原始社会的瓦解是随着私有制的出现开始的，自从人类进入奴隶社会，人类社会生活中逐渐出现了教育、文化、艺术、宗教、军事等复杂的社会现象，人的身体活动与这些现象相结合，体育就随之发展起来。

在古希腊，斯巴达人为了保护家园不得不战斗，把男士培养成强壮的武士，以战争为直接目的的体育锻炼便开始盛行。到雅典时期，体育开始由贵族统治，他们不只是把年轻人培养成军人，而是多才多艺、能言善辩、善于商业的政治家和商人，人们在各方面得到了发展。古希腊人信奉神灵，在祭祀活动中，带有宗教色彩的竞技运动受到人们喜爱。角力、赛跑、拳击、格斗、射箭等活动逐渐出现，并在全希腊规模的体育竞技赛会和宗教性祭祀的集会上进行比赛和表演，这也是古代奥运会的雏形。

公元前 148 年，罗马人击败了希腊人，体育重新成为战争的工具，但古罗马的体育充斥着血腥和暴力，贵族们把角斗士与动物的厮杀作为娱乐项目观看。中世纪的大部分时期，罗马的天主教堂接受了农民的球赛，成为球类运动的发源时期。在早期古罗马角斗士的基础上，中世纪骑士比武非常盛行，中世纪后期出现了骑士学校，许多军事体育的内容经过改造成为 18 世纪学校体育课活动内容。

我国古代体育发源很早，公元前 2500 年，先后创造了蹴鞠、摔跤、射箭、武术、投壶等体育项目。周朝时出现“六艺”教育，即礼、乐、射、御、书、数，其中包含身体训练。秦代到宋代又先后出现达摩祖师的十八罗汉手、百戏、五禽戏等。

（2）近代体育

文艺复兴表面上看是古希腊、罗马文化的复兴，实质上是新兴资产阶级反封建、反宗教统治的新文化运动，文艺复兴提倡资产阶级人性，提倡个性自由，人文主义思潮推动了教育的发展，身体运动首先进入学校，成为培养人的重要内容。人文主义者将竞争精神列为受教育者应具有的首要品格，认为人由身心组成，人的发展应该包括身体发展，理想的、完整的教育应该包括体育在内，而不是进行心灵训练。从而肌肉强健发达的身体重新成为人们欣赏的对象。

启蒙运动是一场声势浩大的思想运动，人们最有力的口号是：自由、平等、博爱，这成为体育人文价值观的基准。启蒙运动提倡普及文化教育运动，启蒙思想家大力宣扬知识的作用，为德、智、体全面发展的教育思想确立提供了思想依据。

（3）现代体育

现代西方体育在 18—19 世纪，随着现代教育思想和现代教育而形成。到 19 世纪末，学校体育经过科学化、课程化的改造，确立了自己独特的文化形态，进而重新进入社会文化生活中。21 世纪，无论是发展中国家还是发达国家，都在寻求保存各自生活方式和发展民族文化对策。作为民族化文化重要组成部分的体育文化，是人类社会发展到一定阶段的产物，在为社会经济、政治、文化建设服务的同时，获得了自身发展。现代体育的社会功能已经大大超过增强人民体质的范围。总之，社会不能没有体育，未来社会更加需要体育。

三、校园体育文化的价值

校园文化指以学校课外文化活动为主要内容的文化氛围和学校精神文化。体育文化是在增进健康、提高人民生活质量的过程中创造和形成的一切物质和精神财富。校园体育文化属于一种十分复杂而又特殊的亚文化形态，既是学校校园文化的重要组成部分，又是体育文化中一个不可缺少的重要方面，是在学校体育教育过程中创造和形成的物质和精神财富，是一种特定体育文化氛围。其价值可概括为以下几点。

1. 促进学校发展

校园体育文化是在长期教学实践中逐步形成的，是一种文化的历史沉淀，代表着一所学校校园文化的发展程度。体育活动开展不好，群体活动不普及的学校大多是无生气、育人不景气的学校，而校园体育文化丰富多彩、生动活泼的学校对外声誉一般都很高。所以说校园体育文化是学校的一张名片，起着促进学校发展的作用。

2. 传承体育文化

体育文化博大精深，蕴含了人类发展的哲理，而校园是传承体育文化的主要阵地，通过构建和发展校园体育文化，将千百年积淀下来的体育文化传播开来，让学生了解体育、学习体育、传承体育、发展体育，吸取体育文化中的精华，弃其糟粕，将传统体育文化和当今体育精神相融合，使体育的发展适应人类的需要和社会的需求。

3. 体现教育价值

校园体育文化在培养全面合格人才上具有其他教育所没有的独特功能，它包括提高学生身体素质和机能；获得体育理论和卫生知识，掌握运动技术；培养终身体育意识、能力和习惯；养成良好的道德品质等。例如，体育竞赛中的公平竞争、遵守规则、尊重对手、求真求实、拼搏进取、团队意识、集体荣誉感等。

4. 营造和谐氛围

校园体育文化创造的氛围能激发学生愉快地、自主地从事身体锻炼，能充分挖掘学生潜力，激发他们去创造、享受体育运动，以求获得知识的满足感、技能提高的喜悦感以及失败后战胜困难的超越感、运动后的轻松愉悦感，提高学生感受美、欣赏美、创造美的能力，塑造美的人格和心灵，同时消除学生心理和情绪上的自我干扰和摩擦。

5. 积累实践经验

任何校园体育活动的开展都是学生自我管理、自我提高、不断社会化的过程，它加强了学生之间的交流，提高了学生的实践能力；任何校园体育社团都具有社会实践价值，让社团中的学生懂得组织与执行、竞争与共赢、分工与合作的价值，使学生在担任不同角色的过程中不断积累实践经验。

第二节 体育对人类发展的作用

人类的进步史也是一部人类对体育认识的发展史。在原始社会，人类对体育的应用多是生存、生活、生产的一种方式，古代体育的作用也多体现在战争上，随着历史的发展，人类生活方式改变，体育对人类的作用也逐渐发生改变。

一、体育的功能

1. 健身功能

“强身健体”是体育的本质功能。体育运动可以促进青少年骨骼、肌肉和大脑的生长发育，提高观察力、记忆力、想象力和思维能力。体育锻炼还能提高人体心血管系统、呼吸系统的机能水平，调适和保持心理健康。所以对青少年来讲，体育可以强身健体、愉悦身心；对成年人来讲，体育可以减少现代社会带来的威胁人们健康的“精神压力”和“文明病”。

2. 教育功能

（1）学校体育的教育功能

学校体育是学校教育的重要组成部分。学校体育向学生传授了体育文化、科学锻炼知识，提高了学生对体育的欣赏能力和文化素养。同时，学校体育还使学生掌握了基本运动技能，如田径、体操、球类等，发展了学生身体素质，使学生感受了克服困难、积极进取、团结协作、公平竞争等情感，锻炼了学生的意志品质，为将来担任社会角色和适应社会生活、工作打下良好基础。

（2）社会体育的教育功能

体育具有竞技性、群聚性、国际性、礼仪性等特点，在激发爱国情感、振奋民族精神、培养社会公德方面有着积极的教育作用。在体育比赛中，参赛选手与同伴、对手和观众之间的情感交流，可以激起强烈的荣誉感、责任心、集体观念和奋发向上的进取精神；在体育运动中，每一个参与者都要遵守运动规则，这种习惯和意识的养成延伸到社会生活中，就是遵守社会规范、遵纪守法，懂得合理竞争等。

3. 娱乐功能

顾拜旦曾这样感慨："啊！体育，你就是乐趣！想起你，内心充满欢喜，血液循环加剧，思路更加清晰。你可以使忧伤的人散心解闷，你可以使快乐的人生活更加甜蜜！"

在现代生活中，随着科学化、机械自动化生产方式的运用，人们的劳动时间和强度逐渐降低，空闲时间逐渐增多，因此，余暇体育、户外运动、娱乐体育、健身活动得到发展，成为现代人业余生活和娱乐的重要部分，也成为人与人相互交流的重要途径。个人可以通过健身活动忘却工作烦恼和生活压力，把不愉快和消极情绪一扫而光；朋友之间可以通过体育活动联络感情，畅想美好生活；合作伙伴可以通过户外体育完成谈判工作。所以说体育可以丰富个人和社会文化生活，提高人们的生活质量。

4. 经济功能

早在2000年，全球体育产业的总产值就高达4000亿美元。澳大利亚、加拿大、日本、英国、德国、法国和意大利等发达国家的体育产业总产值约占国内生产总值（GDP）的1%~1.5%。2006—2011年，我国体育用品行业（运动服、运动鞋、运动器材及相关体育产品的制造和销售）增加值逐年扩大，年均复合增长率17.63%，累计至2011年，预计达到1760亿元。所以说，体育产业推动了经济的发展。

5. 政治功能

古代社会体育被用于战争，同样也被用于"神圣休战"。现代社会，体育在政治上的作用多用于外交服务、展示民族地位和威望、促进民族团结。体育可以改善和促进国家之间的关系，如中国的"乒乓外交"，促使中美关系正常化。体育竞赛可以提高国家地位和威望，振奋民族精神，创造安全的社会环境，2008年北京奥运会使我国被世界更多的国家所认可。

二、体育是把"双刃剑"

万事有利皆有弊，体育可以促进人的身体健康，起到教育、娱乐身心、促进经济发展等作用，同时不科学的体育运动会损害身心，竞技体育中部分不良现象会影响人们的价值观，体育商业运作改变了体育的本质等。

1. 健身与伤身

科学的体育锻炼可以强身健体，促进身心发展，不恰当的体育活动同样会伤害身体。最常见伤害为运动损伤。由于一些锻炼者技能水平或者场地等原因造成的运动损伤比比皆是；由于不了解自己身体情况，有心脏病或其他不适合运动的疾病而去参加运动或比赛，造成猝死的例子也不少；一些运动员为了取得比赛胜利，不惜服用兴奋剂，对身体造成极大危害。所以说体育可以起到健身作用，同样存在伤身的危害。

2. 竞技体育的激情与不雅

竞技体育给观众带来了激情，起到激发爱国情感、振奋民族精神的作用。但在利益的驱使下，竞技体育比赛中屡次出现服用兴奋剂、行贿裁判、买通对手等丑闻。例如，1988 年汉城奥运会，“第一飞人”加拿大著名短跑运动员本·约翰逊服用兴奋剂事件；韩国全北现代队行贿裁判事件；我国十运会出现的“假赛事件”等。这些赛事不仅违背了体育道德和体育精神，违背了公平竞赛的原则，无视观众的权益和感受，还对社会造成了非常恶劣的影响。

3. 体育商业运作的利弊

体育赛事的商业运作可以大力推动旅游业、建筑业的发展，增加国际贸易契机，促进举办城市的交通、通信、服务行业发展，带来可观的政治和社会效益。商业化的宣传也能提高体育项目和运动员的知名度，改善了运动员的处境，扩大了大众参与性。但不成熟的体育商业运作会带来一定的弊端，使一些体育活动成为商业活动的附庸，使体育赛事服从于商业安排。例如，赞助商为自己利益操控体育比赛；为了提高观赏性和对抗程度，改变赛制规则，使运动员疲于奔命等。

三、中职体育与职业发展的关系

1. 良好的身体素质和活动能力是职业发展的基础

中职教育是培养生产、管理、服务一线的技能型人才，其工作对体能要求较高。中职体育的培养目标是全面提高学生身体素质，发展学生身体基本活动能力，掌握科学锻炼的基本知识、方法和运动技能。中职体育教育可以为未来工作者打造良好的身体素质和活动能力，为职业需求提供一个合格的身体条件。

2. 体育精神是职业发展的助力

中职生通过体育活动和比赛会形成勇敢顽强、竞争协作、遵纪守法的公德品质和乐观自信、敢于承受挫折的性格，这些良好行为习惯和精神会随着环境的变化转移到其今后的生活、工作中。如此，在未来工作中遇到困难便会迎刃而解，同时好的行为习惯和精神会得到领导与同事的认可，为职业发展提供很好的助力。

3. 终身体育意识使职业发展更长久

中职生未来从事的职业具有很强的专业性特征，若养成各类不良职业习惯，将成为健康最大的隐形杀手。例如，长期在电脑前工作的人容易患颈椎病、眼疾等；经常搞外销工作的人，白天工作，晚上应酬，容易形成不合理的饮食习惯，导致肠胃病。中职生在校期间形成的自主锻炼、自我保健、自我评价、自我调控能力和终身体育意识会促使其进行体育锻炼与健康监督，预防职业病的发生，增进健康，延长职业寿命。

第三节 奥林匹克运动与人的发展

奥林匹克运动对人类社会物质文明和精神文明都起着积极的促进作用。经过一个多世纪的发展，奥林匹克运动形成了一个庞大的体系，成为凝聚人类社会体育思想、制度和科技文化的宝库，需要我们从更高层次去认识它、理解它、把握它。

一、古代奥林匹克运动

1. 古代奥运会的形成

古希腊人崇拜力量和智慧，在祭坛前向神灵献上技艺，展现自己的健与美，博取诸神欢心。由于宙斯是诸神之王，祭献宙斯的奥林匹亚竞技会便发展成整个希腊民族统一的祭祀竞技赛会。于是以竞技形式进行祭祀就逐渐占据了祭祀大会的主导地位，这就形成了古代奥运会。

2. 古代奥运会的兴盛

古代奥运会从公元前 776 年起，到公元 394 年止，经历了 1168 年，共举行了 293 届。最初的古代奥运会仅有一项赛事，即斯泰德或场地跑。公元前 724 年第 14 届奥林匹克运动会出现了折返跑或双跑（2-stade race）。到公元前 720 年，比赛里程约 3 英里（5 千米）的长距离跑出现。公元前 520 年，最后成为古代奥运会赛事赛跑项目的是武装赛跑（hoplite race），参赛者手持盾，佩戴护颈甲或头盔，跑一个或两个双跑。随着时间推移，更多赛事加入奥运会中，如拳击、角力、搏击、五项全能等。

古代奥运会除了赛事逐年丰富以外，参加者也由仅有伊利斯城邦的公民扩大到整个希腊大陆的城邦的公民，但必须是经审查合格的公民。随着项目增多，规模扩大，比赛时间由最初的一天，发展到最繁荣时的 7 天。比赛场地阿尔蒂亚斯神域，最初只用篱笆围着，长 200m、宽 175m，大约到公元前 6 世纪，庙区才建有赫拉神庙，到公元前 460 年，在赫拉神庙南面建起了宙斯神庙。随着竞技运动的正规化，古希腊人把草坪改造成东西长 212.5m、南北宽 28.5m 的长方形场地，同时在奥林匹亚还修建了体育馆、角力场、裁判台、浴场、祭司住房等。

3. 古代奥运会的衰亡

公元前 5 世纪，伯罗奔尼撒战争使各国元气大伤，打破了城邦原有的和谐，引起了城邦之间的混乱，社会风气开始衰败，城邦制度的衰落使古代奥运会失去了持续发展的根基。随着奥运会的职业化与商业化，使得奥运会不再是全希腊神圣的祭典和民族文化的聚会，而成为少数职业选手为金钱而参赛的职业比赛，导致越来越多的人对体育运动丧失了兴趣。到公元前 394 年，教育观念的变化及基督教的垄断致使一些运动场馆改成基督教堂，狄奥多西下令终止古代奥运会。

二、现代奥林匹克运动的产生与发展

14—18 世纪，欧洲思想文化领域兴起的三大思想文化运动为现代奥林匹克运的兴起奠定了基础。19 世纪末，奥林匹克运动在资本主义产生和发展的新条件下兴起，重新出现在世界的舞台上。

1. 现代奥林匹克运动的产生

在创办奥林匹克运动过程中，出现了众多先驱者，其中法国教育家皮埃尔•德•顾拜旦的贡献最为突出，如图 1-3-1 所示。因为战争，顾拜旦萌发了通过体育比赛，让各国青年相互了解，消除偏见，进而消除战争的想法。1891 年，他创办了《体育评论》，积极宣传复兴奥林匹克理想，争取国内外支持。1892 年，顾拜旦遍访欧洲，宣传奥林匹克理想。1893 年顾拜旦在巴黎召开了一次国际性体育协调会，讨论创办奥运会问题。

图 1-3-1　皮埃尔 · 德 · 顾拜旦

1894 年 6 月 16—24 日在巴黎索邦神院召开了“国际体育运动代表大会”，此次大会有来自美国、英国、法国、希腊等 12 个国家的 49 个体育组织的代表参加，并通过了《复兴奥林匹克运动会》和成立国际奥林匹克委员会（International Olympic Committee）的决议，希腊人泽麦特里乌斯•维凯拉斯任国际奥委会第一任主席，顾拜旦为秘书长。大会批准了由顾拜旦草拟的第一部《奥林匹克章程》，章程确定了国际奥委会的宗旨、职能和制度，规定每隔四年在某个国家的大城市举行奥运会。也正是通过顾拜旦的努力，1896 年 4 月 6—15 日，第 1 届现代奥运会在雅典举行，奥林匹克运动终于重登历史舞台。

2. 现代奥林匹克运动的发展

现代奥林匹克运动自 1986 年举办第 1 届奥运会开始至 2016 年，已举办了 31 届，百年间奥林匹克运动大致经历四个发展过程：第一次世界大战前的早期奥林匹克运动处于艰难的摸索阶段；两次世界大战期间，奥林匹克运动的竞技模式已经基本形成，奥林匹克思想和组织框架也已经基本确立；冷战期间的奥林匹克运动得到了迅速发展；20世纪70年代后由于旧有的封闭模式和外部环境的不适应，使奥林匹克运动一度陷入各种危机中。萨马兰奇的全面改革，使得奥林匹克摆脱了政治、经济等方面的危机，显现出勃勃生机，奥林匹克运动进入一个新的发展时期。从第1届奥运会的14个国家的241名运动员参加到2016年里约奥运会的207个国家和地区10500名运动员参加，现代奥林匹克运动已经成为世界范围内全人类的集会。

三、奥林匹克精神

《奥林匹克宪章》指出，奥林匹克精神就是相互了解、友谊、团结和公平竞争的精神。奥林匹克精神是人们对奥林匹克运动内容实质的认识。

1. 奥林匹克精神的内涵

（1）重在参与

早在2000多年前，古希腊的阿尔菲斯河岸峭壁上就刻着："如果你想聪明，跑步吧！如果你想强壮，跑步吧！如果你想健康，跑步吧！"呼吁人们参与体育运动。顾拜旦在1936年奥运会上，明确强调了"奥运会上最重要的不是胜利，而是参与，生活的本质不是索取，而是奋斗"。因此，参与比取胜更重要已成各国运动员和广大群众广泛接受的信念，重在参与的精神还要求奥运会选手正确看待成功和失败，做到胜不骄、败不馁，对失败保持平常心，将失败视为走向成功的阶梯。

（2）公平竞争

倡导竞争、挑战和超越，是奥林匹克运动的一大特点，参加奥林匹克运动就应有敢于争高下的竞争意识，勇于向世界强手和先进水平挑战的魄力。而正是由于竞争，人类才有可能创新和发展，才不断前进，所以竞争是人类社会进步的基本形式之一。但奥运会的竞争必须服从公平竞争、公正竞赛的要求。裁判员要公正执法、不徇私情，公平对待每一个参赛者；运动员要遵守竞赛规则、尊重公平原则。

（3）团结友好

奥林匹克运动可以通过体育活动的形式，把世界上不同国籍、不同肤色、不同语言、不同宗教信仰的人像奥运五环一样汇聚在一起，相互交往，增进了解，促进友好关系，进而达到世界团结、和平和进步的目的，如图1-3-2所示。正如顾拜旦1964年在希腊的一次演讲所说，"必须每4年给全世界运动员一次愉快

图1-3-2 奥运五环

的、亲兄弟般的聚会机会。这种相聚将逐渐克服人们对关系到他们的所有事物的无知，一种煽动仇恨，积累误解和对抗，沿着野蛮小径走向冲突的无知”。由此我们可以理解，奥林匹克运动的任务就是促进全世界人们的相互了解和团结友好。

（4）不断奋进

不断奋进精神是奥林匹克精神的灵魂，《奥林匹克宪章》明确提出，“奥林匹克格言‘更快、更高、更强’是国际奥委会对一切属于奥林匹克运动的人们的号召，鼓励他们本着奥林匹克精神积极奋进”。这就意味着参加奥林匹克运动要有坚忍不拔、锲而不舍、百折不挠、顽强拼搏、奋斗到底的精神。

2. 奥林匹克精神的价值

奥林匹克积极向上的精神对参赛者、观赛者等都有着良好的引导作用，指引着人们朝着奥林匹克主义的方向前进，鼓舞人们积极投身于奥林匹克运动中去。奥林匹克精神极大地促进了世界各国人民之间的交流，构建了和谐的文化氛围。也正是这种氛围，人们可以以世界公民的博大胸怀，去认识和理解自己民族以外的事物，学会尊重其他民族，从而更加深刻地认识自己，不断丰富自己，进而促进人类文明的发展。

四、中国与奥林匹克运动

20 世纪前半叶，中国政治、经济、文化相对落后，中国运动员在奥运会上表现不佳。1949 年新中国的成立为奥林匹克运动在中国发展提供了广阔的空间，虽然在 50—70 年代间，中国与一些国际体育组织的交往曾一度出现停顿，但奥林匹克运动在中国的发展从未停止过。20 世纪 80 年代，奥林匹克运动在中国的发展进入了全面繁荣的历史阶段。

1. 中国早期奥林匹克运动

（1）奥林匹克运动的启蒙

1910 年 10 月，第 1 届全国运动会在南京举行，第 1 届“全运会”的召开，也是第一次以奥运会模式和内容为榜样举行的运动会，它使得一个以奥运会形式为蓝本的体育赛事活动从此逐渐走进中国。

（2）奥林匹克运动在中国的初步开展

① 中华全国体育协进会的建立

1924 年 8 月，“中华全国体育协进会”成立大会在上海召开，会议推选张伯苓为名誉会长，王正廷为名誉主席董事等。在中国体育协进会外文文档中，保留着 1930 年国际奥委会整理的 57 个国家奥委会名单，有“中国：中华全国体育协进会”，及其通信地址和联系人。至 1947 年，王正廷、孔祥熙、董守义三人先后被遴选为国际奥委会会员。

②第一次参加奥林匹克运动会

1928年，第9届奥运会在荷兰的阿姆斯丹举行。中国派了驻荷兰公使罗忠识和正在美国进修体育专业的中华协会名誉干事宋如海出席大会，而未派运动员参赛。1932年，第10届奥运会在美国洛杉矶举行，中华全国体育协进会在张学良将军的资助下，成立了参赛代表团，最终经过各种艰难险阻只有刘长春一名运动员顺利参加了奥运会比赛。

2. 新中国时期的奥林匹克运动

（1）新中国成立初期的奥林匹克运动（1949—1979年）

1952年7月29日，由团长荣高棠率领的中国代表团40人抵达赫尔辛基，由于抵达时距离第15届奥运会闭幕仅剩5天，只有游泳选手吴传玉赶上了百米仰泳预赛。1954年，国际奥委会第49届全会承认中华全国体育总会为中国国家奥委会。1956年，中华体育总会拟派选拔的93名选手参加在澳大利亚墨尔本举行的第16届奥运会，但为了抵制“两个中国”，中国最终没有参加此次奥运会，并宣布断绝与国际奥委会的关系。

（2）奥林匹克运动在中国的新发展（1979年以后）

1979年10月25日，国际奥委会执委会通过了恢复中国在国际奥委会合法席位的决议。会议确认：代表全中国奥林匹克运动的是中华人民共和国奥委会；设在台北的奥委会作为中国的一个地方性机构留在国际奥委会内，正式名称为中国台北奥林匹克委员会。

1984年，中国首次派出庞大体育代表团，参加了在洛杉矶举行的第23届奥运会。射击运动员许海峰取得第23届奥运会的第1枚金牌，中国实现了在奥运会场上奖牌“零”的突破。在以后的每届奥运会上，中国逐步与世界体育强国拉近差距。1988年在汉城召开的第24届奥运会上，我国游泳、赛艇等项目实现了奖牌“零”的突破；1992年在巴塞罗那举行的第25届奥运会上，中国体育代表团奖牌总数位居“第二集团”首位；2000年在悉尼举行的第27届奥运会上，中国金牌榜和奖牌榜跻身“第一集团”；2004年在雅典举行的第28届奥运会上，中国在金牌榜居第二位，奖牌总数居第三位，并历史性地在13个项目上获得冠军；2008年，北京成功举办了第29届奥运会，我国体育健儿获得51枚金牌，21枚银牌，28枚铜牌，位居金牌首位，奖牌榜第二位，是中国参加奥运会历史上最好的成绩；2012年伦敦奥运会中国创造了境外参加奥运会的最好成绩。

3. 2008年北京奥运会

从1991年起，北京就开始了申办奥运会的历程，在1993年蒙特卡洛国际奥委会第101次全会上以两票之差惜败悉尼；1999年，怀揣着奥运梦想的中国人再次踏上申奥之路。2001年7月13日，在莫斯科国际奥委会第112次全会上，北京终于获得了2008年第29届夏季奥运会的主办权，经过7年筹备，2008年8月8—24日，第29届奥林匹克运动会在中国北京成功举办。

2008 年北京奥运会的成功举办，绿色奥运、科技奥运、人文奥运的理念得到世界各国的赞许，增强了中国的国际形象和民族凝聚力，促进了精神文明建设，淬炼国民心态，促进了中国，尤其是首都北京的建设，更有助于奥林匹克运动在中国的发展和奥林匹克精神的普及。

思考题

1. 结合学习内容，谈谈你对体育的认识。
2. 古代奥运会衰亡的主要原因是什么？
3. 奥林匹克精神的内涵是什么？

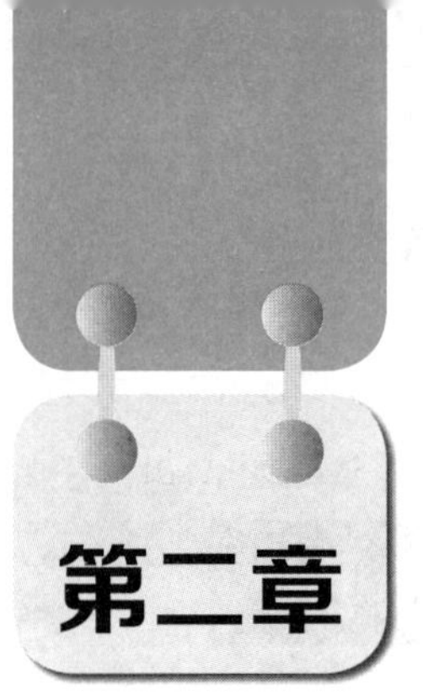

第二章

现代健康观

健康是人类生存中永恒的主题，是人们生活中共同的追求。从古至今，人们把健康视为人生中最大的财富。随着经济的发展、科技的进步、医疗的改善，健康愈加受到重视，从国家到个人，无不关注健康、讨论健康、渴望健康。健康不仅仅是个人发展、家庭幸福的基石，也是民族兴旺、国家富强的保证。

学习目标

（1）了解什么是健康，健康的标准有哪些。

（2）健康的生活方式是怎样的？

（3）什么是平衡膳食，如何改善自己的饮食结构？

第一节 健　康

一、健康的概念

在生产力水平低下、生活贫困时期，人们认为无病就是健康。随着社会的发展，人们对疾病与健康有了更加深入的认识。1948 年，世界卫生组织对健康的定义：健康不仅指一个人身体有没有出现疾病或虚弱现象，而是一种在生理上、心理上和社会适应方面的完好状态。1989 年，世界卫生组织提出：健康包括躯体健康、心理健康、社会适应健康和道德健康四个方面。躯体健康是指人体生理上的健康，指人体结构完整和生理功能正常，具有健康的行为和习惯，是其他健康的基础；心理健康是指心理活动和心理特征相对稳定、相互协调；社会适应健康是指能够很好地适应社会环境，对于一些有益或有害的刺激，能积极调整、适应；道德健康是指具有高尚的品德与情操，有健康、积极向上的信仰。现代人对健康的需求包括躯体健康、心理健康、社会健康、职业健康、智力健康、道德健康、环境健康、饮食健康等。

二、健康的特征

1. 全面性

健康是一个整体的概念，包含了人的生理、心理、社会适应、道德品质。

生理健康包括人体各器官组织结构完整，发育正常，功能良好，生理化指标正常，没有疾病或身体不处于虚弱状态；心理健康包括智力正常、情绪健康、意志健全、行为协调、人际关系适应、反应适度、心理特点符合年龄；社会适应良好包括具有个人生活自理能力、基本劳动能力、选择并从事某种职业的能力、社会交往能力、用道德规范约束自己的能力；道德健康包括遵守法律法规、道德规范、职业道德、社会舆论以及除法律之外的道德约束等。

2. 相对性

健康是个动态平衡的指标，绝对的健康是不存在的。人的健康状态是动态变化的，而非静止不动的。例如，人的心理健康即可以由不太健康变成相对健康，又可以从相对健康变得不太健康，因此，心理健康与否是反映某一段时间内的特定状态，而不应认为是固定的、永远不变的。

知识链接

亚 健 康

世界卫生组织（WHO）认为：亚健康状态是健康与疾病之间的临界状态，各种仪器及检验结果为阴性，但人体有各种各样的不适感觉。这是新的医学理论、新概念，也是社会发展、科学与人类生活水平提高的产物，它与现代社会人们的不健康生活方式及所承受的社会压力不断增大有直接关系。

由于亚健康状态是介于健康状态和疾病状态之间的一种状态，所以对于亚健康状态的诊断很难界定。比如疲劳、失眠，健康的人经过适当的休息与调理就可以得到纠正与克服，但若长期处于疲劳、失眠状态就可视为亚健康。

3. 关联性

健康的四个方面是相互联系、互相作用的，例如在现实生活中，心理健康每时每刻都在影响人的生理健康。如果一个人性格孤僻，心理长期处于一种抑郁状态，就会影响体内激素分泌，使人的抵抗力降低，疾病就会乘虚而入。一个原本身体健康的人，如果老是怀疑自己得了什么疾病，就会整天郁郁寡欢，最后导致真的一病不起。

三、健康的标准

健康是指人的生理、心理、社会关系三者处于最佳状态。拥有健康的身体，是每个人都向往的一件事。保持一个健康的身体状态，需要我们日常的维护，维护好身体健康，身体也会向我们发出健康的信号。

1. 世界卫生组织提出衡量健康的十项标准

（1）精力充沛，能从容不迫地应付日常生活和工作的压力而不感到过分紧张和疲劳。

（2）处事乐观，态度积极，乐于承担责任，事无巨细不挑剔，工作有效率。

（3）善于休息，睡眠良好。

（4）应变能力强，能适应环境的各种变化。

（5）具有抗病能力，能够抵抗一般性感冒和传染病。

（6）体重得当，身材均匀，站立时头、肩、臂位置协调。

（7）眼睛明亮，反应敏锐，眼睑不发炎。

（8）牙齿清洁，无空洞，无龋齿，无痛感；齿龈颜色正常，不出血。

（9）头发有光泽，无头屑。

（10）肌肉、皮肤富有弹性，走路轻松有力。

2. 世界卫生组织提出了人类新的健康标准

世界卫生组织提出的人类新的健康标准包括肌体和精神健康两部分，具体可用“五快三良好”来衡量。

（1）五快

① 吃得快：进餐时，有良好的食欲，不挑剔食物，并能很快吃完一顿饭。

② 便得快：一旦有便意，能很快排泄完大小便，而且感觉良好。

③ 睡得快：有睡意，上床后能很快入睡，且睡得好，醒后头脑清醒，精神饱满。

④ 说得快：思维敏捷，口齿伶俐。

⑤ 走得快：行走自如，步履轻盈。

（2）三良好

① 良好的个性人格。情绪稳定，性格温和；意志坚强，感情丰富；胸怀坦荡，豁达乐观。

② 良好的处世能力。观察问题客观、现实，具有较好的自控能力，能适应复杂的社会环境。

③ 良好的人际关系。助人为乐，与人为善，对人际关系充满热情。

思考下列问题，做出“是”或“不是”的判断。

（1）你是否每天进食早餐、中餐和晚餐？

（2）每天你是否吃了蔬菜、水果、谷类等多种食物？

（3）你是否参加体育锻炼活动？

（4）你每天是否有 8h 的睡眠？

（5）你是否不吸烟、不酗酒？

（6）你是否能正确面对和处理压抑的状态？

（7）你的大部分时间是否快乐？

（8）你遇到问题时，是否有朋友和家人可以求助？

能做到的项目越多，说明越健康。

第二节 生活方式与健康

一、生活方式的概念

生活方式指的是不同的个人、群体或全体社会成员在一定的社会条件制约和价值观念指导下所形成的满足自身生活需要的全部活动形式与行为特征的体系，它包含了人们的衣、食、住、行、劳动工作、休息娱乐、社会交往、待人接物等物质生活和精神生活的价值观、道德观、审美观等。生活方式包括生活活动条件、生活活动主体和生活活动形式三部分基本要素。

二、生活方式对健康的影响

世界卫生组织对影响健康的因素进行过如下总结：健康＝生活方式（60%）＋遗传因素（15%）＋社会因素（10%）＋医疗因素（8%）＋气候因素（7%）。随着人民生活水平的提高及生活习惯的改变，生活方式疾病将成为人类的头号杀手。生活方式疾病指的是与生活方式选择有关的疾病，发病的原因多与生活方式密切相关，包括饮食、运动、吸烟、饮酒、修养等。

1. 不良生活方式对健康的危害

现代人类所患疾病中有 45% 与生活方式有关。世界卫生组织称，与生活方式选择有关的疾病，包括糖尿病和某些癌症，每年导致超过一千万人过早死亡。因生活方式病而死亡的比例在中国一直居高不下。不健康的生活方式直接或间接与多种慢性非传染性疾病有关，如高血压、冠心病、肥胖、糖尿病、恶性肿瘤等。每年过早离世的人当中约有 600 万人是因为抽烟，330 万人与酗酒有关，320 万人是缺乏体育活动，170 万人因为摄入盐分过多。全世界超过 4000 万五岁以下儿童被视为肥胖，超过 80% 的青少年锻炼不足。

在我国，每年有超过 300 万人因一些可以通过定期锻炼和少吸烟少喝酒来预防的疾病早死。在全球范围内，慢性非传染性疾病每年造成约 3800 万人死亡，其中中国有 860 万人。吸烟、酗酒和摄入过量脂肪、盐、糖等不健康的习惯导致疾病蔓延，而这些疾病构成全球人口的头号死因。

不良的生活方式不仅使患糖尿病、消化性溃疡、心脑血管疾病和癌症的危险性大大增加，而且 45 岁以后的死亡率比生活方式健康的人群高出数倍。对于生活方式病，真正的危害不是来自疾病本身，而是来自日常生活中对危害健康的因素认识不足，不懂得生活方式与疾病的关系，脑子里还没有“健康生活方式”的概念。这才是今后生活方式病对人类真正的威胁所在。

2. 健康的生活方式

健康的生活方式是指必须和社会相适应，人要和环境相和谐，要有健康的人生观与世界观，一分为二地看待世界上的事，摆正自己在社会生活中的位置，这是心理健康的基础。预防生活方式病的根本措施是养成良好的生活方式和改变不良习惯。健康的生活方式包括保证睡眠时间充足，不吸烟，维持正常体重，避免过度饮酒，定期运动，每天吃早餐等。总之，维持健康的生活方式就是从日常生活点滴做起，从改变吸烟、酗酒等不良的生活习惯做起，从合理安排膳食结构做起。

健康的生活方式	不健康的生活方式
一个中心：以健康为中心。 两个基本点：小事糊涂一点，对人大度一点。 三大快乐：助人为乐，知足常乐，自得其乐。 四大基石：平衡膳食，适量运动，戒烟戒酒，心态平衡。	（1）不合理膳食。 （2）吸烟酗酒。 （3）缺乏运动和体力活动。 （4）心理压力和紧张情绪。

三、如何养成健康的生活方式

不良的生活方式很多是从儿童、青少年时期逐渐形成的。为了预防这些疾病的发生，过健康文明的生活，我们应该从哪些方面做起呢？

（1）合理膳食。

（2）经常进行体育锻炼。

（3）良好的生活习惯。

（4）健全的心理。

健康生活方式是需要培养的，培养的主动性在我们自己。生活方式管理的观念就是强调个体对自己的健康负责。

在日常生活中，一方面应该注意合理饮食和身体锻炼；另一方面更要陶冶自己的情操，开阔自己的心胸，避免长时间处在紧张的情绪状态中。如果感到自己的心情持续不快时，要及时进行心理自我调节，必要时到心理门诊或心理咨询中心接受帮助，以确保心理和生理的全面健康。

第三节 营养与健康

一、平衡膳食

平衡膳食又称健康膳食，是指膳食中所含营养素的数量充足、种类齐全、比例适当，并且与机体的需要保持平衡。平衡的膳食表现为由多种食物构成，能为人体提供足够数量的热能和各种营养素，满足正常的生理需要，而且还要保持各种营养素之间数量的平衡，以利于消化和吸收。

不同种类食物的营养素不同，动物性食物、豆类含优质蛋白质；蔬菜、水果含维生素、矿物盐及微量元素；谷类、薯类和糖类含碳水化合物；食用油含脂肪；肝、奶、蛋含维生素 A；肝、瘦肉和动物血含铁。荤素混食，合理搭配，从而能供给用膳食者必需的热能和各种营养素。

1. 中国居民平衡膳食宝塔

中国居民平衡膳食宝塔是根据中国居民的膳食结构特点设计的，它把平衡膳食的原则转化成各类食物的组成，并以直观的宝塔形式展示出来，便于群众理解和在日常生活中使用，如图 2-3-1 所示。

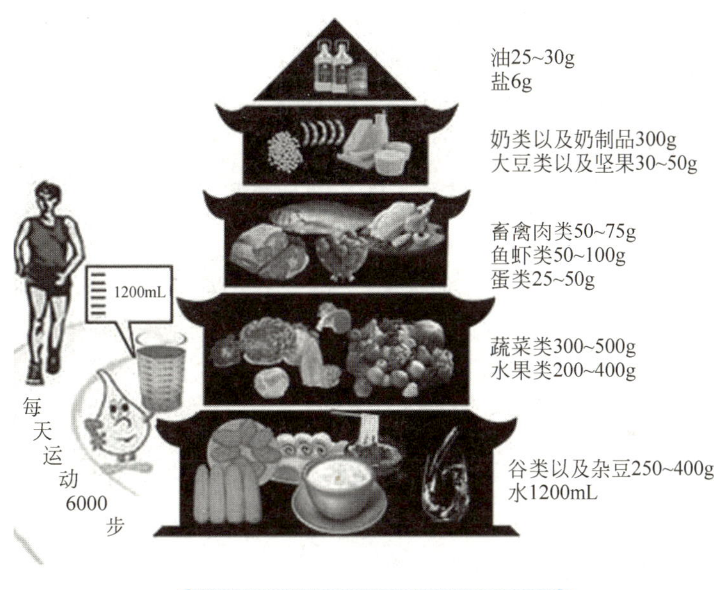

图 2-3-1 中国居民平衡膳食宝塔

中国居民平衡膳食宝塔为居民提出了一个在营养上比较理想的膳食模式。平衡膳食宝塔要注意几个要点：①确定自己的食物需要；②同类可互换，调配丰富多彩的膳食；③要合理分配三餐食量；④要因地制宜充分利用当地资源；⑤要养成习惯长期坚持。

2. 注意事项

（1）食物多样，谷类为主。

（2）多吃蔬菜、水果和薯类。

（3）常吃奶类、豆类或其制品。

（4）经常吃适量鱼、禽、蛋、瘦肉，少吃肥肉和荤油。

（5）食量、体力活动要平衡，保持适宜体重。

（6）吃清淡少盐的膳食。

（7）如饮酒应限量。

（8）吃清洁卫生、不变质的食物。

知识链接

平衡膳食满足的条件

（1）一日膳食中食物构成要多样化，各种营养素应品种齐全，包括供能食物，即蛋白质、脂肪及碳水化合物；非供能食物，即维生素、矿物质、微量元素及纤维素。粗细混食，荤素混食，合理搭配，从而能供给用膳食者必需的热能和各种营养素。

（2）各种营养素必须满足儿童生长发育需要，不能过多，也不能过少。

（3）营养素之间比例应适当。如蛋白质、脂肪、碳水化合物供热比例为1∶2.5∶4，优质蛋白质应占蛋白质总量的1/2~2/3，动物性蛋白质占1/3。三餐供热比例为早餐占30%左右，中餐占40%左右，晚餐占25%左右，午后点心占5%~10%。

（4）科学地加工烹调，食物经加工与烹调后应尽量减少营养素的损失，并提高消化吸收率。

（5）良好的用膳制度，一日三餐定时定量，且热能分配比例适宜，养成良好的饮食习惯。

（6）食物对人体无毒无害，保证安全，食物不应含有对人体造成危害的各种有害因素，食物中的有害微生物、化学物质、农药残留、食品添加剂等应符合食品卫生国家标准的规定。

二、营养不良的危害

营养不良多是由不适当或不足饮食造成，通常指的是由于摄入不足、吸收不良或过度损耗营养素造成的营养不足，但也可能包含由于暴饮暴食或过度地摄入特定的营养素而造成的营养过剩。如果不能长期摄取由适当数量、种类或质量的营养素构成的健康饮食，个体将营养不良。长期的营养不良可能导致饥饿死亡。

1. 营养不良的表现

营养不良是一种营养素缺乏的综合征，多见于各种慢性病中，可有不同的表现。营养不良必须根据具体病情分析，判断缺乏哪种营养素。如蛋白质缺乏，其症状有疲劳乏力，对各种活动不感兴趣，喜坐卧，学习、工作效率低，消瘦，皮下脂肪萎缩，皮肤松弛，浮肿，多尿，循环及消化系症状，代谢紊乱，贫血等。

常见的营养不良包括蛋白质能量营养不良（PEM）及微量养分营养不良。蛋白质能量营养不良显示出身体内能量和蛋白质的可利用量或吸收量不足。微量养分营养不良显示出一些必需营养素的可利用量不足，例如，身体内少量而不可或缺的维生素和微量元素不足。微量养分缺乏可导致各种各样的疾病和削弱身体的正常功能。例如，缺乏微量养分维生素 A，会降低身体抵抗疾病的能力。

营养不良可能阻碍婴幼儿成长，智力发育和各种认知能力降低、交际能力降低、领导和果断能力降低、活力和能量降低、肌肉成长和力量的降低，甚至部分人群营养不良会表现出皮肤出现黑斑点。

常见的营养不良有两种典型症状：一种为消瘦型，由于热能严重不足引起，小儿矮小、消瘦，皮下脂肪消失，皮肤缺乏弹性，头发干燥易脱落、体弱乏力、萎靡不振；另一种为水肿型，由蛋白质严重缺乏引起，周身水肿，眼睑和身体低垂部位水肿，皮肤干燥萎缩，角化脱屑，或有色素沉着，头发脆弱易断和脱落，指甲脆弱有横沟，无食欲，肝大，常有腹泻和水样便。另外，也有介于两者之间的混合型营养不良，并可能伴有其他营养素缺乏的表现。

营养不良经常发生在经济落后的发展中国家。然而不适当的节食、暴饮暴食或缺乏平衡的饮食而造成的营养不良，往往在经济发达的国家中出现。

2. 营养不良诊断标准

（1）病史有较长期的膳食摄入不足，喂养不当，消化系统疾病，慢性消耗性疾病或低出生体重史。

（2）分型表现能量营养不良者以消瘦为特征，蛋白质营养不良者以水肿为特征，既有体重明显下降又有水肿者为混合型。

（3）临床营养不良分为三度：Ⅰ度体重减低 15%~25%，腹部皮褶厚度为 0.8~0.4cm；Ⅱ度体重减低 25%~40%，腹部皮褶厚度 <0.4cm；Ⅲ度体重减低 >40%，腹部皮褶消失。

（4）合并症常合并贫血、维生素 A、B 族和 C 缺乏及锌缺乏；重者生长发育停滞，全身各脏器和免疫功能紊乱。

3. 营养不良的防治

营养不良是由于热量或蛋白质不足而致的慢性营养缺乏症，多是由不适当或不足饮食造成。注意各种营养的搭配，对防治引起营养不良的各种疾病很重要。

（1）重视体格锻炼，纠正不良卫生及饮食习惯，饮食定时，保证充足睡眠。如果是摄入不足或者偏食，而且胃口没问题，则要注意每天三餐定时、荤素搭配、种类丰富、可口易于消化。

（2）轻症病例如无胃肠功能紊乱，可给予高蛋白质及高热量饮食或软食，以分次多餐为宜。

（3）重症患者，在开始治疗时应试用流质或易消化的食物，治疗期间给予含维生素丰富的食物或维生素 B 族等药物。其他辅助治疗，如苯丙酸诺龙 25mg 肌注，每周 2 次，同时给予高蛋白饮食。

三、科学减肥

随着人们生活水平的提高，肥胖者越来越多，我国已经成为继美国之后世界第二大肥胖国家，如图 2-3-2 所示。肥胖是脂肪问题，不是简单的体重问题。科学减肥 = 合理运动 + 平衡膳食 + 积极心态 + 良好的生活习惯。

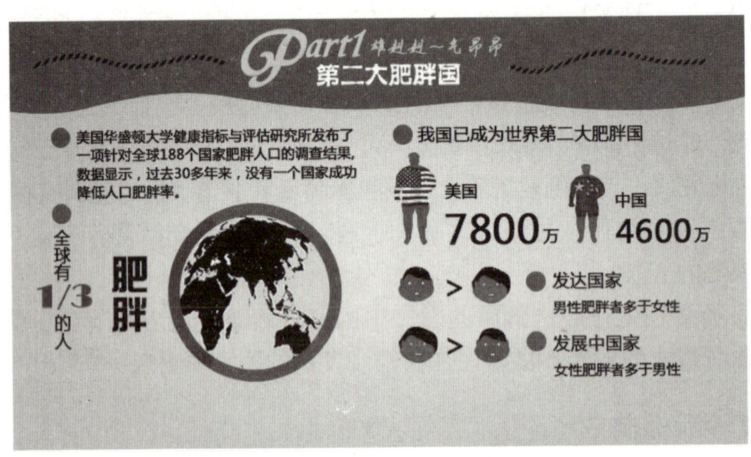

图 2-3-2　第二大肥胖国家

有人把体重较重看成是肥胖，这是片面的认识，因为决定肥胖的关键是看脂肪的多少。其实发达的肌肉能增加体重，而肌肉发达者体内可能只存有少量的脂肪。如何判断是否肥胖？**医学上评价是否肥胖最常用的指标是身体质量指数（BMI），计算方法是体重（kg）除以身高的平方（m^2）。因此，减肥不是以是 否“苗条”为标准的。**如果你的身体质量指数处于超重水平，就需要注意自己的饮食习惯；如果处于肥胖水平，而且又有糖尿病、高血压、痛风等疾病，那么减肥就是疾病治疗的重要部分了。表 2-3-1 所列是我国成年人标准体重参考计算公式。

表 2–3–1　我国成年人标准体重参考计算公式

身高/cm	年　龄	性别	标准体重的计算公式/kg
低于 165	成年人	男	标准体重 = 身高（cm）–105
		女	标准体重 = 身高（cm）–110
高于 165	30~50 岁	男	标准体重 = 身高（cm）–105
		女	标准体重 = 身高（cm）–107.5
	30 岁以下或 50 岁以上	男	标准体重 = 身高（cm）–100
		女	标准体重 = 身高（cm）–102.5

超重和肥胖者在监控体重的过程中，不仅要监控体重的变化，腰围和臀围的比值也是重要的参考依据之一。成年人 BMI、腰臀围比、体脂率（脂肪重量在人体重中所

占的比例）的正常范围见表 2-3-2。

表 2-3-2　成年人 BMI、腰臀围比、体脂率的正常范围

BMI		腰臀围比值		体脂率/%	
亚太人群	欧洲人群				
18.5~22.9	18.5~24.9	男 <0.99	女 <0.84	5~10< 男 <20	12~14< 女 <25

减肥的目的是降低体内脂肪的总量。当供给身体的热量过多时，会把一部分作为脂肪储存起来，另一部分用于提高身体的新陈代谢率，以消耗剩余的脂肪。人体的主要能量来源是碳水化合物，而食用过量的脂肪就等于增加过量的体重。

小贴士

健康减肥的常识性概念和标准

BMI= 体重（kg）/ 身高数值的平方（m^2）

过低：BMI<18.5

正常：BMI ＝ 18.5~23.9

超重：BMI ＝ 24.0~27.9

Ⅰ度肥胖：BMI ＝ 28.0~31.9

Ⅱ 度肥胖：BMI ＝ 32.0~35.9

Ⅲ 度肥胖：BMI>36

在节食时，身体的新陈代谢就会处于停滞状态，这样不仅阻止了脂肪的消耗，并且为保证身体的正常运转，要耗用身体的肌肉，尤其是严重节食时，身体的“脂肪保护机制”在保证身体对脂肪正常需要的前提下，只会减掉相对来说量很小的一部分脂肪，这之后身体便开始消耗蛋白质（肌肉）和体液（水分）。因此，在控制体重时，应采用科学、安全、稳妥的方法，每周减体重不宜超过 1.5~2.0 kg。

减肥药物虽然能在一定程度上达到减轻体重的目的，但不要擅自乱用。在使用减肥药物之前，要认真考虑自己的特殊体质，有无禁忌证，须在医生的指导下，严格选择，以防止滥用减肥药物对人体造成的危害。

通过节食和服用减肥药物，在一定程度上可以减轻体重，但这是以丢失体液和蛋白质为代价的，是一种消极的、被动的减肥手段。减肥的根本目的是在保存或增加体液和肌肉的同时减去脂肪。形成肌肉的过程需要消耗脂肪。所以，通过节食和利用药物减肥，既不能达到良好的减肥效果，同时对健康也有损害。

1. 运动与减肥

运动减肥可增加肌肉组织，减少脂肪，增强心肺功能，保护良好体力，改善代谢功能，培养良好的生活习惯，提高生活质量。对于单纯性肥胖（外源性肥胖或过食性肥胖）来说，多吃少动是造成肥胖的根本原因，采用运动减肥是最健康、安全的方法。

但运动减肥需要注意以下问题。

（1）饮食和运动对人体新陈代谢的影响

人的身体内部有一种称为“临界点”的功能，它能控制体内脂肪的存储。决定“临界点”的因素有多个，其中包括遗传基因（目前是无法改变的）。还有人体的新陈代谢率，这是可以通过运动及合理的饮食加以改变的。人体新陈代谢循环在每天睡醒之前是最低的。随着一天的开始，新陈代谢也在缓慢地提高，直到晚饭后达到最高峰，随之又开始下降，到睡眠结束之前达到最低点，周而复始。

通过合理的饮食和运动，可以改善人的新陈代谢率，使其达到较高状态。在运动和运动之后，新陈代谢率都会提高。在进食后新陈代谢率也会提高，这是由于食物的特殊的动力作用，引起体内能量消耗额外增加的现象。因此，如果早晨起床后不久即进行运动和进食，会极大地增强新陈代谢率，而且会使其在较长时间保持在较好的工作和学习状态。

在每一套科学而合理的减肥计划中，都会出现“僵持状态”现象，有时还出现多次。**僵持状态是指在减肥过程中，体重在一个时期内保持不变，有时这种现象会持续几周甚至几个月。**出现这种状态最常见的原因是身体对减肥产生了自然调节。在常规状态下，一周减去 1.5kg 以上的脂肪几乎是不可能的。如果一周之内减掉的体重多于 1.5kg，那么减去的或者是体内的水分或者是肌肉组织，此时身体必定会做出相应的调整。出现“僵持状态”时，要有耐心，要坚持计划的实施。需要注意的是，减肥过快可引起胆石症，长期摄入热量过低可引发猝死，如在减肥过程中出现体重下降过快的情况，须谨慎对待。

（2）有氧运动

运动过程所需要的能量，既来自体内的有氧代谢，也来自于无氧代谢。不同的运动对氧气的需求量不同。要想达到减肥的目的，应选择以有氧代谢为主的运动。对大多数成年人推荐的运动量是每天累计进行至少 30~60min（每周至少 150min）的中等强度运动，或者每天至少 20~60min（每周至少 75min）的较大强度运动或中等和较大强度运动相结合的方式。

知识链接

肥胖人群的 FITT 推荐

频率（Frequency）：至少每周运动 5 次，使能量消耗最大化。

强度（Intensity）：推荐中等强度至较大强度运动。起始运动训练强度应保持在中等强度，强调延长运动时间及增加运动频率，最后增加到较大的运动强度，这样运动效果最佳。

时间（Time）：每天 30~60min，每周 3 次以上，每周的运动时间不少于 150min，另外，每次至少 10min 的间歇运动也是一种有效的运动方式，对于运动初期效果更明显。

运动类型（Type）：主要是有大肌肉群参与的有氧运动，例如游泳、跑步、骑自行车、跳舞、爬山、户外运动等，辅以抗阻力量训练和肌肉柔韧性练习。

（3）运动强度

一般情况下体内的汗腺处于休眠状态，通过运动可使身体发热出汗。但出汗不完全取决于运动时间的长短，最重要的是运动强度。如果运动还没有达到一定的强度，即使在运动，身体也不会出汗。因此，出汗程度是确定运动强度的既简便又实用的方法。只有达到一定的强度，减肥才能有效果。

在运动期间检查心率是测量运动强度的基本办法。如果在运动时最快心率百分比在60%~70%强度区域内，可称为“坚持区域”，低于60%可认为是“纯粹浪费时间区域”。介于80%~90%的运动强度，通常只有运动员才能做到，一般人很难在整个运动过程中保持这样剧烈的运动负荷。减肥的“有效区域”就是要达到70%~80%的运动强度。

2. 合理饮食与减肥

为达到减肥的目的，同时促进身体健康，应保持低脂、均衡的饮食习惯。饮食应以谷类为主，多吃蔬菜和水果，同时奶类、豆类、肉类、鱼、鸡蛋和家禽也不可缺少，脂肪和甜食要少食用。尽量选择无糖饮料，每天饮用6~8杯水。适量食用坚果。少吃油脂类食物。

很多人认为，只要节食就能减肥，其实不然。因为食物中所含的热量不同，吃得多不一定摄入的热量就多，吃得少不一定摄入的热量就少。比如，吃35g馒头与70g甜薯、120g土豆所获热量是一样的。这就提示我们，减肥者在选择食物时，只要进食体积大、热量低的食物，就可以既饱腹又不长胖。

各种蔬菜中，冬瓜、黄瓜、白菜、豆类等含热量最低，如欲获得同样减肥效果，吃两份此类蔬菜和吃一份扁豆或蒜苗是一样的。若要选择藕、芋头之类，则只吃半份就够了。在水果中，西瓜的减肥作用最大，吃200g梨、桃、苹果、香蕉、柑橘等任何一种，所获得的热量与吃750g西瓜是一样的。干果的热量远比鲜果高，因此饮食减肥者不宜吃过多杏干或葡萄干等干果。

多吃鱼类比肉类特别是熟肉类对减肥更有益。吃120g鱼和50g瘦肉或25g香肠所获得的热量同样多。从减肥角度看，肉类的排列顺序是：鱼肉优于鸡肉，鸡肉优于牛肉、羊肉。营养学家对肉类的评价是：四条腿不如两条腿，两条腿不如没有腿。豆类的热量最低，因此，豆制品是减肥者的首选食物。把豆制品当成零食来取代苹果也是一种好办法。

3. 良好的生活习惯

现代生活节奏紧张，人们往往习惯于早餐一带而过，有时甚至不吃，午餐稍微多吃一点，到了晚上吃一顿丰盛的晚餐，甚至入睡前还要吃夜宵。在入睡前进食，无异于静等它们变成脂肪。所以，改变不良的饮食习惯是减肥的重要环节。另外，对于减肥者来说，要控制饮酒。

喝水可以加速体内代谢循环，促进脂肪的燃烧。但要少喝饮料，饮料中糖分过高，对身体健康不利。在运动中，由于运动的类型、所需的能量及强度的不同，身体消耗的水分也不一样。但身体所需的水分是恒定的，如果不能及时补充，身体便会出现脱水的反应。虽然轻微的脱水不会有生命危险，但会对身体的消化和脂肪代谢产生影响。建议在清晨起床后先喝 1 杯水，运动后再喝 2 杯水，午饭前或吃午饭时喝 1 杯水，在午饭和晚饭间喝 1 杯水，晚饭时喝 1 杯水，共 6 杯。随着运动负荷和运动强度的提高，使每天的饮水量达到 7~8 杯。

保证良好的睡眠，每天睡眠时间不少于 7h，不要经常熬夜。保证三餐饮食摄入量及时间。总的来说，科学减肥还需要保持良好的心态及良好的饮食习惯，多运动，保证充足的睡眠，并且持之以恒。

思考题

1. 健康的标准是什么？
2. 如何养成健康的生活方式？
3. 如何科学地进行减肥？

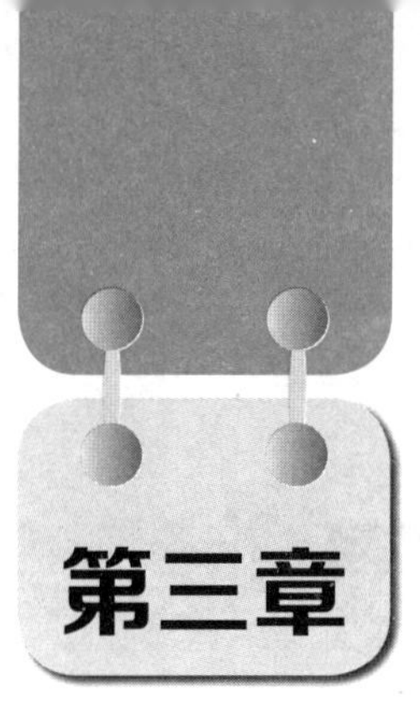

第三章 科学健身

合理的运动可以带来健康，不合理的运动具有潜在的危险性。因此，科学健身方法的普及是获得最佳锻炼效果、促进身体健康的有效措施。我们在健身时，必须遵循科学的方法，因地、因时、因人而异。这样，才能有效地促进身体健康。

学习目标

（1）了解锻炼时身体的各项指标变化。
（2）学会制订科学的健身计划。
（3）了解运动性疲劳的恢复手段。

第一节 关注自己的身体

一、锻炼前的体格检查

锻炼前的体格检查是为了了解自身的身体形态特点、健康状况、机能水平及各脏器的功能水平，为合理选择运动项目和适宜的运动量提供依据。锻炼前的体格检查是保证增强人体体质、促进健康水平和运动技术水平提高的前提。此外，体格检查对学生体质档案的建立、对运动员选材、对人类各种疾病的防治都具有极其重要的意义。

1. 运动与健康自我评价

在锻炼前，锻炼者必须充分掌握自身的健康状况，例如有无家族病史、运动爱好、饮食情况、生活方式、运动目的和居住环境等。有条件者最好在锻炼前进行一次体检、人体测量及身体成分的测定，对自身的健康状况做出客观评价。

2. 生理年龄评定

生理年龄反映的是个体的实际生理机能状况，代表着个体的生命活力。生理年龄的高低，主要取决于人的生活方式和健康状况。

下面介绍 6 个生理年龄的自我测试方法。

（1）瞳孔大小

年纪越大瞳孔越小，但是因为瞳孔会在强光下收缩，瞳孔大小应在平日的光线下量度。

（2）大脑活性

由 100 开始倒数到零，每次隔 7 个数字（100、93、86…），并记录所花时间，如果需要 25s 以上，代表大脑正在衰老。想复查结果，可以在 1min 内记下任何生果或蔬果名称，生理年龄 60 岁以下的人至少能记住 15 个。

（3）眼角膜环

照镜子望着自己的眼球，角膜会围着一条白色的曲线，曲线越长，身体的胆固醇越高。如果生理年龄有 80 岁，更会发现一个完整的角膜环。

（4）皮肤弹性

捏着手背皮肤 1min，然后放松，留意皮肤恢复平坦状态的时间。皮肤越老失去的骨胶原越多，就需要更多复原时间。

（5）反射动作

尽快接住一把跌下来的 45cm 间尺，记录接间尺的长度，年纪越小反射动作时间越短。

（6）平衡

左脚站立，右脚弯曲成 45° ，双手放在臀部，闭上眼睛，记录右脚失平衡落地的时间，如是者做 3 次，每次相隔数分钟，计算平均时间。

3. 体质测试

体质指的是人体健康状况和对外界的适应能力，它是在遗传性和获得性基础上表现出来的人体形态结构、生理功能和心理因素的综合的、相对稳定的特征，并且通过人体在运动中表现出的力量、速度、耐力、灵敏和柔韧等机能能力来体现。体质测定一般包括以下内容和指标。

（1）身体形态

身体形态包括身高、体重、胸围、上臂围、坐高和身体组成（皮脂厚度、体脂率、去脂体重等）。

锻炼前的运动测试目的在于评定心血管机能，发现潜在的心血管疾病风险。测定最大摄氧量和最大心率等指标，为制定运动处方提供数据依据。根据受试者的健康状况、年龄和运动经历等选择适当的测试方法。

（2）身体功能

身体功能测试包括安静心率、血压、肺功能及心血管运动试验等。

（3）身体素质

身体素质包括力量指标（握力、背肌力、腹肌力等）、爆发力指标（纵跳、立定跳远）、悬垂力指标（单杠屈臂悬垂）、柔韧性（站立体前屈、俯卧仰体）、灵敏和协调性（反复横跨）、平衡性（闭眼单足站立）、耐力项目。

（4）运动能力

运动能力包括跑（快速跑、长跑）、跳（急行跳远、立定跳远、摸高）、投（掷实心球、掷垒球、掷标枪等）。

二、锻炼中的身体监控

1. 心率监测

运动时，心率是监测运动量、运动强度的最重要且最直观的指标之一。心率监测可以快速清楚地反映运动时身体的信息，使运动强度保持在适当的水平。特别是对于老年人或有心脏、心血管疾病患者应该十分注意运动过程中心率的变化。

心血管系统只有在一定的运动强度刺激下才能得到改善，这个强度不能太高，否则就成了无氧代谢运动了。对应的心率范围称为“有效心率区”。掌握了有效心率区后，就能在从事不同运动时控制运动量和强度。首先记住安静时的脉搏数：摸手腕部的桡动脉或下颌骨（下巴）的颌下动脉来数脉搏，如果条件允许，佩戴心率表或心率带更加理想。其次是按年龄确定最高心率，一般来说年龄越小心率越高。计算公式：男子最高心率 =205 – 年龄。女子最高心率 =220 – 年龄。国际一般用 220 – 年龄所得值为最大心率。成年人健身的心率可用 170 – 年龄来控制运动强度。最后确定运动时的有效心率范围。对普通锻炼者来说，最高心率的 60%~80% 是合适有效的运动心率范围。

不管是有氧运动，还是无氧运动，保持合适的心率才能达到比较理想的运动效果。常用的公式：（最大心率 – 运动前的心率）/2+ 运动前心率。这个公式可以反映出不同性别、年龄的个体心率，适用于有氧运动和无氧运动。有氧运动和无氧运动尽管运动形式不同，但是都能在运动时提高心率。比如在游泳运动的间隙训练中，一般将心率控制在 120~150 次 / 分钟是最佳范围；一般学生早操跑步时的心率控制在 130~150 次 / 分钟为宜。老年人锻炼时可以利用运动后即刻脉搏和恢复时间来控制运动量。一般用 170– 年龄，这一公式为运动后即刻的心率标准，不宜超过 110 次 / 分钟，并于运动后 5~10min 内恢复到运动前的脉搏水平为适宜。

2. 主观运动感觉监测

心率结合 RPE（主观运动感觉）值测试是最常用且简易的方法。将客观生理机能的变化与主观心理对运动的体验结合起来，可以避免单纯追求某一心率的盲目性。例如，某人的心率为 150 次 / 分钟时，RPE 值为 13，而轻度疲劳后，再以 150 次 / 分钟心率强度运动时就会感到非常困难和费力，RPE 值会增加，在这种情况下勉强保持心率运动是十分危险的。而通过 RPE 值的运用就可避免这种潜在危险发生。由于身体承受运动负荷的能力具有可变性，因此在运动中通过主观感觉和客观生理指标相结合来进行监测更为妥当。表 3-1-1 是主观运动感觉（RPE）测定表。

表 3–1–1　主观运动感觉（RPE）测定表

PRE	主观运动感觉	相对强度/%	相应心率/次
6	安静	0.0	60
7	非常轻松	7.1	70
8		14.3	
9	很轻松	21.4	90
10	轻松	28.6	110
11		35.7	

续表

PRE	主观运动感觉	相对强度/%	相应心率/次
12	稍费力	42.9	130
13		50.0	
14		57.2	
15	费力	64.3	150
16	很费力	71.5	170
17		78.6	
18		85.8	
19	非常费力	95.0	195
20	精疲力竭	100	最大心率

3. 自我感觉与基础指标检测

运动过程中要加强医疗监督，防止过度疲劳或意外损伤。运动之后若达到心胸舒畅、精神愉快、轻度疲劳、食欲及睡眠较好、脉搏稳定、血压正常，说明运动量适宜，身体状况良好，可继续运动。如果运动后出现头痛、胸闷、心跳不适、食欲不振、睡眠不佳、明显的疲劳感和厌练现象，说明运动量过大，应及时调整或暂时停止运动。

三、锻炼后身体生理指标的变化

1. 心率（脉搏）

经常参加训练、锻炼的人，安静时脉搏频率较缓。可用运动后次日晨脉来评定运动水平和身体机能的状况，若早晨脉搏逐渐下降或不变，说明身体机能反应不良，若每分钟增加 10 次以上，说明身体机能反映不良，若早晨脉搏连续保持较快的水平，可能是过度训练所致。

2. 血压

运动后，血液循环加速，心输出量急剧上升，随血液输出量的增大，保证为机体正常供能，动脉血管的阻力自然就要降低，舒张压也就降低了。因此，运动后收缩压升高，舒张压适当下降或保持不变。运动后次日如果血压变化范围超过 10mmHg，则说明运动强度过大，身体处于疲劳状态，应及时调整锻炼计划，以便身体机能得以恢复。

3. 血乳酸

运动时血乳酸浓度会上升，并与运动强度有关。运动后血乳酸值升高幅度大，表示运动强度大。通过一段时间的训练，血乳酸升高的幅度减少，则表明机体对此训练量适应。研究指出，运动后血乳酸浓度与无氧耐力运动成绩有密切的联系；运动后心率的恢复与血乳酸清除率并不平行，心率恢复的程度并不能真实反映体内血乳酸的清除情况；血乳酸清除率较心率恢复率可更确切地反映无氧耐力运动员运动后恢复的程度。

4. 血红蛋白

血红蛋白是人体内负责运载氧气的一种蛋白质。当人体经过剧烈运动后，机体耗氧量慢慢降低，呼吸渐渐平稳，血红蛋白是运输氧的，因此血液中血红蛋白的含量逐渐减少。

5. 血氧含量

血氧含量即血液中氧气的含量，氧气从肺部吸入后经毛细血管进入血液中，由血液传送给身体各部位器官或细胞使用，一般人体正常血氧含量为 90% 左右。血氧含量越高，人的新陈代谢就越好。一些剧烈运动后特别是大强度无氧运动后，机体的血氧含量会出现暂时性下降的现象，但经过合理适当的休息，机体的血氧含量又会恢复到正常水平。一些有氧运动如慢跑、游泳、太极拳等可以增加血氧含量，促进身体健康。

6. 血尿含量

大运动量训练前后血液中尿素含量（血尿含量）的变化值为 1~3mmol/L。增量超过 3mmol/L 则认为运动量过大；增量在 2mmol/L 左右时认为运动量适中；增量在 1mmol/L 左右时认为运动量过小。一次极量运动后，血素含量逐步增加，2h 后达到峰值，24h 内可以基本恢复。若运动后 24h 仍未恢复，说明运动负荷不适宜或是身体机能较差；若超过 36h 仍未恢复，说明已经过度疲劳，应及时调整运动强度。

第二节　科学安排健身计划

一、如何制订健身计划

1. 健身目的

制订健身计划前，首先需要明确锻炼者的健身目的，并根据个体不同的身体情况来制订健身计划。

运动目的具有主观性和客观性的双重性。主观性表现为对运动的意向、愿望和兴趣，是以情绪为核心的主观意愿需求；客观性则主要是由健康状况、疾病程度等身体客观状况产生的需求。

从实际情况出发，运动目的主要有以下几个方面。

（1）促进生长发育。

（2）防治疾病、保持健康、延缓衰老。

（3）增强体质，提高工作效率。

（4）释放压力，调节情绪，丰富生活。

（5）控制体重，减肥减脂。

2. 运动类型

健身训练主要是以头、颈、手、臂、腰、腿及臀部进行体能训练。一般来说，健身锻炼主要有四种类型。

（1）形体锻炼，适合年轻女性。可交叉选用哑铃操、有氧操、收腹板、腰背训练器、扩胸器、健身跑步车，也可选用综合训练器。能体现女性优美的身段，使“三围”更加匀称。

（2）力量型锻炼，适合中青年男士。可选用哑铃、杠铃、多功能组合训练器。通过锻炼使胸大肌、三角肌、背阔肌、肱二头肌、腹肌及下肢肌肉更加结实饱满，旨在改变原来不健壮的体型，显男性阳刚之美。

（3）减肥型锻炼，适合男女肥胖者。训练器材可选用电动跑步器、收腹板、仰卧起坐板等，通过持久锻炼，可逐步去除体内多余的脂肪，从而收到较好的减肥效果。

（4）针对性锻炼，适合心肺功能欠佳，关节功能不好者。这种锻炼主要适合中老年人及某些功能不佳的康复病人。可选用登高车、脚踏车等，腹部脂肪过多可选用收腹板、划船器等器械。通过针对性锻炼，能改善局部功能，达到强身健体的目的。

3. 运动强度

运动强度指身体练习对人体生理刺激的程度，是构成运动量的因素之一。要使自己现有的身体健康素质水平逐步得到提高，就必须在适应一定的运动强度后，逐渐加大现在锻炼时的运动强度，即完成一个从适应到不适应再到适应循环往复锻炼的渐进过程。

健身运动中运动强度的设定要以控制在人体有氧代谢工作范围内为原则，即以有氧代谢供能为主的运动，青壮年可进行中等强度的有氧运动，中老年则只适宜中等以下强度的有氧运动。若以心率为指标则达到有氧工作心率范围，一般人相当于本人最大心率的 60%~85%，中老年人在本人最大心率的 60%~75% 较为适宜，即 120~160 次 / 分钟。

表 2-1-1 中 6~20 的 15 个主观感觉等级，每一单数等级各有不同的负荷强度感觉描述。这 7 个负荷强度感觉描述有着对应的分值。将各等级的等级数乘以 10，其数值与达到该等级的心率大体一致。使用 RPE 表进行运动强度测定时需注意运动类型及测

定者对运动的熟练程度。RPE表对于习惯运动的人可靠性比较高。运动者的运动感觉等级在12~15，说明主观负荷强度是合理的。中老年人运动时应以11~13级为宜。

4. 运动时间

运动时间指的是每次运动的持续时间，是组成运动量的重要因素。在制订健身计划时应注意运动时间过短，对机体不能产生作用，达不到应有的效果；运动时间过长，又可能超过机体的负担能力，造成疲劳积累而损害身体。确定运动时间应根据运动目的及负荷强度来设定能引起机体产生最佳效果的运动时间，即必要的运动时间。比如，为了提高心肺循环功能，有氧运动每次应至少持续进行30min以上。研究表明，健康人心率达到150次/分钟以上时，持续运动的最少时间必须在5min以上才开始产生效果。据研究，每次运动持续20~60min对于提高心血管系统机能和有氧工作能力比较有效果。

一般情况下，练习的强度会直接影响持续运动的时间，而在大多数情况下控制运动时间要比控制运动强度容易得多。

5. 运动频率

运动频度指每日或每周运动的次数，一般每日或隔日运动一次，但应视运动量的大小而定。运动量较大时，休息间隔时间稍长些。依美国运动医学会的建议每周至少要运动3~5次。有研究表明：每周只运动1~2次者，其健康效益远低于3~5次者，但每天运动者与每周5次者，其健康效益差异不大。当每周锻炼多于3次时，最大摄氧量的增加逐渐趋于平坦；当锻炼次数增加到每周5次以上时最大摄氧量的提高就很小；而每周锻炼少于2次时经常不引起改变。由此可见，每周锻炼3~5次是最适宜的频度。但由于运动效应和蓄积作用，间隔不宜超过3天，如果能坚持每天锻炼一次当然更好。

特别需要指出的是有些人因工作作息的限制无法一次较长时间持续运动，或是因健康状况无法承受较大强度的运动，也可以采用“化整为零”的方式。即每次运动的持续时间较短，但可一日锻炼多次，或是强度较弱但总的累计时间较长，只要可以达到预期的每日总能量消耗，也可以达到一定的锻炼效果。运动锻炼贵在坚持，不要因为每次可以用来运动的时间较短，就放弃运动。

6. 注意事项

（1）制订健身计划应紧密围绕健身目的，有针对性地安排运动内容。

（2）动力性运动与静力性运动结合，全身运动与局部运动结合，以全身动力性运动为主，局部静力性运动为辅。

（3）对于不常运动的人，动作结构的选择上以周期性运动为主，动作尽量简单，强度易于控制。

（4）要兼顾个人运动习惯与爱好。

（5）运动类型既要相对稳定又要有所变换，避免长时间重复单调动作引起疲劳。

（6）在计划的实施过程中，应根据锻炼者的实时反应，及时调整计划内容及强度等。

二、健身时的原则

1. 全面锻炼原则

全面锻炼原则是指体育锻炼必须追求身心全面和谐发展，使身体形态、机能、身体素质及心理素质等方面得到全面协调的发展。人体是由各局部构成的一个整体，各局部均按“用进废退”的规律发展。体育锻炼能促进人体的新陈代谢，使身体各系统、组织、器官和谐发展，达到身体相对的完善和完美。

2. 循序渐进原则

循序渐进原则是指体育锻炼必须遵循人体自然发展、机体适应的基本规律，从不同的主客观实际出发，合理安排运动负荷，在渐进的基础上提高锻炼水平。在体育锻炼过程中，运动负荷的大小直接影响人体机能的变化，负荷是否适宜，对锻炼效果起很大的作用。运动负荷的大小因人、因时而异。即便是同一个人，在不同的机能状态、不同的时间，人体对负荷的承受能力也不尽相同。因此，进行体育锻炼时应循序渐进，随时调整运动负荷，逐步提高锻炼水平。

3. 持之以恒原则

持之以恒原则是指体育锻炼必须经常性进行，使之成为日常生活中的重要内容。体育锻炼通过连续不断地刺激作用使机体结构和机能产生新的适应，身体机能就会不断增强，动作技能形成的条件反射也会不断得到强化。锻炼者要充分认识到，体育锻炼效果不可能在短时间内就立见成效，只有坚持锻炼，才能取得理想效果。体育锻炼对人体的积极改造，不是一朝一夕就能实现的，而且，人体有着“用进废退”的自然法则约束，已有的锻炼效果如果不进行强化巩固就会慢慢消退。无论从锻炼行为、锻炼意识还是健身效果的保持来看，都必须坚持持之以恒。

第三节 运动性疲劳与恢复

一、认识疲劳

1. 运动性疲劳的概念及分类

运动性疲劳是指运动引起的肌肉最大收缩或者最大输出功率暂时性下降的生理现

象。肌肉运动能力下降是运动性疲劳的基本标志和本质特性。1982 年的第 5 届国际运动生物化学会议上，把运动性疲劳定义为：“机体的生理过程不能持续其机能在一特定水平或不能维持预定的运动强度。”力竭是疲劳的一种特殊形式，是在疲劳时继续运动，直到肌肉或器官不能维持运动，即为力竭。

运动性疲劳是由于身体活动或肌肉运动而引起的，主要表现为运动能力下降。根据疲劳发生部位可分为全身性疲劳和局部疲劳；根据疲劳发生的机理与表现，可分为中枢性疲劳、外周性疲劳和混合性疲劳。中枢性疲劳是指缺乏动机、中枢神经系统的传递或募集发生改变。外周性疲劳包括接点传递、肌肉点活动和肌肉收缩活动能力下降。运动性疲劳常因为活动方式的不同而产生不同的症状，例如激烈运动后出现的肌肉酸痛、周身乏力、工作能力下降；脑力运动后出现的头昏脑涨、反应迟钝等。

运动性疲劳在人体中可分为躯体性疲劳和心理性疲劳，这两种不同性质的疲劳具有不同表现形式。在实际运动中，身体疲劳和心理疲劳具有紧密的关联性。躯体性疲劳主要表现为运动能力下降；心理性疲劳主要表现为行为的改变。人体的各个部位，从中枢大脑皮层细胞到骨骼肌基本收缩单位都能产生疲劳。

2. 疲劳产生的机理

人们工作或运动到一定的时候都会出现组织、器官甚至整个机体工作能力暂时下降的现象，称为疲劳。疲劳是一种生理现象，经过休息疲劳消失，工作能力又重新得到恢复。生理学对疲劳产生的原因有以下论述。

（1）神经系统的影响学说

无论是脑力劳动或是体力劳动引起的疲劳，都是大脑皮质的保护性作用。当机体疲劳时，中枢神经系统将会产生一种特殊的功能，即保护性抑制，使肌肉组织不致过度消耗而受损，保护神经细胞免于过分疲劳。在这种意义上，疲劳是对机体起保护作用的一种“信号”。疲劳是中枢神经系统工作能力下降的指标。内环境变化是促进大脑皮质发生保持性抑制的因素。

（2）能源物质的耗竭学说

肌肉活动到疲劳时，能源物质（如糖元、三磷酸腺苷、磷酸肌酸等）的含量下降。因此有人提出疲劳是由于这些物质的耗竭而引起。不论从事脑力劳动还是体力劳动，都需要不断消耗能量。轻微运动，能量消耗较少，反之亦然。人体的能量供应是有限的，随着劳动过程的进行，体能不断消耗，这时可以转化为能量的能源物质“肌糖原”储备耗竭或来不及加以补充，人体就产生了疲劳。

（3）疲劳物质的蓄积学说

运动时，在体内逐渐积累起某种疲劳物质（如乳酸、丙酮酸等酸性物质），这种物质在肌肉和血液中大量累积，使人的体力衰竭。由于乳酸分解后会产生液体，滞留在肌肉组织中未被血液带走，使肌肉肿胀，进而压迫肌肉间血管，使得肌肉供血越发不足。倘若在紧张活动之后，能够及时休息，液体就会被带走。若休息不充分，继续活动又会促使液体增加。若在一段时间内持续使用某一块肌肉，肌肉间液体积累过多而使肌肉肿胀严重，这将影响肌肉的正常收缩，甚至造成永久性损伤。因此有人提出疲劳的产生是由于肌肉收缩时物质代谢产物的堆积所致。

（4）机体内环境稳定性的失调学说

由于运动引起体内平衡紊乱状态而产生了疲劳。即肌肉活动和收缩时，减少了体内淀粉的含量，分解为乳酸，并放出热能供肌肉活动，当体内淀粉含量不足或供不应求时，就产生明显的疲劳现象。当身体休整后，肝脏重新又源源不断地提供动物淀粉，肌肉本身也有能力将一部分乳酸恢复为淀粉，另一部分送回肝脏重新合成，使劳动状态继续进行下去。另外，运动中产生的酸性代谢产物使机体体液 pH 值下降，pH 值下降到一定数值时，细胞内外的水分，离子的浓度就会发生变化，人体就不能继续从事运动。因此有人认为疲劳是机体内环境稳定性的失调所致。

总之，人体运动时产生的疲劳是一种综合性的生理过程。它是以中枢的作用为主导，在中枢和周围组织相互影响下发生的。它既与神经细胞的变化有关，也与周围组织的反射性和体液性影响有关。疲劳时的生化变化带有全身性的特点，它是伴有机体内环境的变化和不同生理机能的失调。疲劳是一种保护性反应，这种保护性反应可使与机体生命攸关的机能免于过度衰竭。

3. 运动性疲劳的判断

对运动性疲劳程度的判断，一般应根据以下三个方面来综合评定。

主观症状：如疲乏、头晕、心悸、恶心等。

客观体征：如面色、排汗量、呼吸、动作、注意力等。

客观指标：各器官、系统的生理、生化指标的变化情况（如肌肉力量、肌肉硬度、握力、心电图、心率、反应时肌腱反射、肺活量、血压、尿蛋白等）。

运动性疲劳的诊断应以主客观资料为依据，其主要的标志是工作能力下降。正确认识和判断疲劳，对科学地锻炼身体、增强体质、促进健康水平特别是提高运动能力、提高运动员的运动成绩均有着重要意义。

对运动性疲劳的判断，一般采用综合观察法。从自我感觉以及某些外部表现来进行诊断。除综合观察法诊断疲劳外，还可以利用各种测试手段，对人体的心血管系统、外呼吸机能、神经系统机能、心理状态、生物化学改变等诸多方面进行测试。下面介绍几种疲劳测试方法。

（1）心率测试法

受测者躺在床上，5min 后测心率，起立时重新测心率。正常情况下，从卧姿到立姿，心率要增加 10~12 次 / 分钟。一般认为加快 20 次 / 分钟以内为及格，超过 20 次为不及格，心率增加较多，表明心血管系统神经调节不佳，可视为疲劳状态。

（2）血压测试法

受测者坐位静息 5min 后，测安静时血压，随即仰卧 3min，然后使受测者被动坐起，立即测血压，每 30s 测一次，共测 2min。若 2min 以内完全恢复，说明没有疲劳，恢复一半以上视为轻度疲劳，完全不能恢复视为重度疲劳。

（3）肺活量测定法

连续测量 5 次肺活量，每次间隔 15s。若依次减少，表明呼吸器官机能状态不佳或疲劳。亦可采用“议契测试”法：吸气后憋气，机能状态良好时，吸气后憋气可达 60~90s，疲劳时这一时间大为缩短。如能经常测试，进行动态观察，此测试是很有意义的。

（4）神经系统机能的测试

由于神经系统在运动中起主导作用，神经系统功能的下降，便会产生保护性抑制。神经系统机能的测试采用“龙伯格姿势”稳定性试验。测试者站立、闭目、两臂前伸、十指张开。稳定时间长为好，疲劳时稳定性受破坏，时间短而且手指出现震颤。

（5）生物化学改变——唾液 pH 值的测试方法

让受测者尽量把口腔中的唾液全部吞下去，然后使新产生的唾液沿口唇流出，用镊子把测定唾液 pH 值的试纸贴在舌尖上，待其充分吸湿后取出，马上与比色表对照，记下相应的 pH 值。其原理是由于长时间的运动，血液中的 [H^+] 浓度增加，间接地使唾液的 pH 值降低，向酸性变化，淀粉酶活性提高，乳酸含量增加。因此，可以用测定唾液 pH 值的变化来判断运动时所产生的疲劳程度。pH 值越低疲劳程度越大。

二、超量恢复

超量恢复也称超量代偿，机体在运动之后，会产生疲劳和形态功能下降，通过适当时间的休息，身体机能逐渐恢复到运动前的水平，并且在一定时间之内继续上升超过原有水平，这种现象称为超量恢复。超量恢复过后，随休息时间延长，机体又逐渐回到原有的功能水平。超量恢复是人体提高运动能力的生理学依据。在一定生理范围内，超量恢复可以最大限度提高人体机能和健康水平，如图 3-3-1 所示。

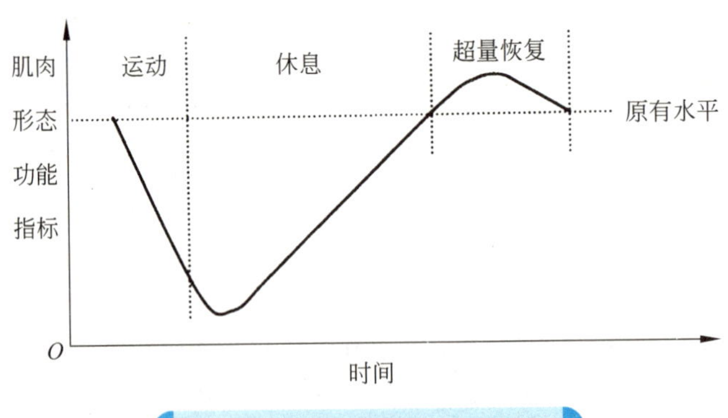

图 3-3-1 超量恢复过程示意图

超量恢复的程度和出现的时间与从事的运动负荷有密切的关系。运动负荷是施加于身体的一种综合刺激。根据刺激与反应的生物学原理，在一定的生理范围内，运动负荷越大，人体的机能反应也越大，能量也消耗得越多，引起的超量恢复越明显，锻炼效果就越好。但是需要注意的是如果活动量过大，超过了生理范围，恢复过程将相应延长。

不同性质的身体运动，可以引起不同营养物质和机能的超量恢复。力量性练习，主要是促使肌肉中蛋白质的超量恢复，肌纤维增粗，力量增大；速度性练习，主要促使肌肉中的磷酸超量恢复，肌纤维的收缩速度加快；耐力性练习，主要促使糖元的超量恢复，可以提高身体机能的耐久力。上述三种能源物质中，肌肉中的磷酸肌酸出现超量恢复最快，因此速度素质有时候提高较快，但消失也快；糖元较磷酸肌酸超量恢复慢；蛋白质的超量恢复最慢，但消失的速度也最慢。

身体进行不同性质的运动时或运动后，要注意有严格的间歇时间，强调须在超量恢复阶段进行下一次身体运动。有资料证明，在进行大负荷耐力练习后，肌糖元约在第 15min 时便出现超量恢复；力量练习后，蛋白质到第 3~4 天出现超量恢复；马拉松跑后，脂肪要在第 3~4 天出现超量恢复。

知识链接

“超量恢复”学说是由苏联学者雅姆波斯卡娅提出来的：

（1）在适宜的刺激强度下，运动肌糖元消耗量随刺激强度增大而增加。

（2）在恢复期的一个阶段中，会出现被消耗的物质超过原来数量的恢复阶段，称为超量恢复。

（3）超量恢复的数量与消耗过程有关。在一定范围内，消耗越多，超量恢复效果越明显。

超量恢复是建立在充足营养和充分睡眠基础上的。碳水化合物和蛋白质等营养物质的补充是超量恢复的物质基础。充分的睡眠能有效恢复精力，并且大部分能量物质的合成再生基本上都是在睡眠时进行的，因此营养和睡眠是实现人体超量恢复的两个重要环节，不可忽视。

三、运动性疲劳的恢复方法

1. 适当休息

（1）积极性休息

人体剧烈运动时，骨骼肌强力持续收缩，使代谢产物堆积，肌肉硬度增加并产生酸痛，若不进行放松，可能造下肢静脉血回流受阻，脑部贫血、缺氧等情况，甚至可能产生“重力性休克”现象。因此，**在运动结束后，常采用变换运动部位和运动类型、运动内容及运动环境等，或是调整运动强度的方式来消除疲劳，称为积极性休息。**

有研究证明运动后采用积极性休息的方式能帮助机体更快地消除疲劳。例如，剧烈运动后，进行 3~5min 的慢跑或是其他动力性整理活动，可加速全身血液重新分配，促进肌乳酸的消除与利用，减少肌肉的延迟性酸痛。积极性休息可根据实际情况安排在训练的中间或是在训练结束之后，也可以安排在独立的一天进行。

（2）恢复性姿势

运动后做一些静力性的牵张练习，也称作恢复性姿势，有助于运动之后的身体恢复，可以使人体更好地由紧张逐步过渡到安静状态，减缓身体局部由于乳酸堆积产生的酸痛感。

（3）睡眠

睡眠对身体机能恢复非常重要。在睡眠状态下，人体内代谢以同化作用为主，异化作用减弱，从而使人的精力和体力均得以恢复。静卧可以减少身体的能量消耗，并且大部分能量物质的合成再生基本上都是在睡眠时进行的。因此，运动后保证充足的睡眠时间（一般为 8~9h/d），有助于加速身体机能的恢复。大运动负荷训练后和比赛期间睡眠时间应适当增加。

2. 物理恢复

大强度和大运动量训练之后，通常可采用按摩、理疗、吸氧、洗热水澡、冷水刺激皮肤、电兴奋、用甜或酸的水漱口、闻芳香气味等方法促进疲劳的恢复。

运动过后，采用按摩手法能有效促进身体的血液循环，消除疲劳。如气压按摩，振动按摩，水力按摩等。运动过后立即用热水浴和冷水浴交替的方式可以有效地增加血液循环及促进肌肉恢复。

3. 心理调节

心理调节是借助语言及与语言一致的思维形象作用于自身，建立与词语一致的思维形象。有研究指出，心理暗示能有效地改变情绪反应及各系统器官的机能状态。词语以肯定的方式影响人的自我感觉和活动能力，是大多数心理自我调整方法的基础。心理调节主要是采取自我暗示，谈笑话、听音乐等帮助身体恢复。自我心理调节包含两个方面：自我说服和自我暗示。在大脑和肌肉之间存在两方面的反射联系。由大脑进入肌肉的冲动，控制肌肉的活动；由肌肉传至大脑的冲动，把肌肉生理状态的信息传给大脑。肌肉放松时，由肌肉传至大脑的冲动很少，机体便进入朦胧状态，接着便入睡了。利用人体的这种生理特点来进行神经 - 肌肉心理练习，完成自我心理调整。

4. 补充营养

大量运动后身体会出现营养流失和疲劳症状，所以需要补充身体所缺的营养物质，这是帮助身体恢复的重要途径。要根据不同性质的身体练习补充不同的食物。

（1）能源物质的补充

运动后的恢复对于锻炼效果的产生至关重要，在这一时期应注意全面均衡的营养补充，尤其是碳水化合物（糖原）、蛋白质和脂肪的补充。过量的运动会让机体免疫力下降、体内产生大量的自由基，使得身体抵抗力下降，因此运动过后摄取蛋白质来修补肌肉以及免疫系统是非常有必要的。大多数项目运动员的膳食中，蛋白质、脂肪和糖类物质的补充比例为 1.2 ： 0.8 ： 4.5。此外，耐力性项目因训练负荷特点要求练习后要注意糖的补充，力量性练习后注意蛋白质的补充等。

（2）维生素与矿物质的补充

维生素 E、C、B1、B2 与糖代谢密切相关。当维生素不足时，人体可能出现肌肉无力、功能下降、疲劳加重等现象。补充维生素能有效提高运动能力。

运动需要强健的骨骼去支持，所以在运动营养中应加强钙和镁的补充。同时，对锌、铁、铜、硒等微量元素也需要全面补充。锌是公认的帮助疲劳恢复的良好食物，研究指出锌促进谷胱甘肽的产生，这能加速清除运动中产生的机体垃圾和压力激素，因此运动后可以适当多吃一些含锌多的食物，如鱼类或者是牡蛎等以帮助身体恢复。运动后提高硒的摄入量也有助于机体快速恢复，矿物质元素硒可以通过一系列含硒酶，使许多脂质过氧化物、过氧化氢等得到有效的清除，进而帮助机体恢复良好状态，富含硒的食物有鱼、虾、乳类、动物肝脏、肉类、坚果类等。英国运动医学杂志的一份研究显示，运动员在训练之前服用抗氧化食物，如蓝莓、草莓、牛油果、樱桃等，运动后肌肉酸痛程度恢复速度更快。研究者认为抗氧化食物在身体内担负着肌肉废物清理者的角色，当肌肉内废物移除了之后，身体的恢复速度自然更快。

（3）运动后的补水

在长时间的运动锻炼中，特别是在夏天或在湿热的环境中运动，要注意及时补水。补水的最好方法是少量多次，运动中每 15~20min 饮水 150~200mL，每小时的总饮水量不超过 600mL，这样既可以保持体内水的平衡，又不致因为大量饮水增加心脏和胃肠的负担。运动后补水也要采取少量多次的方法，忌服过冷的水。人体温度一般在 37℃左右，经过运动后，可上升到 39℃左右，此时如果饮用过冷的水，会强烈刺激胃肠道，引起胃肠平滑肌痉挛、血管突然收缩，造成胃肠功能紊乱，导致消化不良。

运动出汗会使体内电解质大量流失，使得人体的压力不平衡，这时候除了需要补充水分外，更需要补充适当的电解质，可在运动后适当补充稀释的盐水或是运动饮料以补充水分和电解质，帮助体内的压力回复到平衡的状态，使摄取的水分被保留人体中，如图 3-3-2 所示。

图 3-3-2 运动后补水

思考题

1. 健身时的原则有哪些？如何科学制订一套完整的健身计划？
2. 如何判断运动性疲劳？运动性疲劳的恢复手段有哪些？

第四章 常见运动性伤病的防治

本章介绍擦伤、挫伤、肌肉拉伤、关节韧带扭伤等8种常见的运动损伤和运动性腹痛、肌肉痉挛、运动性中暑3种运动性疾病，以及这些伤病的症状、应急处理方法与预防措施，使我们对运动性伤病有一个全面的了解和认识。

学习目标

（1）了解常见运动损伤与疾病的症状及预防措施。

（2）掌握运动损伤与疾病的应急处理方法。

第一节 常见运动损伤症状与应急处理

体育运动的过程中发生的损伤称为运动损伤。了解常见运动损伤的症状，掌握应急处理措施，在发生运动损伤时能做出正确判断与应急处理，减轻运动损伤对人体的伤害。

一、擦伤

人体的皮肤由于受到外力的摩擦而发生表皮破损的情况称为擦伤。

1. 症状

创口处有组织液或血液渗出，常伴随着表皮脱落。擦伤属于毛细血管出血的一种，血色鲜红，血液如水珠从创面渗出，量少，可自行凝固。

2. 应急处理

小面积擦伤可以用生理盐水洗净创口，创口周围用 75% 的酒精消毒，局部擦红汞，无须包扎。关节附近的擦伤经消毒处理后，采用消炎软膏涂抹，并进行包扎。创口较深、污染较重时，应注射破伤风抗毒血清，并给予抗生素治疗。

主要原则：先清理、再消毒、创口异物仔细除；配敷料、缠纱布、包扎妥当疤痕无。

小贴士

红药水与碘酒、碘伏不能用于同一伤口，因为碘可与红药水中的汞起反应，生成剧毒的碘化汞，易引起汞中毒。

二、撕裂伤

在剧烈运动时，或受到突然强烈的撞击时，造成的肌肉撕裂称为撕裂伤，包括开放性损伤和闭合性损伤。

1. 症状

常见有眉际撕裂、跟腱撕裂等。开放损伤时，出血、周围红肿、疼痛。

2. 应急处理

轻度开放伤，用红药水涂抹即可；裂口大时，则需止血和缝合伤口。若伤情和污染较重时，应注射破伤风抗毒血清，并给以抗生素治疗。撕裂伤中，以头面部皮肤撕裂伤最为多见，如篮球运动中，运动员眉弓被对方肘部碰撞引起眉际皮肤撕裂等。

三、软组织挫伤

软组织挫伤是钝性暴力直接作用于人体某处而引起的局部或深层软组织的急性闭合性损伤，是体育运动中最常见的损伤。

1. 症状

（1）单纯性挫伤

单纯性挫伤指皮肤和软组织的挫伤。挫伤后疼痛多为初轻后重，初为广泛性钝痛，仍可以活动，经数小时后，出现剧烈疼痛。伤后即出现皮下组织的局部性血肿，逐渐出现大面积皮下瘀斑，且肿胀扩散，伤处压痛明显，皮内或皮下组织中有硬结。

（2）混合性挫伤

混合性挫伤指在皮肤和软组织受到挫伤的同时，还合并有其他组织、器官的损伤。伤者除有明显的局部症状外，常可发生休克、昏迷等严重后果。

2. 应对措施

软组织挫伤一定要正确处理，软组织的挫伤恢复比较缓慢，如果处理不当，可能会留下不同程度的功能性障碍。软组织挫伤分为急性损伤和慢性损伤两种，如果急性损伤未处理好，将会转变为慢性损伤，出现劳损。下面主要针对急性损伤的处理进行介绍。

（1）出现挫伤不要慌张，要摆正心态，了解自身损伤情况和程度。

（2）主要遵循“RICE 原则”进行处理，即 Rest（制动），Ice（冰敷），Compression（加压），Elevation（抬高）。

知识链接

制动（Rest）：立即停止运动，让损伤部位马上处于静止状态。

冷敷（Ice）：可以减轻疼痛和痉挛，降低细胞代谢速率，降低细胞坏死风险，控制损伤部位的肿胀（20~30min 一次，间隔为皮肤回暖后再冷敷，直至疼痛缓解）。

加压（Compression）：使损伤部位皮下出血现象减轻，并促进其吸收。

抬高（Elevation）：把损伤部位抬到比心脏高的位置，减轻皮下组织出血，促进静脉的回流，减轻肿胀。

（3）24~48h 内，要制动、止血、防止肿胀、镇痛和减轻炎症，24h 后，要去除包扎绷带，外敷新伤药；48h 后，可以去有条件的医院进行理疗、针灸、按摩、外敷药品等。

（4）肿胀疼痛消失后，也不能大意，这时候，挫伤尚未完全恢复，常会伴随无力、酸胀，要继续坚持理疗、按摩、中药熏洗，再加上增强肌力和关节力量的练习。

（5）混合性挫伤并出现休克的伤员，首先要进行现场抗休克急救处理，保温、止痛、止血，同时，应尽快请医生来处理或将伤员送到医院。

四、肌肉拉伤

由于肌肉主动的猛烈收缩或被动的过度牵伸，超过了肌肉本身所能承担的限度，而引起的肌肉组织损伤称为肌肉拉伤。

1. 症状

有典型的受伤动作，且大多有撕裂声或可听到撕裂声，肿胀明显，不久出现皮下瘀斑。伤处压痛明显，肌张力增高，可触及痉挛肌肉。轻度拉伤者伤处疼痛，可行走，在运动时疼痛加剧；重者行走疼痛，并出现跛行。

2. 应对措施

在进行肌肉拉伤的处理时，主要遵循“RICE 原则”，即制动、冷敷、用弹性绷带加压包扎、抬高伤肢。如图 4-1-1 所示。

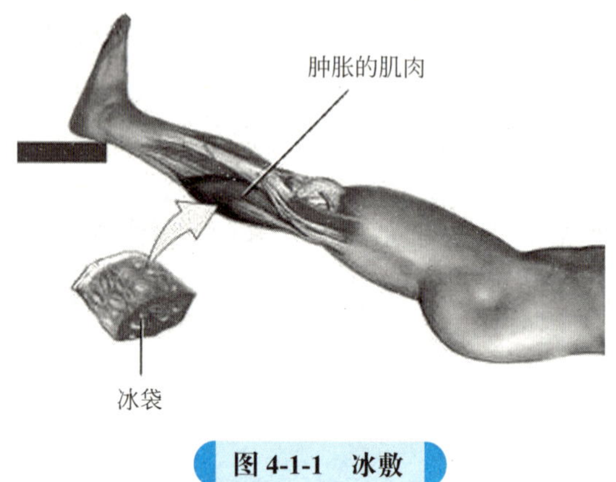

图 4-1-1 冰敷

五、关节韧带扭伤

韧带附着在邻近骨端上，用以连接两骨。韧带多数呈条索状或片状，由胶原纤维与弹性纤维混合组成，具有较强的抗拉能力，它保护关节在正常范围内活动，防止关节超过正常范围。关节韧带扭伤多指关节发生超范围的活动，同拉伤有相似之处，其主要是关节内外侧副韧带的损伤，而迫使关节活动受限，如图 4-1-2 所示。

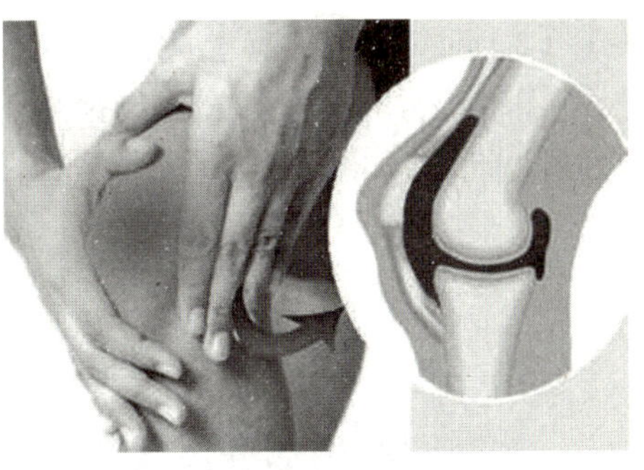

图 4-1-2 关节韧带扭伤

1. 症状

关节韧带扭伤后关节周围疼痛、肿胀，伴有血管破裂而出血，立刻有皮下瘀血和血肿。关节韧带扭伤后会出现活动受限，局部压痛明显，若韧带完全断裂者，则关节稳定性差或活动异常。

2. 应急措施

关节韧带扭伤与肌肉拉伤有一定的相似处，是关节周围韧带和肌肉在关节活动发生过度变化时而扭曲发生的损伤。当发生关节韧带扭伤这类运动损伤需要处理时，要遵循“RICE 原则”。

六、关节脱位

脱臼就是关节脱位，关节通常由两个骨构成，若两个骨端失去了正常的位置，就会发生错位，即通常所称的脱臼。

1. 症状

关节脱位常伴随着剧烈的疼痛，会使我们丧失正常的活动能力，受伤部位还会出现畸形状态。我们在参与运动的过程中，常出现肩关节、肘关节的脱位。

2. 应急措施

（1）应急步骤

① 保持安静、不要活动，更不可揉搓受伤的部位，避免再度受伤。

② 检查是否有其他伤处，注意保暖并防止休克，通常以坐姿最舒服。

③ 确认受伤程度。

④ 联系教师或拨打急救电话，送往医院。

⑤ 进行临时简单的应急固定。

（2）肩关节脱臼应急固定

两条三角巾，分别折成宽带状，一条用于悬挂前臂，一条绕过受伤侧上臂，在健康侧的腋下打结，如图 4-1-3 所示。

（3）肘关节脱臼应急固定

用可弯折的夹板弯成贴合肘关节的角度，放置于肘后，用绷带包扎，再利用三角巾挂起前臂，如图 4-1-4 所示。

图 4-1-3 肩关节固定

图 4-1-4 肘关节固定

七、骨折

骨折是运动损伤中损伤程度较为严重的一种损伤，是指骨与骨小梁的连续性发生了断裂。常用的骨折的分类有两种，如果按照骨断裂的程度划分，分为不完全骨折和完全骨折；如果按照骨周围软组织的损伤程度划分，分为闭合性骨折和开放性骨折。

1. 症状

骨折时骨折段移位可使患肢外形发生改变，主要表现为缩短。正常情况下肢体不能活动的部位，骨折后出现不正常的活动，常伴随着剧烈的疼痛、肿胀、瘀血、畸形，产生骨摈音或骨擦感摩擦音和功能性障碍等。

2. 应急措施

固定的主要目的是防止骨折端移位导致的二次损伤，同时缓解疼痛。在现场急救中，固定均为临时性的，因此一般以夹板固定为主。可以用木板、竹竿、树枝等替代。固定范围必须包括骨折邻近的关节，如前臂骨折，固定范围应包括肘关节和腕关节。如果事故现场没有这些材料，可以利用伤者自身进行固定：上肢骨折者可将伤肢与躯干固定；下肢骨折者可将伤肢与健侧肢体固定。

（1）骨折的急救原则

①防休克；②原地固定；③止血包扎。

（2）常见的外固定方式

① 锁骨骨折

采用“双环包扎法”固定。先取 3 条三角巾并折叠成宽带，在双肩腋下填上软布团或棉花，然后用 2 条宽带分别绕过伤者两肩在背后打结，形成两个肩环，再用第三条宽带在背后穿过两个肩环，拉紧打结，最后将两前臂缚扎固定或将伤侧肢挂在胸前，如图 4-1-5 所示。

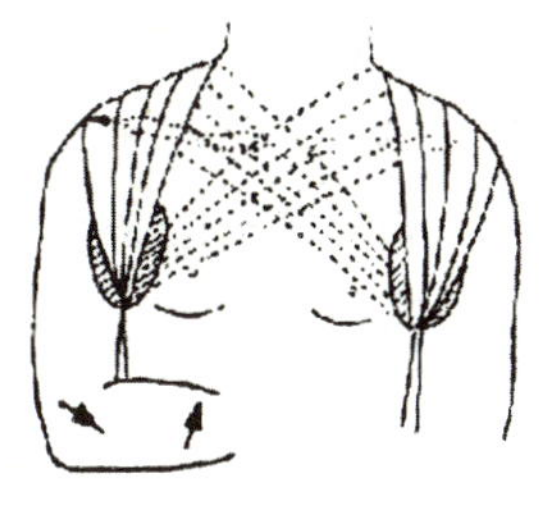
图 4-1-5　双环包扎

② 肱骨骨折

屈肘成直角，用两块小夹板分别放在伤臂的内、外侧，用 3~4 条宽带将骨折处上下部敷好，再用吊带悬挂前臂于胸前，最后用宽带或三角巾将伤臂固定于体侧。

③ 前臂骨折

用两块小夹板分别放在前臂的掌侧和背侧，夹板从肘到掌，屈肘 90°，拇指朝上。用 3~4 条宽带敷扎夹板。再用小悬臂带把前臂挂于胸前，如图 4-1-6 所示。

④ 小腿骨折

用两块小夹板放在小腿的内、外侧，两块夹板上自大腿中部，下至足部。用 4~5 条宽带分别在膝上、膝下及踝部敷扎固定。没有夹板时也可用健肢当夹板，固定方法相同，如图 4-1-7 所示。

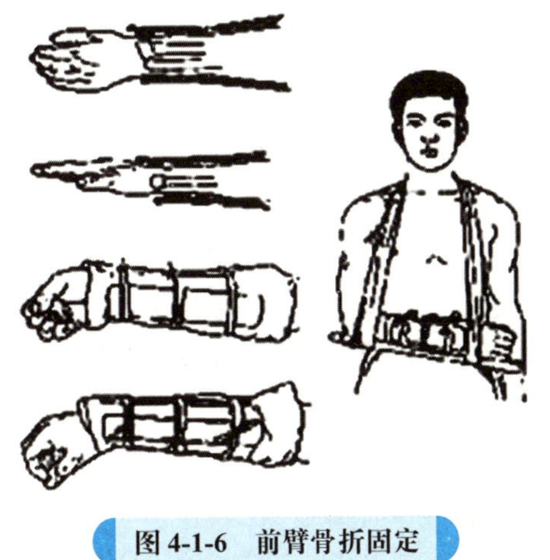
图 4-1-6　前臂骨折固定

图 4-1-7　小腿骨折固定

⑤ 踝足部骨折

采用直角夹板固定。脱鞋，取一块直角夹板置于小腿后侧，用棉花或软布在踝部和小腿下部垫好后，再用 3 条宽带分别在膝下、踝上和足部缚扎固定。

发生骨折如果无法及时处理，马上联系老师和 120 急救。遇有呼吸、心跳停止者先实行复苏措施，出血休克者先止血，病情有根本好转后再进行固定。院外固定时，对骨折后造成的畸形禁止整复，不能把骨折断端送回伤口内，只要适当固定即可。代用品的夹板要长于两头的关节并一起固定。夹板应光滑，夹板靠皮肤一面最好用软垫垫起并包裹两头。固定时应不松、不紧而且牢固。固定四肢时应尽可能暴露手指（足趾）以观察是否有指（趾）尖发紫、肿胀、疼痛、血循环障碍等。

八、脑震荡

脑震荡一般是头部遭受外力打击后，即刻就发生的短暂的脑功能障碍，是一种轻微型脑损伤。

1. 症状

脑震荡后即出现神志不清或完全昏迷，持续数秒、数分钟或数十分钟，但一般不超过半小时。昏迷时全身肌肉松弛，面色苍白，腱反射减弱或消失，瞳孔放大，脉搏细弱。清醒后伤员对受伤的经过不能回忆，但对往事能清楚记忆，常常会伴随着头痛、恶心、呕吐等现象，有时候，还会出现失去平衡、视觉障碍和身体疲劳等状态。

2. 应对措施

立即让伤员平卧、保持安静，防寒或防暑，不可随意搬动和让伤员坐或站立。昏迷不醒者，可掐人中或让伤员闻氨水使之苏醒。由于脑震荡可与颅内血肿或脑挫伤并存，因此，伤员经过急救处理后，应卧床静养，严密观察，以便及时发现其他颅脑病变。如发现严重脑颅损伤的患者，应立即送医院处理，护送时应让患者平卧，头用衣物等固定，避免摇晃、振动以免加重病情。

九、肌肉痉挛

肌肉痉挛是肌肉不自主地强直性收缩，俗称抽筋。在我们的日常运动中，痉挛出现的部位多为小腿，即小腿腓肠肌，其次为足底部屈趾肌。痉挛有的时候是会扩散的，例如小腿腓肠肌痉挛不及时处理也会引起大腿肌群痉挛。

1. 症状

发病部位的肌肉剧烈挛缩发硬，疼痛难忍，痉挛肌肉所涉及的关节屈伸功能有一定障碍，发生肌肉痉挛的运动员不能坚持参加运动和比赛。发作常可持续数分钟。

2. 应对措施

不太严重的肌肉痉挛，只要反向牵引肌肉3~5min，一般都可以使其缓解。牵引时切忌用力过猛，用力宜均匀、缓慢，以免造成肌肉拉伤。腓肠肌痉挛时，可伸直膝关节，同时用力将踝关节充分背伸，拉长痉挛的腓肠肌；屈拇肌和屈趾肌痉挛，可将足及足趾背伸。同时在痉挛肌肉部位做按摩，手法以揉捏、重力按压为主，如图 4-1-8 所示。可针刺或点掐委中、承山、涌泉等穴位，处理时需要

图 4-1-8　治疗肌肉痉挛

保暖。严重肌肉痉挛有时需要采用麻醉才能缓解。

在游泳时发生肌肉痉挛，不要慌张，如自己无法处理或解救时，先深吸一口气，仰浮于水面，并立即呼救。在水中解救腓肠肌痉挛的方法:先深吸一口气，仰浮于水面，用痉挛肢体对侧的手握住痉挛肢体的脚趾，用力向身体方向拉，同时用同侧的手掌压在抽筋肢体的膝盖上，帮助将膝关节伸直，待缓解后，慢慢游向岸边。大腿肌肉痉挛时的解救方法：深吸气，仰卧于水面，双手抱住小腿用力贴近大腿，并用力向前伸直。上肢肌肉痉挛，可反复用力屈伸肘关节及用力握拳、张开等。待肌肉痉挛得以缓解后，不要再继续游泳，应上岸休息，并注意保暖、对症治疗。

十、运动性腹痛

腹痛是运动中常见的症状，通常是由于激烈的运动引起的一种短暂的、一时性的非疾病原因的紊乱，并且时常在运动过程中或运动结束时发生。这种直接由运动引起的腹部疼痛称为运动性腹痛。主要见于中长跑、篮球等运动项目。

1. 症状

运动性腹痛多表现为钝痛或胀痛，一般多发生在右上腹，其次是左上腹和下腹部。疼痛程度与运动负荷和运动强度有关。运动负荷或运动强度越大，疼痛越剧烈。

（1）肝脾瘀血

开始运动时速度过快或强度太大，使大量的血淤积在肝脾，肝脾被膜上神经受牵扯，而引起肝脾区疼痛。此外，剧烈运动时，呼吸急促而表浅或呼吸无节奏，会引起胸内压上升，腔静脉和肝脾静脉回流障碍，导致肝脾瘀血肿大而腹痛。

（2）呼吸肌痉挛

呼吸肌包括肋间和膈肌，呼吸肌痉挛时感到季肋部和下胸部锐痛，与呼吸活动相关，患者往往不敢做深呼吸。其发生可能是由于运动中未注意呼吸节律与运动的协调，未注意加深呼吸，以致呼吸肌功能紊乱，呼吸表浅急促，呼吸机收缩不协调并过于频繁、紧张而发生的痉挛或细微损伤。另外，准备活动不充分，心肺功能跟不上肌肉工作的需要，使呼吸肌缺氧，这样不但呼吸肌痉挛，而且加剧了疼痛的发生。

（3）胃肠道痉挛或功能紊乱

运动时，肌肉和内脏血流量重新分配，骨骼肌血流量增加，而胃肠道血流量相对减少，胃肠道缺血、缺氧，引起胃肠道痉挛或蠕动紊乱，牵扯胃肠道上的神经，因而出现疼痛、绞痛。

2. 应对措施

出现运动性腹痛时，应适当降低运动强度，减慢速度，同时做深呼吸，调整呼吸节奏，手按腹痛位置，微微弯腰慢跑进行调整，一般可缓解。如果疼痛尚未减轻，要停止运动，并根据三种不同的腹痛类型判断腹痛原因。运动停止后，可请求同伴帮忙点掐内关、足三里和三阴交穴，用热毛巾热敷腹部，如果疼痛尚未消失，应及时到医院就医。

十一、运动性中暑

正常人的体温一般保持在37℃左右，温差变化不超过1℃。在运动、训练等情况下，体内代谢过程加快，产热量增加，体热通过皮肤的辐射、传导、对流以及蒸发等方式散发于外界，以保持体温正常。当气温超过了皮肤温度时，或环境中有热辐射源，或空气湿度高且通风不好，皮肤不仅散热困难，反而从外界受热，从而造成体内热量积蓄引起中暑，如图4-1-9所示。

图 4-1-9　运动性中暑

1. 症状

常见的中暑主要分为热射病、日射病、热痉挛和热衰竭。

（1）热射病主要表现身体高热，体温升高可达40℃，甚至42℃，无汗，颜面灼热潮红、呼吸细弱、脉率快（可达140次/分钟），甚至昏迷。严重者出现心、肺、脑、肝、肾的并发症而死亡。

（2）日射病轻症者头痛、头晕、恶心和呕吐；重症者，也可出现昏迷。

（3）热痉挛患者体温升高不明显，负荷较重的肌肉，尤其是下肢肌肉发生痉挛，疼痛难忍。负荷较轻者一般是对称性肌肉痉挛，重者大肌肉群也会发生痉挛。

（4）热衰竭一般无高热，患者常伴有头痛、头晕、恶心、乏力、多汗、口渴、面色苍白、心率缓慢，可有晕厥，并有手足抽筋，重者出现循环衰竭。

2. 应对措施

一旦出现中暑，首先必须降温，迅速将患者转移到通风阴凉处，平卧休息，头部稍垫高，松解衣服，全身扇风，头部冰敷，用温水或酒精擦身，服饮盐开水或清凉饮料，必要时服用解热药物。肌肉痉挛者主要牵引痉挛肌肉，补充盐和水。头疼剧烈者，针刺或点太阳穴、风池、合谷、足三里等穴。如有昏迷，可刺激人中急救，对四肢进行重推摩和揉捏，必要时一面急救，一面迅速准备送往医院治疗。

第二节　运动性伤病的预防措施

参加体育锻炼的目的是增强体质，增进健康。如果在体育锻炼中，忽略对运动损伤和疾病的预防，就可能发生各种伤害事故。因此，积极预防运动性伤病对学生健康与生活都有重要作用。

一、热身运动

热身运动的目的是提高中枢神经系统的兴奋性，特别是克服自主神经的惰性。通过全身各关节、肌肉的活动加速血液循环，使肌肉组织得到充分的血液供应，以利增强肌肉的力量和弹性，并恢复技术动作的反射联系，为正式活动做好充分准备。

热身活动应注意以下几点。

（1）热身活动的内容与负荷应依据正式活动内容、个人身体机能状况、当时的气象状况三方面因素而定。

（2）一般的热身活动要做得充分，专项准备活动一定要有针对性，与后面正式活动有联系。

（3）加大、加强易伤部位的准备活动，有伤部位的活动要谨慎，不可操之过急，动作要和缓，幅度、力度、速度要循序渐进。

（4）在运动中，间歇时间较长，也应在运动前再次热身。

热身活动与正式活动间隔以 1~4min 为宜，活动时间与负荷一般以身体感到发热，微微出汗为好。热身活动时可适当进行力量练习，可提高肌肉温度、改善肌肉功能。此外，还可加入一些肌肉伸展性练习，对肌肉拉伤有积极预防作用。

二、适度运动

运动负荷安排不足，不能达到促进人体运动能力提高的目的。运动负荷安排过大，超出人体所能承受的负荷，不仅使运动系统局部负荷过重，还会导致中枢神经系统疲劳，致使全身机能下降，协调能力下降，注意力、警觉反应都减弱，从而容易发生损伤。运动系统的劳损，大多是由于长期局部负荷过大所导致。为了减少这些损伤，严格遵守运动锻炼原则，根据年龄、性别、健康情况、训练水平和各个项目的特点，个别对待，循序渐进，合理安排运动负荷，适度运动。

三、放松运动

放松活动可以促进肌肉局部的血液循环，促进乳酸在骨骼肌和心肌内的氧化；加速全身的血液循环，运送代谢产物到肝脏经糖异生作用合成糖元，有利于加速偿还活动中所欠的氧债；预防运动骤然停止可能引起的机体功能失调；可以有效预防因长时间运动导致的各种慢性劳损。总的来说，放松活动不仅可以避免运动损伤，还可以为再次运动提供更好的机体。

除此之外，我们还要加强思想重视，在运动中不麻痹大意，加强自我保护意识，对于自己不会或没有掌握的技术动作要科学进行，同时还要避免运动器械、场地等客观原因带来的损伤。

思考题

1. 肌肉拉伤后应如何处理？
2. 如何预防运动损伤的发生？

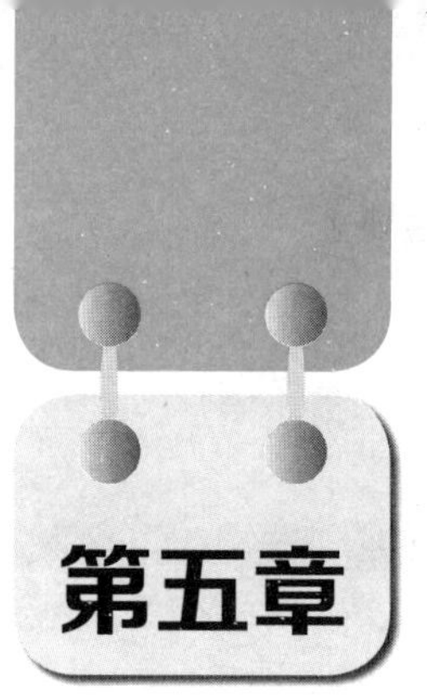

第五章

田径运动与健身

自人类诞生以来，田径运动所展现的走、跑、跳、投等运动形式，是人类与生俱来的基本活动能力。田径运动在“生存教育”中的特殊性对人类的生存起到了永恒的作用，与人类的进化和发展有着不可分割的联系。

本章通过对田径运动的起源、发展演变及健身价值对田径运动进行综合概述，通过对田径运动中走、跑、跳、投等运动项目的技术分析，强化学生田径运动的基础能力。

学习目标

（1）了解田径运动的历史和发展、运动的属性和健身价值。

（2）掌握田径运动中走、跑、跳、投的理论知识和技术要领。

（3）欣赏挑战人类极限的田径运动，体会田径之美。

第一节 认识“运动之母”

翻开历史的篇章，田径运动表现的走、跑、跳、投等运动形式就是人类生来就有的基本活动能力。在适者生存的大自然中，出于求生本能而从事的走、跑、跳、投等活动，是由人类的生物属性所决定的。正是由于这些简单的四肢运动，产生了田径运动的雏形。

一、源远流长的田径运动

1. 田径运动的起源

早期猿人，由于受到食物和生命安全的威胁，被迫由树栖变成了陆栖。而陆地上面临草木丛生、沟渠纵横、野兽出没等危险，不得不改变自身生存方式。历史证明，人类不仅因为身体形态的改变而扩大了视野，还在与大自然的无数抗争中通过走、跑、跳、投扩大了活动领域，并通过重新组合和变化，逐步发展成为一种劳动技能，如图 5-1-1 所示。

图 5-1-1　人类的进化过程

（1）长途跋涉迁徙——适应生存环境

徒步行走是人类与生俱来的原始能力。为了扩大狩猎的范围及适应剧烈的环境变化，远古人类通过提高徒步能力，完成长途的迁徙。经过长期跋涉的锻炼，原始人类的体能得到了大幅度的提升，还形成了行色各异的行走方式。

（2）提高奔跑速度——加快人类脚步

原始人类采用直立行走后，视野广阔，通过提高奔跑的速度获得更加丰富的食物、及时躲避野兽的袭击或逃避自然灾害。在不断地重复和实际行动中，原始人类的奔跑速度得到了进一步的提升。

知识链接

现代田径竞技中跨栏跑项目以连续跨越障碍的形式还原了原始人类的生活实际。特别是 3000m 障碍跑，呈现了人类祖先克服困难的艰辛。

（3）发展跨跳幅度——扩大活动范围

在远古时期，草木丛生、沟壑纵横，枯树朽木经常遮挡前进的去路。但是想要获取更多猎物和及时传递消息，就必须设法跨跳过这些障碍。为了达到这个目的，原始人类不断发展跑跳能力，从而为生存创造各种有利的条件。

（4）掌握投石掷棍——提高狩猎效率

自从人类开始直立行走之后，双手得到解放，人类便可以用其从事其他的活动。为了更准确地打击猎物，原始人类利用磨尖的树枝和石器进行远距离的投掷打击猎物，同时也用石器和棍棒与野兽搏斗，进行防卫。

2. 田径运动的发展

自人类社会的发展，人的走、跑、跳、投等各方面的综合能力都有了进一步的提升。随着田径运动的不断完善，动作的系统化、规范化，田径运动广泛地开展了起来。

田径运动项目的比赛最早出现在公元前 776 年举行的古代奥运会上。1896 年希腊雅典举办的第 1 届奥林匹克运动会是现代田径运动发展的起点。1912 年成立国际业余田径联合会，确定了统一的竞赛规则和项目。

在近一个多世纪的发展中，世界田径运动发生了以下重大的变化。

（1）20 世纪 30—50 年代，现代田径运动开始形成、发展和逐步提高。

（2）受第一次世界大战和第二次世界大战影响，田径成绩呈现“起—落—起”的趋势。

（3）随着硬件设备的改进，科学技术与田径运动紧密相连，现代田径运动的技术逐步形成。

（4）1952 年至今，是田径运动达到顶峰的阶段。

二、古希腊埃拉斯山岩石上警句的启迪

“如果你想健美？跑步吧！如果你想聪明？跑步吧！如果你想强壮？跑步吧！”2500 年前，古希腊人就已经诠释了田径运动的价值，如图 5-1-2 所示。那么田径运动的价值究竟是什么呢？

图 5-1-2　警句

由于田径运动的组织形式不受场地和器材的限制，绝大多数运动以个人为单位，因此深受广大人群的喜爱。田径运动所展现的健身价值主要有以下几个方面。

（1）提高人的基本活动能力和生存能力

原始人类为了生存，必须拥有很强的奔跑、

跳跃、投掷能力。可以说田径运动作为一种生存手段，是人类生存发展最有效的方法。经常参与田径运动，可以改善和提高人体的心肺功能及各个器官之间的协同功能。

知识链接

安静时，不锻炼的健康者心输出量约为4970mL，运动员的心输出量为5000mL；以最大强度运动时，不锻炼者的心输出量约为22 035mL，运动员的心输出量约为34 905mL，远远大于不锻炼者。

（2）提高自身综合素质，健康长寿

田径运动能有效地发展速度、力量、耐力、灵敏以及协调性等身体素质，增强体质。经常参加田径运动，可以有效地预防疾病，使人体各项机能得到强化，使人延年益寿。田径运动为人类健康提供了有效的理论依据和锻炼方法。

（3）提高人体的自身免疫能力和适应能力

自然环境的不断恶化对人体的影响相对较大，人体的适应性不断地降低。经常参加田径运动的人可以强化人体的免疫系统，从而提高自身耐热、耐寒和抵御病毒的能力，提高人们适应外界环境的能力。

（4）培养意志品质，促进身心健康和扩大人际交往

田径运动不仅可以缓解人紧张的情绪，使人心情舒畅、精神愉悦，还可以调节某些不良的情绪和心理状态，使人的身心都得到改善。同时，田径运动有利于培养人不屈不挠、坚持不懈、努力拼搏、勇于进取等优良品质。另外，田径运动所处的空间为人际交往创造了有利条件。

（5）健身塑形，改善形态

田径运动的影响是综合的，它作用于身体各个部分肌肉，可以促进身体各部位肌肉的线条美、健康美。长时间的锻炼可以增加肌肉的弹性，使身体形状更美。同时，田径运动较大程度地发挥了骨骼系统的机能，使人姿态更美。

第二节　必有一项运动适合你锻炼

体育界素有“得田径者得天下”的说法，田径运动被公认为各项运动之母。由于田径运动的形式和所需要的场地、器材非常简单，不受时间、空间的限制且绝大多数运动为个人项目，参与者可以置身其中，享受乐趣。另外，田径运动的运动强度可以根据客观条件进行主观调控，因此备受广大群众的喜爱。在众多的田径运动项目中，必定有一项适合你来锻炼。

一、教你跑得更快

跑是单脚支撑与腾空交替，上、下肢协调蹬摆，动作协调连贯的周期性运动，是人体完成位移的方式之一。那么怎么才能提高跑的技术和能力，并通过系统性的锻炼来促进身心健康的发展呢？

短距离跑（短跑）属于极限强度运动，是所有项目中速度最快，距离最短的运动。经常练习短跑运动，有助于提高神经敏锐度，提升反应速度和动作的完成速度。同时还可以强化身体机能，促进新陈代谢，为生活奠定基础。短跑技术分为起跑、起跑后的加速跑、途中跑、冲刺跑 4 个阶段。

1. 起跑

起跑的任务是对发令信号做出迅速反应，并迅速摆脱静止状态。

（1）“各就位”姿势：两手自然分开，略比肩宽，躯干放松，目视正下方。

（2）“预备”姿势：目视斜前方，提臂送肩，躯干前倾。前腿的膝关节呈 90°，后腿膝关节呈 120°～140°。

（3）后蹬：两手迅速推离地面，重心前移，后腿迅速蹬离起跑器，折叠向前摆动。

（4）加速：蹬离起跑器后，前脚掌快速下压完成第一步，加速过程中小腿几乎与地面平行。

知识链接

短距离跑要求在最短的时间内通过一定的距离，包括 100m、200m、400m 三项。儿童、室内田径比赛还有 60m 跑。

2. 起跑后的加速跑

（1）蹬地：蹬离起跑器后，重心前移，腿快速下压完成第一步。上体逐渐抬起，在约 30m 处完全抬起。

（2）摆臂：两臂迅速前后配合摆动，摆动力度大。前摆屈肘角度小于 90°，后摆屈肘角度大于 90°。

（3）步幅逐渐加大，步频逐渐加快，重心上移。两脚逐渐靠拢，逐渐合成一条直线，如图 5-2-1 所示。

图 5-2-1 起跑后的加速跑

3. 途中跑

途中跑是短跑项目中速度最快的一个阶段，其目的是在较长距离发挥和保持最快的速度，如图 5-2-2 所示。

图 5-2-2　途中跑

（1）蹬伸摆动：折叠高抬到位，摆髋提膝，加大步幅。同时积极下压，脚掌呈“鞭打”状扒地，加快步频。

（2）躯干动作：躯干前倾（前倾 8°　~12°　），头部正立，目视前方终点方向，颈部放松。

（3）快速摆臂：两臂以肩关节为轴靠近躯干协调摆动，前后摆动幅度为 60°~125°　。

知识链接

后蹬效果的好与坏主要取决于蹬地的速度和力量，并且蹬地方向和角度也对蹬地效果起决定性作用。蹬地力量越大，速度越快，角度越小（相对），效果越好。

4. 冲刺跑

冲刺跑的目的在于尽可能保持最高速度和技术，如图 5-2-3 所示。

图 5-2-3　冲刺跑

（1）加强两腿蹬地的力量和速度，尽量保持步频和步幅。加强两臂的摆动力度，并适当加大躯干的前倾角度。

（2）终点前最后一步，上体前倾，双臂后摆，躯干积极撞线。跑过终点后，切勿紧急制动，应随着惯性向前，逐渐降低跑的速度。

知识链接

跑动过程中上体前倾过大会增加背部肌肉的负重感，同时造成下肢的补偿动作，使得重心向后，不利于跑动过程中的前进性，从而过多地消耗体力。反之，身体向后也会影响跑的效率。

二、人人都能跑得更远

中长跑是最好的健身方法。经常练习中长跑不仅有助于提高呼吸系统机能和心肺各项功能，还有助于身体柔韧素质、力量素质、速度及速度耐力和有氧耐力等多项素质的提升。同时能够磨炼意志，培养坚忍不拔、积极进取、勇于拼搏的品质和吃苦耐劳的精神。那么如何系统地练习中长跑呢？中长跑的关键技术是什么？

中长距离跑（中长跑）技术可以分解为起跑和起跑后的加速跑、途中跑、终点冲刺和呼吸技术。

1. 起跑

（1）在发令前要求参赛者统一站在起跑线后。听到“各就位”的时候，深呼吸，然后缓慢跑至起跑线做准备。

（2）两脚前后开立，较为有力量的腿放在前面，脚尖抵在起跑线后沿，两腿自然弯曲。上体前倾集中注意听发令。

2. 加速跑

（1）发令后，快速蹬离，后腿蹬地后迅速前摆，前腿充分蹬伸，两臂积极摆动配合，上体前倾，与短跑相似。

（2）无论是在直到或是弯道上起跑，都应该沿着跑道的切线垂直切入并占据有利的位置前进。

3. 途中跑

（1）上体姿势：上体稍向前倾，收腹挺胸，颈部自然放松，目视前方。

（2）摆臂动作：两臂稍微离开躯干，肘关节弯曲，摆动幅度适中。当人体疲惫导致速度降低时，应该减小摆臂幅度，减少疲劳。

（3）腿部动作：

① 后蹬与前摆：摆动腿向前摆动时，支撑腿各关节迅速蹬直。加快蹬地的速度，加大步幅，使髋更好的前送。后蹬结束时，上体稍微前倾，摆动腿的小腿几乎与支撑腿平行，如图 5-2-4 所示。

图 5-2-4 后蹬与前摆

② 腾空：支撑腿蹬离地面时，人体进入腾空阶段。主要的肌肉群适度放松，大小腿自然折叠，大腿随惯性省力地向前上方摆动，如图 5-2-5 所示。

图 5-2-5 腾空阶段

③ 落地：摆动腿小腿积极下压，“扒地”着地。脚着地时，脚尖正对跑进的方向，避免脚向前、内外侧翻。

4. 呼吸技术

在中长跑过程中，主要通过有氧代谢为身体提供氧气，因此，如果氧气提供不足，将导致力量下降，步幅变短，步频变慢，抑制神经的兴奋性。有效的呼吸技术，是中长跑最重要的保障。跑步时，一般采用：

（1）三步一呼气和三步一吸气节奏。

（2）两步一呼气和两步一吸气节奏。

（3）一步半一呼气和一步半一吸气节奏。

（4）一步一呼气和一步一吸气节奏。

三、超越自我的跳跃

跳跃运动指的是通过一定的运动形式使人体向尽可能高或尽可能远的地方腾跃。跳跃融会到各项体育运动中，如排球的起跳扣球、篮球急停跳投都含有跳跃的动作。根据物理知识，跳跃是一种抛物线的形式，跳跃的高度和远度由起跳的初速度和腾空的角度决定。那么，怎么通过合理的跳跃技术的练习来提高跳跃能力呢？

1. 怎么跳得更远

跳远是速度力量结合的项目，主要由助跑、起跳、腾空和落地 4 个部分组成。通过助跑在起跳的瞬间获得较大的初速度，快速蹬地，获得最远的抛射距离。

1）助跑

（1）助跑距离：助跑距离与运动员个人的能力密切相关，同时还因个人状态、天气情况及风向等需进行相应的调节，保障最后几步的助跑节奏。

（2）助跑方式

① 平稳加速方式：助跑前期，频率较慢。在跑动过程中逐渐加大步幅和提高助跑频率。

② 积极加速方式：助跑前几步，缩小步幅，加快步频，使身体快速摆脱静止状态，达到助跑的最优速度。

（3）助跑后程：一般在起跳板后 4~6 步的位置，在步幅相对稳定的情况下，加快步频。

2）起跳

（1）起跳脚着地

① 起跳腿前摆幅度变低，脚积极下压落地。

② 脚尖和脚掌几乎同时踏板，上体稍向后倾。

③ 蹬摆结合，在起跳脚着地时，摆动腿已经折叠跟上摆动，接近水平，如图 5-2-6 所示。

（2）缓冲和蹬伸

① 起跳脚踏板被动完成髋、膝、踝缓冲，为起跳腿充分伸展创造条件。缓冲时，膝关节弯曲角度为 135° ~145° 。

② 摆动腿继续前摆，大腿接近抬平，小腿放松自然下垂，两臂随惯性摆至体侧上方，如图 5-2-6 所示。

3）腾空

跳远腾空（如图 5-2-7 所示）是为了维持身体的稳定性，其中，腾空技术包括蹲踞式、挺身式和走步式。

图 5-2-6　蹬摆

图 5-2-7　腾空

（1）蹲踞式

① 起跳后，两臂向上摆动，提肩拔腰，并保持腾空动作。

② 跳跃阶段中期，起跳腿向上收起。

③ 落地前，两臂由上向下摆动，小腿前伸，如图 5-2-8 所示。

图 5-2-8　蹲踞式跳远

（2）挺身式

① 起跳后，完成腾空动作至最高点。

② 随后挺胸展髋，形成“弓状”，摆动腿下放，起跳腿自然弯曲向摆动腿靠拢。

③ 落地前，两臂经体侧向上举。

④ 落地时，收腹举腿，小腿前伸，两臂由上向前下方回摆，如图 5-2-9 所示。

图 5-2-9　挺身式跳远

（3）走步式

① 起跳后，摆动腿以髋为轴自然下放，起跳腿顺势屈膝上摆，在空中完成自然跑换步动作。手臂分别上举，配合摆动腿在空中完成摆动交替。

② 落地时，小腿前伸。

4）落地

当双脚脚后跟触碰沙坑时，脚尖上钩。着地后，屈膝缓冲，身体重心由后向前迅速转移。在保证重心前移的前提下，尽可能大地获得落地距离。

2. 如何跳得更高

背越式跳高是快速力量跳跃的项目，练习跳高可有效增强自身的协调性、柔韧性和下肢力量。同时培养永不言弃的精神。跳高技术由助跑、起跳、过杆、落地组成。

知识链接

跳高助跑点的量取：站在离起跳点方向的 1/3 横杆处，距离横杆一个手臂的距离。平行于横杆向前自然迈出 5 步；然后沿垂直于横杆的方向自然迈出 6 步（助跑 4 步的距离）；紧接着继续迈出 7 步（助跑 8 步的距离）确定起跳点。如图 5-2-10 所示。

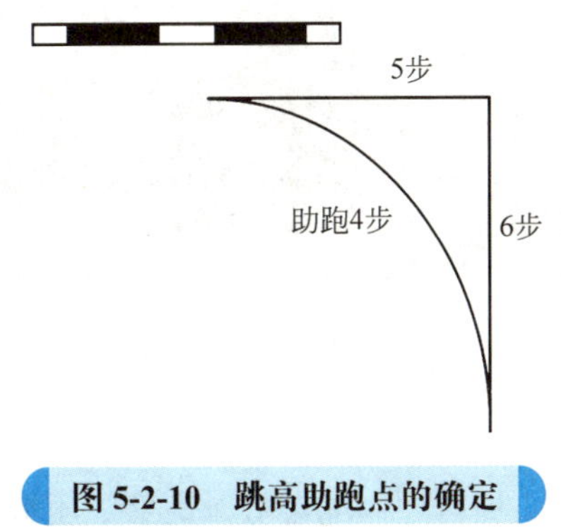

图 5-2-10　跳高助跑点的确定

1）助跑

（1）助跑：助跑的路线大多采用“J”字形曲线，直线助跑时，步幅较大，身体富有弹性。弧线助跑时，躯干向内倾幅度增大，外侧肩高于内侧肩，如图 5-2-11 所示。

图 5-2-11　助跑

（2）支撑：助跑倒数第二步时，摆动腿积极着地支撑，膝关节弯曲角度小。

（3）顶髋：最后一步时，身体保持内倾状态，自然向前顶髋放腿，滚动支撑。

2）起跳

（1）放脚：起跳脚脚后跟外侧先着地，然后迅速滚动过渡到全脚掌。

（2）制动：起跳腿迅速完成缓冲蹬伸动作，并完成起跳前的制动。摆动腿顺势折叠远离横杆旋转摆动。

（3）起跳：收腹挺胸，下颚微收，眼睛余光视横杆位置。两手臂由体侧同时向上摆动，提肩拔腰，如图 5-2-12 所示。

图 5-2-12　起跳

3）过杆

（1）放手：起跳后，身体自然垂直向上跃起伸展，过杆后手臂伸展于体侧或下放。

（2）挺髋：两腿自然下放，紧接着，头往后仰，同时完成下肩、展体、顶髋动作。

（3）收腿：当臀部越过横杆时，屈髋收腿，如图 5-2-13 所示。

图 5-2-13　过杆

4）落垫

通过横杆后，立即低头，保持屈髋的姿势。肩部下压触碰海绵垫，做好缓冲准备。

知识链接

跳高名次的判定：

（1）在最后跳过的高度上，试跳次数较少者名次列前。

（2）成绩相同，则在包括最后跳过的高度在内的全部比赛中，试跳失败次数较少者名次列前。

（3）如果成绩仍然相同但不涉及第一名时，则运动员的比赛名次并列。

（4）如果涉及第一名时将根据规则规定在成绩相等的运动员间进行决名次跳。

四、投远投准的奥妙

投掷项目是为了取得最大程度地可测器械投掷距离。投掷是力量的表现并且渗透在我们日常生活中，如投远、打水漂等。在体育教学中，包括投掷项目，如投垒球、足球掷界外球、篮球投球等。投掷和跳跃一样，属于抛物线运动，影响投掷远度的主要因素是出手速度和出手角度。那么，怎样才能投得更远更准呢？

背向滑步推铅球的技术动作分为加速和推球两个阶段，全程可分为握球动作、预备姿势、滑步、用力和出手后维持平衡。

1. 握球动作

五指自然张开，将球放在锁骨窝处，用力持球使其紧贴颈部，掌心向前，肘部微抬至与地面平行。

2. 预备姿势

（1）高姿站立：上体直立，挺胸收腹，出手臂保持抬平。异侧手自然上举（或前平举）。持球手同侧腿直立，支撑身体重量，异侧腿微屈，脚尖点地，如图 5-2-14 所示。

（2）低姿站立：上体前俯与地面几乎平行，出手臂保持抬平，异侧手自然下放。抬头含胸，目视前下方。持球手同侧腿弯曲支撑，异侧腿分开 50~60cm，脚尖点地，如图 5-2-15 所示。

图 5-2-14　高姿站立

图 5-2-15　低姿站立

3. 滑步

（1）预摆：支撑腿自然弯曲，摆动腿向后预摆。当摆动腿向躯干靠拢，支撑腿提踵。

（2）滑步：臀部先向后移，摆动腿迅速向后做低平的后蹬运动，同时带动支撑腿向后做贴紧地面的滑步，支撑腿与摆动腿几乎同时着地，如图 5-2-16 所示。

图 5-2-16　滑步

（3）支撑：着地瞬间，支撑脚内旋，前脚掌着地。摆动脚外旋，支撑点地。

4. 用力

（1）挺胸：摆动腿固定，并依次用腿部、髋部、腰腹部的力量顶起身体。

（2）转体：腿部充分蹬直发力，转动髋关节，无球手肘关节向投掷方向旋转摆动，充分打开胸部。

（3）推手：转体到达最佳角度时，快速伸臂推手。出手的角度一般为 37°~45°。

（4）拨球：铅球出手瞬间，屈腕，拨球快速有力。

知识链接

超越器械

在投掷运动中，当最后用力开始前，下肢以更快的速度向前运动，造成髋部运动速度超越肩部运动速度，使器械处在身后，形成下肢在前、上肢在后的倾斜状态，而器械在身体后方即超越器械。

5. 平衡

出手后双脚交换位置，降低身体重心减缓冲力。

五、王中之王——十项全能运动

全能项目是由跑、跳、投等形式不同的田径各单项在规定的时间内，按照一定的顺序进行的比赛，根据各单项的成绩按照专门的评定方式换算成相应的“分值”，最后以运动员总分的高低来评定运动员成绩的比赛项目。根据男女运动员的差异，项目设置上也有所差异。

1. 项目设置

性别不同的两个组别中，男性运动员在规定的两天内完成 10 个项目，女性运动员完成 7 个项目，具体安排见表 5-2-1。

表 5-2-1　男子、女子全能项目安排

组别	项目	比 赛 顺 序	比赛时间
男子	十项全能	第一天：100m、跳远、铅球、跳高、400m。 第二天：110m 栏、铁饼、撑竿跳高、标枪、1500m	连续两天
女子	七项全能	第一天：100m 栏、跳高、铅球、200m。 第二天：跳远、标枪、800m	连续两天

2. 特殊性

与其他单项比赛不同，由于全能比赛项目众多，连续性强，所以全能比赛存在较多的特殊性。

（1）检录：每天除第一项比赛在检录处检录，后续项目在全能裁判员指挥下进行。

（2）高度选择：上升高度始终不变，跳高升高 3cm，撑竿跳高升高 10cm。

（3）起跑：单名运动员抢跑两次将取消比赛资格。

（4）远度项目：每名运动员只能试跳（掷）3 次。

（5）总分：如若有一项弃权，将不计算全能比赛总分。

（6）名次：全能比赛名次以总分为主，总分高者获胜；总分一致，参考单项冠军数，冠军数多者获胜；冠军数一致时参考单项成绩，单项成绩换算的分值高的获胜。

六、闪电般的接力棒传送

接力跑是由跑和传、接棒技术组成的集体项目，接力跑成绩的好坏，不仅取决于个人在接力跑中的表现，还取决于团队间的协作。接力跑可谓是田径比赛中的另一高潮。

1. 4×100m 接力跑

（1）起跑

第一棒采用蹲踞式起跑，其余各棒采用半蹲式起跑姿势站立在预跑区，二四棒靠跑道外侧，一三棒靠跑道内侧。当前一棒的运动员跑到预定位置时接棒人迅速起跑。

（2）传、接棒

① 下压式：传棒在最后一步时，将棒上部由上向下下压传给接棒人虎口处；接棒人手臂自然向后方伸直，手腕内旋，掌心向上，拇指和其他四指分开，虎口朝斜下方，如图 5-2-17 所示。

② 上挑式：传棒在最后一步时，将棒上端用由下向上的上挑式完成交接棒。

接棒人手臂自然向后方伸直，掌心向下，虎口自然张开，如图 5-2-18 所示。

图 5-2-17 下压式传、接棒

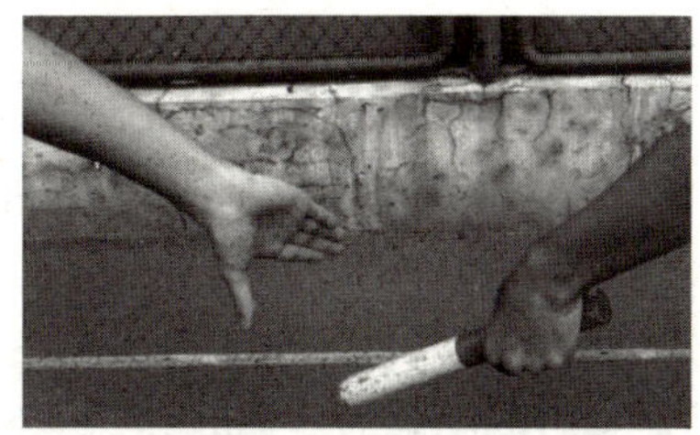

图 5-2-18 上挑式传、接棒

③ 传、接棒时机：接棒队员在前一棒运动员踏上标志线时迅速起跑。传棒队

员在离接棒队员 1~1.5m 处时应发出接棒的动令，接棒队员听到口令后迅速向后伸手接棒。

2. 4×400m 接力跑

4×400m 接力跑相对 4×100m 简单，接棒技术相对简化。

由于前一棒运动员到终点时速度明显下降，接棒运动员要集中注意力在接棒上，当前一棒运动员跑近时，接棒运动员应该缓慢向前加速，并主动伸手去够接力棒。

第三节 欣赏挑战人类极限的田径运动

田径是“运动之母，竞技之冠”，它的普及是一个国家体育发展的重要标志。上一节，我们有针对性地介绍了短跑、中长跑、跳跃、投掷等多个项目，本节，将为大家呈现田径场上人类的极限，让我们欣赏不一样的田径之美。

一、空中飞人的英姿

空中高高架着一根黑白相间的横杆，身姿矫健的运动健将手持长杆，助跑、插穴、植杆，然后起跳、悬摆，再引、伸、转、推，最后过杆、落垫、这一整套动作就像钟表的齿轮一样严密，伴随着肌肉的紧张、放松，将力量与速度完美地结合在了一起，绝不比惊险刺激的空中飞人杂技表演逊色。这就是田径场上技巧性最强，看上去最惊险的项目——撑竿跳高，如图 5-3-1 所示。

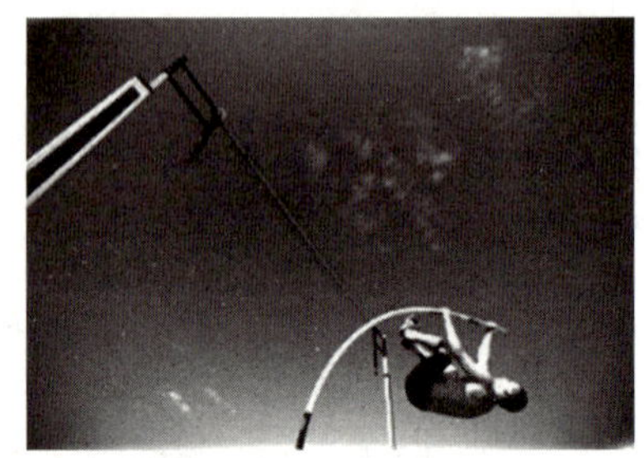

图 5-3-1 撑竿跳高

1. 撑竿跳高的演变

根据撑竿的变化，可以把撑竿跳分为以下几个阶段。

（1）木质杆

早期撑竿跳高使用的是木质杆，这种杆沉重且弹性较差，所以当时出现了“爬杆技术”。当时的纪录为 3.58m。

（2）竹竿

竹竿质量轻且弹性相对较大。在这段时期出现了撑竿跳高技术的雏形。1942 年美国运动员沃迈达姆用竹竿跳出了 4.77m 的世界纪录。

（3）金属杆

20世纪中期，质地坚硬的金属杆替代了竹竿。在这段时期，运动员动作幅度明显加大，最好成绩达4.82m。

（4）玻璃纤维杆

玻璃纤维杆的重量轻、弯曲好、弹性大。在这段时期运动员充分利用了杆子的弹性来完成动作。玻璃纤维杆的出现使世界纪录大幅度提升，男子世界纪录为6.16m，女子世界纪录为5.06m。

2. 欣赏撑竿跳高的奇迹

俄罗斯名将伊辛巴耶娃可谓是撑竿跳高的奇迹，这个素有“撑竿跳高女皇”的女子，在田径场上，用她精湛的技术，打破了27次女子撑竿跳高世界纪录，并使世界纪录定格在5.06m。下面请大家欣赏其高超的撑竿跳高技术，如图5-3-2～图5-3-9所示。

图5-3-2　持杆

图5-3-3　助跑

图5-3-4　悬摆

图5-3-5　引

图5-3-6　伸

图5-3-7　转

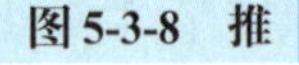

图 5-3-8　推

图 5-3-9　过杆

二、米隆的《掷铁饼者》之美

《掷铁饼者》是希腊雕刻家米隆在公元前 450 年的作品。雕塑刻画的是一名强健的男子在掷铁饼过程中最具有表现力的瞬间，赞美了人体的美和运动所饱含的生命力。这尊雕像被认为是“空间中凝固的永恒”，直到今天仍然是代表体育运动的最佳标志，如图 5-3-10 所示。

图 5-3-10　掷铁饼者

这是一尊被誉为“体育运动之神”的雕像，它表现了掷铁饼的一个典型瞬间动作：出铁饼的最后瞬间身体扭紧成“S”形。米隆将人物的重心移至右足，让左足尖点地以支撑辅助，以头为中心两臂伸展成上下对称，从而使不稳定的躯体获得稳定感。身体的正侧转动，下肢的前后分列，既符合掷铁饼的运动规律，又造成单纯中见多样变化的形式美感。

作者别具匠心，虽然这是一尊静态的雕塑，但却让人感受到运动员动态的美。掷铁饼者张开手臂向后引至最大幅度，蓄势待发，使人产生遐想。它身体扭转，高举着铁饼却保持着相对的平衡，让人感受到了运动员平衡性。紧贴地面的右腿如同一个轴心，使曲折的身体保持稳定。他的大腿和躯干在上边形成了两个彼此相等的对角线。铁饼和人头的两个圆形，左右呼应，雕刻家在一个固定的姿态的空间上表现着时间性，整个艺术形象健美而动人。整个雕塑给人的印象是健美、庄重、和谐，洋溢着青春的活力。

整尊雕像充满了连贯的运动感和节奏感，突破了艺术上时间和空间的局限性，传递了运动的意念，把人体的和谐、健美和青春的力量表达得淋漓尽致。体现了古希腊的艺术家们不仅在艺术技巧上，同时也在艺术思想和表现力上有了一个质的飞跃。

三、五彩缤纷的田径赛场

田径赛场上总是会用视觉的冲击来满足运动员与观众的需求。在这形形色色的田径表现形式中，通过特定的方式渲染了田径竞技的氛围。较好地将身体活动、心理活动、情感活动等融为一体。让我们一同去感受五彩缤纷的田径赛场。

1. 形色各异的田径赛场

田径赛场是田径比赛的主场馆，在田径赛场上，运动员在规定的区域内展示自身的竞技水平。田径赛场是比赛的依托，大部分田径比赛不可脱离田径赛场。由于地域的差异，田径赛场也别具匠心，如图 5-3-11 ~ 图 5-3-13 所示。

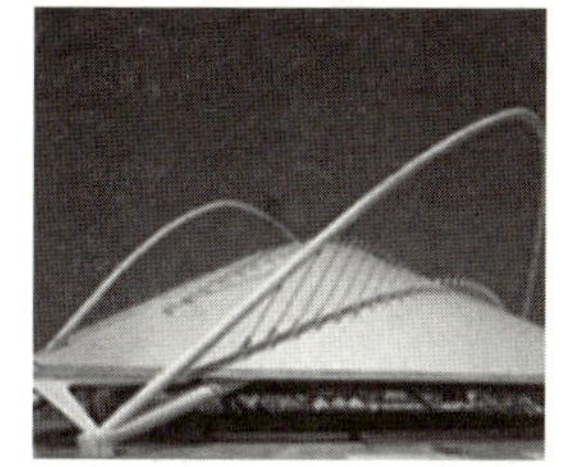

图 5-3-11　雅典奥林匹克综合体育场

图 5-3-12　北京鸟巢体育场

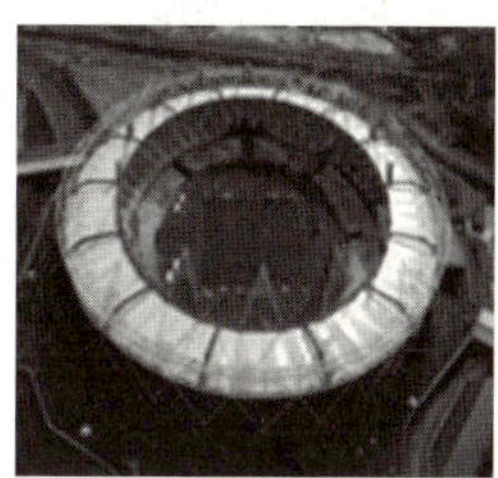

图 5-3-13　伦敦奥林匹克体育馆

2. 多彩绚丽的表演

田径场上的表演往往又是另一道风景线，它充分带动了赛场上的气氛。无论是开幕式表演或者是观众台上的人浪，都使得田径更加吸引人。

3. 精彩刺激的比赛

在田径场上，最引人注目的当然是精彩刺激的比赛，运动员们身穿华彩，为颜色单一的田径赛场点缀了色彩，这便是一场视觉的冲击。

四、自强自信的自由之美

著名作家史铁生在他的《我的梦想》中认为，田径运动的魅力不在于纪录……人的力量、意志和运动之美在奔跑与跳跃中得以充分展现，这才是它的魅力所在，如图 5-3-14 所示。

图 5-3-14　《我的梦想》

史铁生这篇文章是在 1988 年的汉城奥运会后写的，他写道："你看刘易斯或摩西跑起来，你会觉得他们是从人的原始中跑来……全身如风似水般滚动的肌肤就是最自然的舞蹈和最自由的歌。”史铁生 21 岁后就没有再站起来，但他是中国发现田径美的先行者。

田径是自由的，无论你身处何处，无论你年方几何，田径总会给你带来乐趣，并提升自己的优良品质。锻炼者可以在田径运动中走向健康、全面发展，在自强不息中领会田径的魅力。

知识只有在不断的实践中才能发挥它的作用，愿我们从现在开始，不断掌握田径知识，不断在实践中完善田径方法，养成终身体育运动的习惯，让自己拥有更健康的体魄和幸福的生活。

思考题

1. 结合实际生活，试分析田径的魅力。
2. 试论述中长跑中出现腹痛的原因及解决方法。
3. 如何从现在做起，做到终身体育运动。

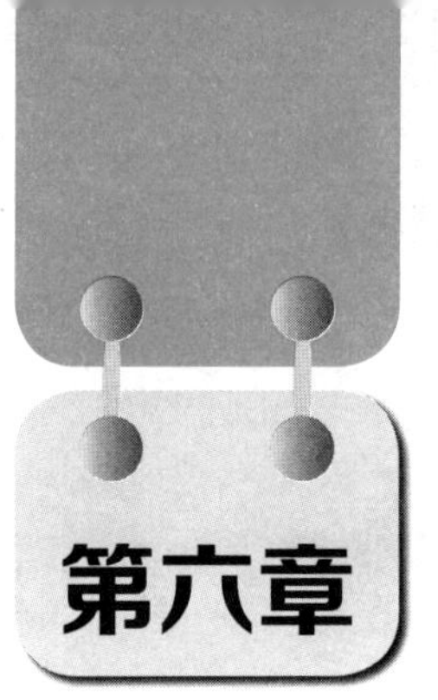

第六章

足 球 运 动

足球被称为风靡全球的“第一运动”，是最具影响力的单项体育运动。本章主要介述古代足球运动的起源及现代足球运动的诞生，足球运动的特点和价值，以及足球运动的技战术特点。另外，还简单介绍足球的相关规则。

学习目标

（1）通过对本章的学习，你会了解古代和现代足球运动的发展概况，掌握足球运动的特点和价值以及国际足联组织的各项世界性比赛。

（2）了解足球的相关技战术特点和比赛的规则。

第一节 走进足球天地

一、古往今来话足球

1. 中国是足球的故乡

1980年4月国际足联技术委员会主席布拉特在亚洲足联举办的各会员国协会秘书长学习班上所做的《国际足球发展史》报告中说："足球发源于中国，由于战争而传入西方。"1985年7月26日国际足联主席阿维兰热对中国记者说："足球起源于中国。"据有关史料的记载，早在公元前475到公元前221年的战国时代，我国就有关于足球游戏的文字记载。只是在我国古代不叫足球，而是叫蹴鞠，如图6-1-1所示。蹴鞠一词最早记载于《史记·苏秦列传》，里面记载了关于苏秦游说齐宣王时所形容的临菑："临菑之中有七万户。……临菑甚富而实，其民无不吹竽、鼓瑟、弹琴、击筑、斗鸡、走狗、六博、蹋鞠者。"这里的"蹋鞠"就是指"蹴鞠"。"蹴"和"蹋"都是踢的意思；"鞠"则是指球。临菑为当年齐国的首都，即现在的山东省淄博市。另据东汉人李尤在《鞠城铭》里记载的场地"圆鞠方墙，仿像阴阳；法月衡对，二六相当"。说明当时有了蹴鞠专用的场地。徐坚的《初学记》里记载："今蹴鞠曰戏毬。古用毛纤结之，今用皮。以胞为里嘘气闭而蹴之。"说明了充气的球代替了毛发充填的球。由此可见，早在2000多年前，我们的祖先就发明了皮革炮制的球体。

图6-1-1 蹴鞠

知识链接

早在3500年前的殷商时期，就有了“足球舞”。战国时代，民间已盛行集体的“蹴鞠”游戏。1991年，时任国际奥委会主席萨马兰奇在一次针对足球的讲话中说：“足球起源于中国的蹴鞠”。

2. 现代足球起源于英国

中世纪英国便有了类似今天的足球运动，比赛在城市街道上进行，但对参加的人数、犯规都无规则限制。进入19世纪，足球运动在一些学校开展起来，并制定了一些规则。1848年足球运动第一个文字形式的规则《剑桥规则》诞生。1857年英国成立了世界第一个足球俱乐部。1863年10月26日在英国伦敦克鲁米萨街弗里森酒店，来自11个俱乐部和学校的足球代表举行会议。成立了世界上第一个足球协会——英格兰足球协会。英格兰足球协会的成立，标志着世界足球运动进入了一个崭新的历史阶段。这一天也是现代足球运动的诞生日。因此，人们公认现代足球运动起源于英国。

二、风靡世界的足球比赛

1. 世界杯足球赛

1904年5月21日，国际足联第一任主席法国人罗贝尔·盖兰，第一次向各国足坛领导人提出了举办世界杯足球赛的想法。但由于表示愿意参加的国家不多，而且由于政治体育的不和，这项计划流产。第一次世界大战结束后，巴黎红星队的创始人于勒·雷米特先生当选为国际足联主席，他又重新操起了这项搁浅的计划。1927年6月5日，在国际足联召开的赫尔辛基会议上，以23票赞成、5票反对、1票弃权通过了巴黎工作会议议案。1928年国际足联决定从1930年起每4年举行1届世界足球锦标赛。1942年及1946年两届比赛因第二次世界大战而未能举行。1950年举办了第4届比赛，直到2014年共举办了20届。世界杯足球赛是由国际足联组织的规模最大、水平最高的足球比赛。

2. 奥运会足球比赛

从1896年到1908年第4届奥运会，足球是作为表演项目参加奥运会的。直到1912年第5届奥运会，足球才成为正式比赛项目。从1960年第17届奥运会起，参赛队才明显增多。

3. 世界青年足球锦标赛

世界青年足球锦标赛也叫国际足联U20世界杯足球赛，是20岁以下男子的国际足球比赛，经常被称为“世青赛”或“世青杯”，是为了培养足球新秀和使足球不发达国家有更多的参赛机会，1975 年在国际足联主席阿维兰热的提议下促成的。国际足联决定每两年举行 1 次世界青年锦标赛。该比赛始于 1977 年，并获得成功。1981 年在澳大利亚举办的第 3 届世界青年足球赛得到国际足联的正式承认，被命名为国际足联世界青年锦标赛。

4. 世界少年足球锦标赛

世界少年足球锦标赛是指由 17 岁以下国家队队员参加的男子足球锦标赛，国际足联（FIFA）负责举办赛事。此举是为了推动足球运动在全世界的发展，缩小足球传统国家与非传统国家的差别，在国际足联主席阿维兰热的倡导下举办的 17 岁以下世界少年足球锦标赛每 2 年举办 1 次。

5. 世界女子足球锦标赛

为了推动世界女子足球运动的不断发展，1991 年举行了首届世界女子足球锦标赛。第 2 届世界女子足球锦标赛于 1995 年在瑞典举行，中国队获得第 4 名的好成绩。1996 年第 26 届奥运会上，女子足球成为正式比赛项目。在这次奥运会中美国队夺得冠军，中国队获得亚军。

6. 欧洲五大联赛

第二次世界大战后，足球在欧洲范围内很快复兴起来。随着欧洲冠军杯的创立，各个国家的足球运动交流日益频繁。总体来说，自 20 世纪 50—90 年代，各个联赛之间的互相影响并不太大，尚没有促成五大联赛的出现。随着博斯曼法案的诞生，球员之间的转会完全自由，联赛的实力对比日益缩小。五大联赛的说法才逐渐为人所知。欧洲足球五大联赛是指欧洲的足球联赛中影响力以及竞技水平排名前五的联赛，即英格兰足球超级联赛、意大利足球甲级联赛、德国足球甲级联赛、西班牙足球甲级联赛、法国足球甲级联赛。这些联赛代表着世界足坛最顶尖的足球水平，吸引了众多球星加盟，是世界足球发展的风向标。表 6-1-1 是 IFFHS（国际足球历史和统计联合会）2015 年五大联赛排名。

表 6-1-1　IFFHS（国际足球历史和统计联合会）2015 年五大联赛排名

排　名	联赛国家	积　分
1	西班牙（西甲）	126200 分
2	意大利（意甲）	117700 分
3	德国（德甲）	104400 分
4	法国（法甲）	91400 分
5	英国（英超）	88700 分

7. 中国全国性足球比赛

中国足球协会超级联赛（Chinese Football Association Super League，CSL）是由中国足球协会组织的、中国最优秀的职业足球俱乐部参加的全国最高水平的足球职业联赛，仿照英格兰足球超级联赛，简称为中超联赛。

中国足球甲级联赛（China League One，简称为中甲联赛 CPL 或 CL），是中国足球协会组织的，由国内职业足球俱乐部参加的全国次高水平的足球职业联赛，仅次于中国足球超级联赛，简称为中甲。

中国足球乙级联赛（Chinese Football Association Second League，CSL）是中国足球联赛的第三级联赛。

中国女子足球超级联赛是由中国足球协会组织的、中国女子职业足球俱乐部参加的全国最高水平的足球职业联赛，简称女超联赛。联赛开始于 1997 年，脱胎自原中国女子足球联赛。2011 年女超联赛更名全国女足联赛。

知识链接

中国足球协会（Chinese Football Association）成立于 1955 年，总部位于北京，是中华人民共和国境内从事足球运动的单位和个人自愿结成的唯一的全国性的非营利性社会团体法人，是中华全国体育总会的单位会员，接受国家体育总局和民政部的管理。

三、足球的魅力何在

1. 王者风范与霸气

（1）永不言败的斗志

在足球的比赛过程中，胜负有很大的不确定性，任何因素都可能改变最后的比赛结果。因此，只要终场哨声还没有吹响，运动员就不能放弃比赛。运动员尽自己最大努力改变场上局面，争取获得胜利，球场上永不言败的斗志和王者风范体现得淋漓尽致。

（2）顽强拼搏的勇气

足球运动被称作勇敢者的游戏。在激烈的比赛中，运动员的每一个技战术的完成与配合，都是在高强度的对抗和拼搏中取得和完成的。这种顽强比拼的勇气，也在一定程度上体现了王者的风范和霸气。

（3）不断进取的精神

足球比赛的竞争性极强，要想取得最终的胜利，必须不断进取，努力把球踢进对方球门。但在这个过程中，会遇到激烈的碰撞和凶残的拦截，以及一些意料之外的情况，这就需要不畏困难的进取精神。

能否成为贝利或者更伟大的人，对我来说并不重要。重要的是我要踢球、训练、不放弃一分一秒。

——［阿根廷］马拉多纳

2. 健康心理的“孵化器”

经常从事足球运动，不仅对自身良好性格的形成能产生巨大的影响，而且还可以提高人的自制力、责任感，培养勇敢顽强的意志品质、团结协作的能力和勇于克服困难的精神，激发集体荣誉感。人们从看足球比赛中体会足球的魅力、从谈论足球中得到思想交流。足球运动丰富了人们的业余文化活动，提高了人们的生活质量，塑造了人们的健康心理。

3. 强身健体的“催化剂”

足球运动是全面锻炼和发展强健体魄的有效手段，能全面有效地提高身体素质，是全民健身活动中一项行之有效的体育运动项目。经常从事足球运动，可以提高人们的力量、速度、耐力、柔韧、灵敏等身体素质。还可以提高人的神经系统反应速度以及中枢神经系统对各系统与器官的迅速调节能力，加强心血管系统、呼吸系统的功能等，使人的身体素质得到全面发展和改善，尤其是能增强人体的心血管系统、呼吸系统等内脏器官的功能，从而促进人体的健康，达到增强体质的目的。

第二节 足球的入门之道

足球的传、接、运是足球运动最基本的技术，是学习足球的入门技术，打好基本功，由简入繁，才能达到融会贯通。

一、出神入化的脚法

足球是以脚支配球为主的体育运动，脚下技术的好坏直接影响足球比赛的结果。

1. 熟悉球性

熟悉球性是指用身体任何部分触球时，身体对球的一种把握与感觉。练习方法多样，下面介绍三种练习方法。

（1）脚底踩球

要点提示：脚尖上翘，重心上提，前脚掌触球的上方，两脚快速踩球练习，如图 6-2-1 所示。

（2）脚底拉球

要点提示：前脚掌触球的前上方，注意抬头，重心靠上，如图 6-2-2 所示。

（3）侧身拉球

要点提示：前脚掌触球的前上方，左右拨拉练习，注意抬头，重心靠上，如图 6-2-3 所示。

图 6-2-1 脚底踩球

图 6-2-2 脚底拉球

图 6-2-3 侧身拉球

2. 颠、控球

颠、控球是提高球感的一种有效练习方法。球员用双脚或身体的有效部位不停地触球，使球在空中不停运动。如脚背正面颠球、大腿颠球、脚内侧颠球、脚背外侧颠球等，如图 6-2-4 所示。

图 6-2-4 颠球

二、高超运球过人技艺

运球技术从狭义上讲，仅是指运球的方法，即指用身体的某一部分触球，使球能随运球者一起运动。从广义上看，则不仅让球随人运动，还必须越过对方的防守，也就是说如何使用这些运球方法达到越过对方防守的目的。运球技术动作通常是由运球方法的选择与准备、跑动中间断触球、为下一动作的连接做好准备三个环节组成，常用的运球技术动作如下。

1. 脚背正面运球

运球时身体持正常跑动姿势，上体稍前倾，步幅不宜过大，运球腿提起，膝关节稍屈，髋关节前送，提踵，脚尖下指，在着地前用脚背正面部位触球后中部将球推送前进，如图 6-2-5 所示。

图 6-2-5　脚背正面运球

2. 脚背外侧运球

运球时身体持正常跑动姿势，上体稍前倾，步幅不宜过大，运球腿提起，膝关节稍屈，髋关节前送，提踵，脚尖绕矢状轴向内旋转，使脚背外侧正对运球方向，在运球脚落地前用脚背外侧推拨球的后中部，如图 6-2-6 所示。

图 6-2-6　脚背外侧运球

3. 脚背内侧运球

身体稍侧转并自然协调放松，步幅小，上体前倾，运球腿提起外展，膝微屈外转，提踵，脚尖外转，使脚背内侧正对运球方向，在运球脚落地前用脚背内侧推拨球，使球随身体前进，如图 6-2-7 所示。

图 6-2-7 脚背内侧运球

专家提示

易犯错误

（1）眼睛只盯着球，不能随时观察周围情况，因而不能根据临场情况及早采取措施。

（2）身体僵硬影响了动作的协调自如，造成不恰当地触球，或触球时力量过大。

（3）运球技术运用不合理，造成脚尖捅球。

（4）运球时步幅过大，重心偏高，不能随心所欲地触球、控球。

（5）由于触球部位不恰当，运球时球不能按照运球者的意图运行。

三、用传接球与同伴沟通

1. 踢球

在足球运动中，踢球是展现运动员技术能力的一种体现。常用的踢球技术动作结构及方法如下。

（1）踢球的技术动作结构

① 助跑：助跑是指踢球前的几步跑动，分为斜线助跑和直线助跑。

② 支撑脚站位：是要以踢球腿的摆动能达到最大的摆幅、发挥最大的速度和有利于踢球脚准确地接触球的合适部位为原则来选择支撑脚站位的位置。

③ 踢球腿的摆动：摆腿是踢球力量的主要来源。踢球腿的摆动是在支撑跨步时（助跑的最后一步）顺势向后摆起的。在支撑脚着地的同时以髋关节为轴，大腿带动小腿

由后向前屈曲摆动。

④ 脚触球：根据出球目标，合理选择踢球脚、脚与球的接触部位和击球点。

⑤ 踢球后的随前动作：踢球后随着腿的前摆和送髋，使重心向前移动。

在上述 5 个动作组成中，支撑脚站位、踢球腿的摆动和脚触球是主要因素。

（2）踢球的技术动作方法

① 脚内侧踢球

这是用脚的内侧部位击球的一种踢球方法。比赛中经常用脚内侧踢定位球、地滚球、空中球等，如图 6-2-8 所示。

图 6-2-8　脚内侧踢球

动作要领：直线助跑；侧面立足；正面摆腿，并在前摆时膝关节外展，踝关节外旋；脚尖翘起，用脚内侧部位击球的后中部，直线跟进。

② 脚背内侧踢球

这是用脚背内侧的第 1、2、3 跖骨的外部接触球。在足球比赛中，经常运用这种方法踢定位球、过顶球、远距离球或进行转身踢球，如图 6-2-9 所示。

图 6-2-9　脚背内侧踢球

动作要领：45° 角斜线助跑；球侧后面立足（25~30cm）；斜向摆腿，并在前摆时膝部稍微外展，踝关节成 45° 外旋并指向地面；用脚背内侧部位击球的后中底部；弧形跟进。

知识链接

贝氏弯刀又称贝氏弧线，是形容英国著名球星大卫·贝克汉姆右脚踢出的任意球飞行的轨迹。贝克汉姆踢出的任意球特点是在空中飞行的弧度大、速度快和落点准确。英国的研究专家曾经把贝克汉姆的任意球作为研究课题，他们称为贝克汉姆弧度，即贝氏弧线，而这道美妙的弧线也已经成为绿茵场上最具杀伤力的致命武器。

③ 脚背正面踢球

在足球比赛中，经常运用脚背正面踢球技术动作踢定位球、反弹球、凌空球以及凌空倒钩球等。脚背正面踢球最常用于传球和射门，特别是远射，因为这种踢球动作的击球力量相当大，如图 6-2-10 所示。

图 6-2-10 脚背正面踢球

动作要领：直线助跑；侧面立足；正面摆腿，并在前摆时脚背绷直；用脚背正面击球的后中部；直线跟进。

④ 脚背外侧踢球

足球比赛中，经常运用脚背外侧踢定位球、弧线球和运用该部位做弹拨球，如图 6-2-11 所示。

图 6-2-11 脚背外侧踢球

动作要领：直线助跑；侧后面立足；踢球腿由后向前摆动，踢球瞬间斜线前摆；用脚背外侧踢球的侧后中、底部；弧形跟进。

⑤ 脚跟踢球

这是用脚跟部位将球踢到身体后面的踢球方法。根据球在支撑脚的内侧还是外侧采用两种不同的方法。脚后跟磕球：主要是向后传球而又来不及转身时采用，不论球从任何一个方向过来，一般都有一个先停后磕的过程。磕球时，先将大腿提起，立即下压，同时小腿做出先伸展立即后摆的动作，用脚后跟击球的后中部位，如图 6-2-12 所示。

图 6-2-12　脚跟踢球

2. 接球

在足球运动中，除了会踢球，还要会接住同伴踢来的球。接球在足球运动中的运用比较广泛。最基本的有以下几种。

（1）脚内侧接球

脚内侧接球比较容易掌握，接触球的面积大，易停稳，并且便于改变方向和结合下一个动作，在比赛中可以用来接地滚球、反弹球、空中球，如图 6-2-13 所示。

图 6-2-13　脚内侧接球

动作要领：支撑脚正对来球，膝关节微屈，停球腿屈膝外转并前迎。当脚触球的刹那开始后撤，在后撤的过程中用脚内侧接触球，把球控制在衔接下一个动作需要的位置上。

（2）脚底接球

这是用脚掌部位接触球的一种停球方法。接触球的面积大，易将球停稳。在比赛中常用于接地滚球和反弹球，如图 6-2-14 所示。

图 6-2-14　脚底接球

动作要领：支撑脚站在球的侧后方，膝关节微屈，脚尖正对来球，同时将停球脚抬起，膝关节自然弯曲，脚尖翘起，踝关节放松，用前脚掌触球的中上部。

（3）脚背外侧接球

脚背外侧接球有很强的隐蔽性，但其重心移动较大，不太容易掌握。一般可用于接地滚球和反弹球，如图 6-2-15 所示。

图 6-2-15　脚背外侧接球

动作要领：身体正对或侧对来球，停球脚稍抬起，膝关节和脚尖内转，以脚背外侧正对来球，在支撑脚的前侧接触球的侧后方。接触球时，要向停球脚外侧轻拨，把球停在侧前方或侧方。

（4）胸部接球

胸部接球对于接高空球和半高球较为有利。胸部接球有挺胸式接球和收胸式接球，如图 6-2-16 和图 6-2-17 所示。

图 6-2-16　挺胸式接球

图 6-2-17　收胸式接球

四、争夺空中优势

头顶球在比赛中是传球、射门和空中拦截解围的有效手段，在进攻和防守中都起着重要作用。进攻时，可利用头顶球技术直接攻门或直接传球进行战术配合；防守时可利用头顶球阻截、破坏对方的传球配合或抢救险球，解除门前的危急，转守为攻，使比赛更加丰富多彩。

头顶球的部位可以是前额正面和前额侧面。

1. 前额正面顶球

如图 6-2-18 所示，动作要领：身体正对来球，两脚前后开立，膝关节微屈，上体后仰，重心放在后脚上，两臂自然张开，两眼注视来球。顶球时，蹬地、收腹、屈体、重心前移。击球时，颈部肌肉保持紧张，两眼注视来球方向快速甩头，击球后中部，身体随球前摆，两眼目送顶出的球。

2. 前额侧面顶球

如图 6-2-19 所示，动作要领：上体和头部稍向出球的相反方向回旋侧屈，击球时上体向出球方向扭转，同时甩头，击球点在同侧肩的上方。

图 6-2-18　前额正面顶球

图 6-2-19　前额侧面顶球

3. 鱼跃头顶球

如图 6-2-20 所示，动作要领：单脚或双脚蹬地跳起，身体呈水平状态跃出，顶球后，两手、胸部、腹部和大腿依次着地。

图 6-2-20 鱼跃头顶球

五、勇敢机智地去抢截球

抢截球是转守为攻的积极手段，是防守技术的综合体现。

1. 抢截球的技术要点

（1）选择位置要恰当，对方离自己有一大步左右。

（2）判断的时间要准确，当对手停球、运球控制得不好，球离身体较远时。

（3）要合理地利用身体，足球竞赛规则中允许合理冲撞，是指双方在同等机会下，为了抢球的目的，用肩以下肘以上的部位，适当冲撞对手的相应部位，使其失去重心，把球抢过来。

（4）要紧密衔接下一动作，抢截球后要尽快控制、处理球。

2. 抢截球的技术动作要领

（1）正面抢截球

① 正面跨步脚内侧抢球，面向控球者，当控球者运球脚触球即将着地或刚着地时，抢球者一脚立即用力蹬地，另一脚用脚内侧正对球并跨出一步。堵抢到球后，重心移动到抢球脚上，另一腿立即前跨，成支撑腿。

② 正面铲球，当控球者运球脚触球即将着地或刚着地时，抢球者一脚立即用力蹬地，另一腿前伸，并以脚跟着地沿地面前滑铲球，然后蹬地脚迅速跟上，上体要后仰，两臂屈肘，两手向前撑地。

（2）侧面抢截球

合理冲撞抢球，当与控球者并肩跑动时，抢球者身体重心稍下降，同对方接触一侧的臂要紧贴身体。当控球者靠近自己一侧的脚离地时，抢球者利用合理冲撞，使其失去平衡，乘机将球控制过来。

（3）侧后铲球

一般是在对方运球或接球越过自己，来不及用其他方法抢球时而采用的倒地铲球动作。

① 同侧脚铲球，当控球者拨出球的一刹那，抢球者后脚（异侧脚）用力后蹬成跨步，前脚（同侧脚）以脚外侧沿地面向前外侧滑出，用脚背或脚尖将球踢出或捅出。然后小腿外侧、大腿和臀部依次着地。

② 异侧脚铲球，异侧是指离对方较远的一侧。当控球者出球的一刹那，抢球者后脚（同侧脚）用力后蹬成跨步，前脚（异侧脚）以脚外侧沿地面向前外侧滑出，用脚底将球蹬铲出去。然后小腿外侧、大腿外侧和臀部依次着地。

六、提高足球实战技巧

1. 个人战术与局部战术

足球战术是在比赛攻守过程中，为了战胜对手，根据主客观的实际情况所采取的个人行动和集体配合手段的综合体现，可分为进攻战术和防守战术两大系统。足球的战术意识是运动员在足球比赛的实践中，通过大脑的积极思维活动而产生的一种正确反映足球运动竞赛规律的特殊能力。

（1）个人战术

个人战术意识有两方面的含义：一是个人作战时体现出来的战术意识；二是在整体战术中由运动员的个人行动所表现出来的战术意识。对个人战术意识的培养是提高全队战术素养的重要基础。个人战术分为个人进攻战术和个人防守战术。

（2）局部战术

局部战术是指进攻或防守中两名或几名队员之间的配合方法。局部战术融合个人能力、意识以及与同伴协同作战于一体。局部战术训练在整个战术训练中占有极其重要的作用。局部战术分为局部进攻战术和局部防守战术，如图 6-2-21 和图 6-2-22 所示。

图 6-2-21　斜插直传二过一配合

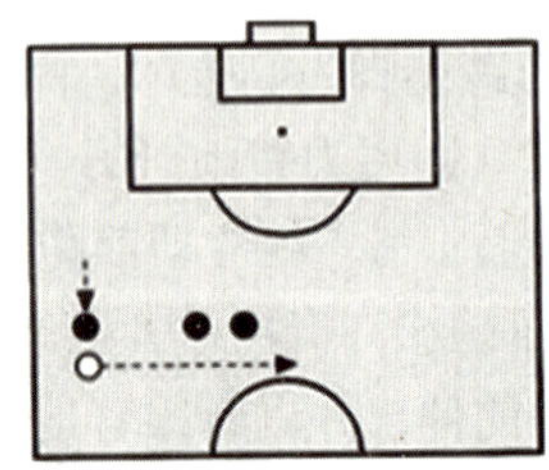

图 6-2-22　局部三人防守战术

2. 合理运用个人战术

1）个人进攻战术

队员无球的摆脱、跑位和有球的合理应用都包含着战术内容。队员的个人战术与战术意识及技术的掌握有着密切的关系，个人战术意识好、技术精，则个人战术的能力就强。个人进攻性战术包括跑位、传球、运球突破和射门四类。

（1）跑位

跑位是指在比赛中无球队员有目的、有意识的跑动方法。跑位的主要方法如下。

① 摆脱跑位：在防守队员紧逼的情况下跑到空当位置的方法。

② 切入跑位：在摆脱对手的情况下切入到有利位置的方法。

③ 牵制跑位：有意识地拉开防守位置的距离，制造空当的跑位方法。

（2）传球

传球是指队员在比赛中把球传给同伴或传到预定的方位。传球是在比赛中运用最多的技术，是战术配合中最基本的成分。

传球在战术上的要求：传球要有明确的目的、恰当的时机，准确地处理好力量、路线、落点和旋转度，才能有利于同伴控球和处理球。

（3）运球突破

运球突破在战术上的要求如下。

① 在对方罚球区附近，防守队员无人保护的情况下，就要大胆运球突破。

② 运球突破要掌握好时机，快速、果断、突然地突破对手。

③ 要敢于逼近对手，一旦突破对方就要不失时机地传球或射门。

（4）射门

准是射门的关键，要有灵活的头脑和技巧，不可盲目地、机械地去理解快、狠、变的要求，是优秀运动员必备的战术意识素质。

3. 个人防守战术

（1）选位

选位是指防守队员为占据合理的防守位置及限制进攻队员所采取的行动方法，其目的是重新控制球或破坏对方的进攻。

（2）盯人

盯人分紧逼盯人和松动盯人两种。紧逼盯人是贴近对手，不给对方从容得球和处理球的机会；松动盯人是以区域站位为主，既要盯住对手又要保护同伴并随时补位。

（3）抢断

抢断时要注意的问题如下。

① 要通过观察预见和判断对方的意图，有目的地进行。

② 要紧逼对方，掌握时机，利用合理的技术动作，勇敢果断地进行抢截。

③ 抢断成功后快速处理球，若失败则要立即回防选位、补位。

七、了解足球比赛的规则与判罚

1. 任意球的涵义

任意球是在比赛中发生犯规后重新开始比赛的方法，任意球可分为直接任意球和间接任意球两种。当一名队员在自己的罚球区内踢任意球时，防守队员必须距球 9.15m（10 码）。在本方罚球区以外罚任意球时，防守队员必须距球 9.15m（10 码），除非在本方罚球区内，他们已站在本方球门柱之间的球门线上。无论是罚直接任意球还是间接任意球，踢球队员在球未经其他队员触及前，不得再次触球，否则应判由对方队员在犯规地点踢间接任意球。

知识链接

马拉多纳的“上帝之手”

阿根廷与英格兰在1986年世界杯四分之一决赛碰头时，那个惹起争论的进球成为全世界最出名的一球。面对英格兰的守门员，个子矮小而健壮结实的马拉多纳的左臂高举在空中，挥拳把球打入网。赛后不久电视画面和发布的照片都表明这一进球是犯规的。马拉多纳自称那是“上帝之手”指引进球，而并非他本人。阿根廷最终以2比1赢得了四分之一决赛并最后一举捧得“大力神杯”。

2. 越位

（1）在进攻方传球球员起脚的瞬间，进攻方其他队员比倒数第二名防守球员距离球门更近，同时比球距离球门更近，即为处于越位位置，如图6-2-23所示。

图6-2-23　越位位置

下列情况除外：

① 该队员在本方半场内。

② 至少有对方队员两人比该队员更接近于对方的球门线。

（2）当队员踢或触及球的一瞬间，同队队员处于越位位置时，裁判员认为该队员有下列行为，则应判为越位：

① 在干扰比赛或干扰对方。

② 企图从越位位置获得利益。

（3）下列情况，队员不应被判为越位：

① 队员仅仅处在越位位置，因为他没有利用越位位置获得利益。

② 队员直接接球门球、角球或界外掷球。

3. 裁判员的手势与旗示

（1）主裁判的几种常用手势，如图 6-2-24 ~ 图 6-2-29 所示。

图 6-2-24　直接任意球

图 6-2-25　间接任意球

图 6-2-26　点球

图 6-2-27　警告或罚令出场

图 6-2-28　继续比赛

图 6-2-29　界外球

（2）助理裁判员几种常用的手势和旗示，如图 6-2-30 ~ 图 6-2-33 所示。

图 6-2-30　球门球

图 6-2-31　换人

图 6-2-32　越位

图 6-3-33　界外球

第三节　怎样欣赏足球比赛

要想欣赏足球比赛，就要了解足球的相关技战术和足球的比赛规则，这样才能更好地去欣赏足球比赛，体会足球比赛带来的魅力。

一、阵形、队形与“三条线”

比赛队形是指比赛场上队员的位置分布，是球队攻守力量搭配和职责分工的形式，它是战术的一个组成部分，其目的是使每名场上队员在明确基本位置和主要职责的前提下，充分发挥个人的智慧和全队的攻守特点，以克敌制胜。队形是阵形在不同比赛场合下更具体、更严谨、更灵活的运用，需要周密组织，随机变化的人员组合。队形分为整体队形与局部队形两大类。合理的队形进攻中利于支援，防守中利于保护补位。阵形与队形完美结合的核心要有利于创造和利用时空间，或控制和封锁时空间。三条线是指前锋线、中场线、后卫线。三条线的任务可概括地理解为前锋攻中有守，以攻为主；前卫能攻善守，攻守平衡；后卫以守为主，守中有攻。

二、攻与守的相互制约

足球的比赛是攻、守相互平衡和相互制约的两个方面。足球运动发展和提高的实践证明，攻守平衡有着极为重要的作用。20世纪30年代，英国队创造了攻守平衡的“WM”阵形，称雄世界足坛20余年。到了50年代，巴西队成功地采用了“4-2-4”“4-3-3”阵形，如图6-3-1所示，又一次使攻守得到平衡，连续荣获了第6、7、9届三届世界杯赛冠军。攻守平衡是足球比赛战术运用中每个队、每个教练员致力追求的基本准则。在攻守平衡战术思想指导下，必然要求队员技能、体能的全面发展，承担攻守的双重职责，去适应整体全攻全守战术的需要；训练和比赛中，无论在攻守的布阵或战术打法上，都能形成有机地协调，以及始终保持攻守力量达到运动中的平衡。总之，**攻与守的原则是进攻方发挥自己的优势和特长，迅速向对方推进，缩短射门的进程，尽快破门。防守方则力争在对方组织进攻的发动阶段或推进阶段，通过层层阻截或同伴的协同防守抢断其球，尽快瓦解对方进攻，变被动为主动。**

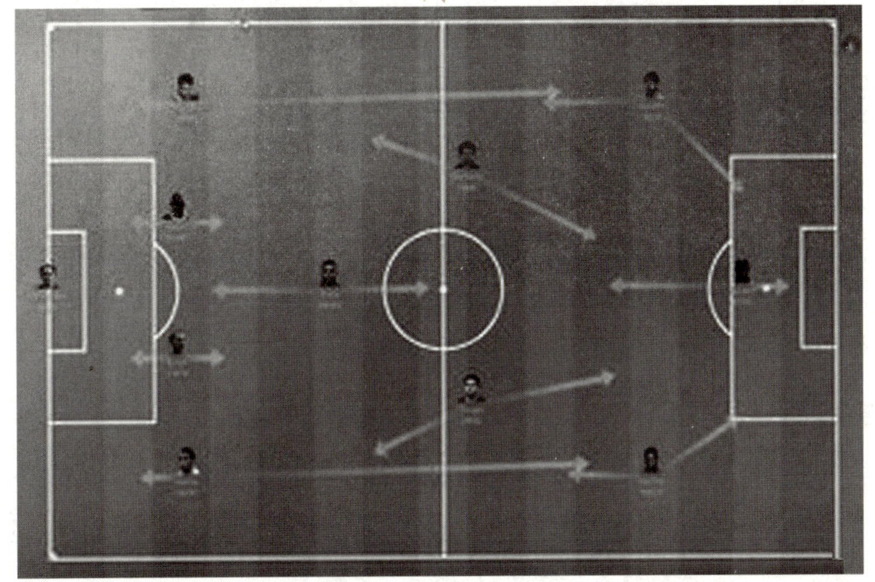

图 6-3-1　4-3-3 阵形

三、教练员的用兵之道

教练员的指挥水平和球队在比赛中表现的竞技水平是影响足球比赛成绩的内因，是最根本和最重要的原因。教练员必须明确一点，足球比赛既是双方运动员之间在场上的较量，也是双方教练员在场下的较量。特别是在双方实力相当时，获胜一方往往是由于教练员指挥得当所致。因此，教练员的指挥也是影响比赛胜负的重要因素。足球教练员的指挥水平主要体现在三个方面。

1. 知己知彼

赛前的信息掌握、用兵决策和确定本队打法，“知己知彼，百战不殆”。对其进行周密的思考、分析，做出正确的判断，采取正确对策进行排兵布阵。

2. 临场指挥

赛中的观察、调遣和换人，教练员通过临场观察采取正确应变的对策，然后进行场上调遣和换人。

3. 中场休息的指挥

教练员必须抓住上、下半场之间休息的宝贵时间向运动员面授机宜，打好下半场的比赛。总之，在足球比赛成绩的决定因素中，教练员的排兵布阵和用兵之道是影响比赛结果的重要因素。

四、裁判员的执法艺术

1. 裁判员的职责和权利

每场比赛应委派裁判员执行裁判任务，在他进入比赛场地时，即开始行使规则赋予他的职权。裁判员在比赛进行中，根据比赛实际情况，做出相应的判罚。在比赛暂停或比赛成死球时出现的犯规，裁判员均有权判罚。

2. 比赛规则与判罚

在每场足球比赛中，裁判员的每次判罚将直接或间接影响着比赛的结果。裁判员的判罚尺度将直接或间接体现裁判员的执法艺术。足球比赛的判罚有以下几种形式：①任意球（直接任意球和间接任意球）；②红、黄牌的使用（黄牌警告和红牌罚下）；③越位犯规的判罚；④判罚定位球等。

五、球星的作用有多大

足球明星（球星）是指在足球界成就突出、表现优异以及为足球运动推广和发展做出过贡献的杰出人士。球星的作用表现在以下几个方面。

1. 对大众体育的促进

足球明星在绿茵场上展现出来精湛的技艺、激昂的斗志、力与美等，都能激发广大群众参与足球运动的热情，对大众体育起到了良好推进作用。伴随着网络信息技术的发展和足球事业的推广、发展，越来越多的青少年喜爱上了足球运动。其中足球明星起着非常重要的作用。

2. 对足球产业化的推动

足球产业化的实质是足球运动从福利型、公益型、事业型向经营型转化，根据市场经济的基本要求和产业发展的客观规律来发展足球事业。目前发达国家足球产业化的发展，其主要发展模式是市场主导型，是指足球职业化发展的原动力源于市场主体自身对商业利润的追求以及不同市场主体之间相互竞争所产生的压力和动力。在足球产业化过程中，足球明星既是足球产业的生产者，又是足球产业化的副产品。

3. 促进世界文化交流与传播

足球作为全球第一大体育项目，以及随着足球运动的进一步推广和发展，越来越多不同国家的优秀足球运动员走向国际化，作为各自地区民族文化的代表，其鲜明的形象和巨大的感召力，影响着文化的交流与渗透。他们以足球运动为载体，发挥自身的纽带作用，促进足球运动的推广和发展，加深各民族、各国家、各大洲文化交流，增进理解，进而推动了世界文化的交流和传播。

4. 提高社会审美意识和道德观

人类的身体是自然界最美的天然艺术品。足球明星在赛场上展示的强健体魄、鲜明个性、过人智慧和才华以及顽强意志，对美进行了完美和极致地阐释。正确引导了认识美、追求美、展示美，以及形成积极健康的审美观。另外他们在赛场上的行动对爱国主义、集体主义、诚实勇敢等社会道德观念同样进行了生动地诠释。

六、球场演绎人生百态

足球的迷人之处除了运动员的拼搏进取精神，还在于它演绎了喜、怒、哀、乐等丰富的情感因素。它通过队员们在场上个人技术的运用和战术配合的变化形式，生动形象地演绎了人生百态。运动员们在赛场尽情挥洒着汗水，他们用娴熟的脚法，展现着他们的人格魅力，用变化多端的战术，展现着他们的智慧与灵感。使整个比赛变得跌宕起伏，充满未知与希望。从侧面映射出人生百态，并启迪我们要用积极的人生态度面对自己的人生。

七、心、技、体的综合抗衡

足球运动是以技术为基础，以战术意识为灵魂，以身体、心理和意志力为保证，突出综合性技战术训练的运动项目。是技能主导类同场对抗性项目，运动员在比赛中围绕“球”所进行的一切有球和无球的行动，都是以有球和无球技术为基础。作为一项比赛时间长、强度大、对抗激烈、完成技战术难度大的运动项目，运动员还必须具备超强的奔跑能力，快速的反应力和瞬间爆发力，以及良好的灵敏和柔韧等身体素质。另外还必须有稳定的情绪，较高的注意力，拥有顽强的意志品质的心理能力。因此足球运动员在比赛中的对抗不仅是技术的对抗，同时也是体能、心理能力的对抗。总之，在足球比赛中战术因素是足球运动员竞技能力的中心环节和最直接的表现形式，技术、体能和智能是战术能力的基础，而心理因素则是战术能力的保证。

思考题

1. 简述足球运动的起源与发展。
2. 请你说一说足球比赛的规则。

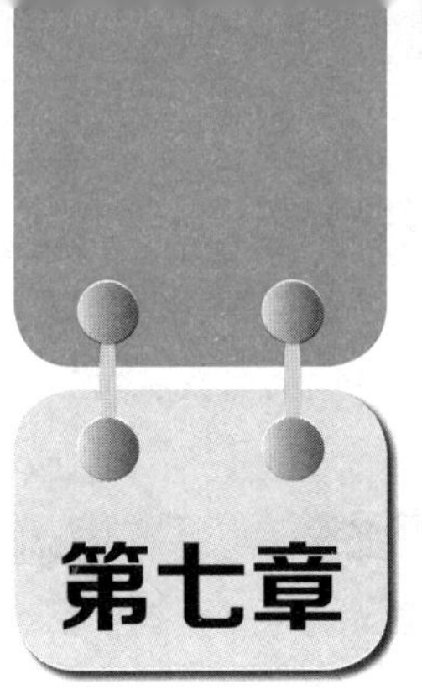

第七章

篮球运动

篮球运动是一项通过移动、运球、传球等技术最后完成投篮得分的球类运动，具有集体性、对抗性、健身益智性、大众性、观赏性等运动特点。经常打篮球不但可以强身健体，发展协调力、想象力、思考力及创造力，还可以促进与人交往，提高团结协作的能力。

学习目标

（1）深入了解篮球运动的理论知识，提高对篮球运动的兴趣。

（2）学习篮球运动的基本技术和战术，提高篮球水平，发展身体素质。

（3）提高篮球社交能力，培养团结协作的意识。

第一节 走进篮球殿堂

篮球运动已具有百年的历史，从最初的投掷游戏，经历了规则的充实和完善，技术、战术的不断演进和发展，迄今为止已成为一项风靡全球的现代运动。

一、篮球运动百年历程

篮球运动是 1891 年由美国体育教师詹姆斯・奈史密斯发明的。他受当地儿童非常喜欢用球投入桃子筐的游戏启发，并结合足球等其他球类项目的特点，创编了篮球游戏。游戏场地大小和人数起初并无限制，两队人数相等即可比赛，互相抢夺皮球，并力争将球投进对方的篮筐，形成了篮球比赛的雏形。

1892 年，篮球运动从美国传入墨西哥，很快墨西哥成为继美国之后一个广泛开展篮球运动的国家。

1932 年在瑞士日内瓦召开第一次国际篮球会议，同年在罗马成立了国际业余篮球总会。1948 年国际篮球总会决定从 1950 年开始每四年举行一次男子篮球世界锦标赛。女子篮球运动是从 1917 年兴起的，当时每队上场队员 9 人，1920 年前后改为每队 6 人，以后又改为每队 5 人。1953 年于智利举办第一届世界女子篮球锦标赛，并决定以后每四年举行一次。

二、中国篮球运动的兴起

1895 年篮球运动传入当时素有西方教育中心的中国天津，起初深受青年学生的喜爱，逐渐兴起并传播至全国。在此过程中，“中国篮球之父”董守义功不可没，组织青年会“竞进篮球队”参加第六届东亚运动会，战胜日本篮球队。随后他师从詹姆斯・奈史密斯博士，回国后在天津乃至全国推广篮球运动。董守义不仅在训练中言传身教，而且将他自己对篮球的理解和领悟进行细心编撰，1927 年，出版了中国第一本篮球训练教材——《篮球术》，这本书成为中国篮球发展历史中重要的一座里程碑，极大促进了 20 世纪中国篮球运动的发展。

知识链接

旧时天津学生最初参加篮球运动的印象：对篮球极感兴趣，故一时有成为群众运动的气概。但在玩篮球以前，他们的一番姿态很是可观，必须盘好自己的头辫，修短长长的指甲，把不便利的长袍脱去。这样，他们就把书生的尊严放弃，而换成一副高兴活泼的姿态了。

三、耳熟能详的篮球联赛

提到世界上最高水平的篮球赛事唯有美国职业篮球联赛，即 NBA，它的标志如图 7-1-1 所示。NBA 汇聚了全世界顶级的球员，共有 30 支球队，分属美国东、西部两个联盟，比赛分为常规赛和季后赛，均为主、客场赛制，东、西部联盟常规赛前八名进入季后赛，采用七局四胜制淘汰赛产生东、西部冠军进入总决赛，决出 NBA 总冠军。能到 NBA 打球也是我国篮球运动员的梦想，迄今为止先后成功登陆 NBA 的中国球员有王治郅、巴特尔、姚明、易建联和孙悦，他们向世界展示了中国篮球的最高水平。

图 7-1-1 美国职业篮球联赛标志

知识链接

NBA 篮球场的规格与国际篮联规定的规格相比，最大的不同在于三分线的距离，NBA 分线的最远处距离篮筐为 7.25m, 比国际篮联标准场地的三分线（6.75m）要远 0.50m。

WNBA 是美国 NBA 联盟主办的女子职业篮球联赛，成立于 1996 年 4 月 24 日，它的标志如图 7-1-2 所示。大部分 NBA 球队都有一个同属城市的 WNBA 球队，WNBA 球队每年 5—8 月进行常规赛，9 月进入季后赛。

中国男子篮球职业联赛是中国最高等级的篮球联赛，即 CBA，成立于 1995 年，它的标志如图 7-1-3 所示，当时共有 12 支球队。经过了 20 多年的不断进步和发展，现已扩充到 20 支球队，每年的 11 月开始常规赛，次年的 3 月进入季后赛，同样采用主客场制，常规赛中所有球队均要进行双循环比赛，排名前八的球队进入季后赛，季后赛采用交叉淘汰制。四分之一决赛和半决赛均采用五战三胜制（1-2-1-1），决赛采用七战四胜制（2-3-2）。随着 CBA 商务开发和赛事推广的不断改善，以及外援的加盟，带动了国内球员技战术水平的不断提高，使整个 CBA 联赛越来越具有观赏性，深受群众的青睐。

CBA 从创建到 2016 年，共有四支球队夺得过总冠军，八一队和广东队都曾八次夺冠，北京队近四年夺三冠，2016 年 3 月 20 日，四川金强队获得 2015—2016 赛季 CBA 总冠军，辽宁队则第 6 次屈居亚军。

图 7-1-2　美国女子篮球联赛标志

图 7-1-3　中国篮球职业联赛标志

中国女子篮球甲级联赛创建于 2002 年，即 WCBA，其标志如图 7-1-4 所示，至今八一女篮四次夺冠，辽宁女篮四次夺冠，沈部女篮一次夺冠，山西女篮实现 WCBA 的三连冠，北京女篮两次夺冠。WCBA 比赛分为南北两个区，各 6 支球队，常规赛全部采用主客场双循环赛制，获得南北两区前三名的球队直接进入季后赛八强，两区排名四、五的赛球队再采用主客场交叉淘汰赛，获胜的两个球队分获七、八强席位，季后赛采用交叉淘汰制。

中国大学篮球联赛，即 CUBA，分为男子组和女子组，进行预选赛、分区赛、全国决赛，是国内具有影响力的篮球比赛，参赛队伍规模庞大，每年参加预选赛的队伍就有 1200 多支，分区赛队伍达到 100 多支，是一项真正属于大学生的篮球联赛。图 7-1-5 所示是中国大学生篮球联赛标志。

图 7-1-4　中国女子篮球甲级联赛标志

图 7-1-5　中国大学生篮球联赛标志

第二节　感受篮球运动

“无兄弟不篮球”，篮球运动是需要团队配合的运动项目，全体队员通力合作是取得比赛胜利的关键，当然每个队员对基本技术掌握的熟练程度也非常重要，是出色发挥的根本，篮球运动的基本技术有运球、传接球、投篮、移动等。

一、纷繁高超的运球过人技艺

运球过人是篮球运动的基本技术之一，当被防守没有传球和投篮的机会时，可以通过运球过人来寻找投篮得分的机会。

1. 体前变向运球

体前变向运球是队员在运球的过程中通过假动作或速度，突然改变运球方向来摆脱防守的一种运球方法，如图 7-2-1 所示。

图 7-2-1　体前变向运球

动作方法：以运球队员右手运球为例，先向对手右侧快速运球，当对手跟随向右侧移动防守时，运球队员突然向左变向，用右手拍按球的右侧后上方，并靠近身体向左侧推送球，使球落在身体的左侧前方反弹，右脚迅速向左侧前方跨出，上体左转并前倾探肩，同时伸右臂护球，换左手拍按球的后上方，加速运球突破。

动作要领：掌握好变向的时机，加快变向后换手运球的速度。

2. 背后运球

背后运球是指在身体的后方运球，用自己的身体作为保护屏障的一种运球方法。背后运球可以防止对手的抢断，借机观察场上的动向，如图 7-2-2 所示。

图 7-2-2　背后运球

动作方法：以右手运球向左侧变向为例。变向时，右脚在前，右手将球拉到右侧身后，迅速转腕拍击球的右后方，将球从身后拍按至身体的左侧前方，然后换左手运球，加速前进。

3. 后转身运球

动作方法：左脚向前跨出一步为中枢脚，然后右脚用力蹬地后撤，顺势做后转身动作。同时，右手按拍球的右前方，将球拉引至身体的侧后方落地，转身后换用左手推拍球，转身前按拍球要有力并在球反弹上升过程中拉球，重心平稳，如图 7-2-3 所示。

图 7-2-3　后转身运球

二、传、接球是相互联系的纽带

传、接球是篮球比赛中团队配合的具体手段之一，通过传接球可以使球快速转移，到达最适合的投篮位置，可以使场上队员相互联系，默契配合。双手胸前传、接球是最基本、最常用的传球方式，其特点是可以传出快速、有力、稳定性高的球。

动作方法：如图 7-2-4 所示，双手拇指相对成“八”字形自然分开，用指根以上部位握住球的两侧后下方，手心空出，两臂弯曲，肘关节下垂，将球置于胸前，两腿屈膝站立。传球时，单腿向传球方向跨步，同时另一腿充分地蹬伸带动双臂前伸发力，拇指下压、手腕内旋，通过食指和中指用力推、拨将球传出。接球时手形与传球动作相同，要跨步伸臂主动迎球，当球触及手指时，顺势屈肘后引缓冲球速，将球持于胸腹之间。

图 7-2-4 双手胸前传球

动作要领：持球置于胸腹间，两腿蹬地体前移，两臂前伸腕上翻，抖腕快速指拨弹。

三、突破是摆脱防守的重要手段

突破是持球队员利用合理的脚步移动和运球技术摆脱防守的一项非常重要的技术。

动作方法：如图 7-2-5 所示，以右脚做中枢脚为例。突破时，持球队员左脚向左前方跨出半步，做向左突破的假动作，当对手重心向右移动时，持球队员左脚前脚掌内侧迅速蹬地，向右（对手左侧）跨出一大步，同时上体右转探肩，贴近对手；球移至右手，向左脚右斜前方推放球，右脚迅速蹬地跨步，加速运球超越对手。

图 7-2-5　持球交叉步突破

动作要领：假动作逼真，蹬地、转体、探肩要快，换手后加速运球。

四、投篮是赢得比赛的关键

篮球比赛中各种技战术的应用最终的目的是投篮得分，投篮是得分的唯一手段，是篮球运动中最重要的技术。

1. 原地单手肩上投篮

原地单手肩上投篮是投篮的基本动作，具有实用、容易掌握等特点。

动作方法：如图 7-2-6 所示，右手五指自然分开，手心空出，用指根以上的部位持球，大拇指与小拇指控制球体，将球置于右肩前上方，左手扶球的左侧，肘关节自然下垂，两脚左右或前后开立，两膝微屈，重心落在两脚上。投篮时，下肢蹬地发力，右臂向前上方伸直，手腕前屈，食、中指用力拨球，通过指端将球投出。球出手时，身体随投篮动作向上伸展，脚跟微提起。

图 7-2-6　原地单手肩上投篮

2. 行进间单手低手投篮

行进间单手低手投篮也称“三步上篮”，是快速到达篮下，充分利用脚下及空中动作摆脱防守投篮得分的技术动作之一。

动作方法：如图 7-2-7 所示，右手运球向篮架下推进，当到达合适的距离时，右腿向前跨出一大步，同时抱球（此刻不再运球）并护球，之后左脚顺势前跨一小步用力蹬地起跳将身体重心向上蹬伸，当身体接近最高点时，顺势伸臂、抖腕、拨指，使球前悬入筐。

图 7-2-7 行进间单手低手投篮

动作要领：起跳后身体保持平衡，球出手时手指手腕动作柔和。

知识链接

“一大、二小、三高跳”的涵义

“一大、二小、三高跳”是篮球行进间跑投篮技术的基本要求：“一大”接球跨步要大，尽可能摆脱对手。“二小”因为要完成投篮，第二步要小步并减速。“三高跳”第三步要高高跃起投篮。

五、篮板球是克敌制胜的重要因素

篮板球可分为前场篮板和后场篮板，抢篮板球是一项较复杂的技术，由抢占位置、起跳、空中抢篮板球的动作和得球后的动作等环节组成。

抢占位置也称“卡位”，是抢篮板球技术的重要环节。要根据入篮的角度、出手的远近、投篮的弧度来预判球反弹后的落点，同时还要及时观察对手的动向，赶在对手之前快速移动抢占有利位置。一般篮筐与对手之间的位置都比较好，可以把对手挡在身后。

起跳：抢篮板球时，一边卡位，一边随时准备起跳，两膝微屈，上体稍前倾，两臂屈肘置于体侧，重心落在两脚之间。预判球反弹的方向和落点，迅速起跳，力争在最高点将球抢获。

空中抢篮板球的动作可分为单手抢球、双手抢球、点拨球。双手抢篮板球的优点是握球牢固，便于结合其他进攻动作，而且简单易学，容易掌握。单手抢篮板球的优点是抢球点比较高，控制范围大，也较灵活。当遇到身材较高大或球的落点离自己较远而不易获球时，可用指端点拨球的侧下方，将球点拨给同伴，或将球挑拨到便于自己接获球的位置。其优点是增加触球点的高度，缩短传球时间，为发动快攻创造有利条件。

知识链接

NBA 历史上抢到最多篮板球的球员是威尔特·张伯伦，他职业生涯中共抢 23 924 个篮板球，被称为“篮板王”。

六、掩护配合是与同伴协作进攻的有效方式

掩护配合是利用合理的身体动作去挡住队友的防守者的防守路线，为队友获得进攻机会的一种配合，按位置可分为侧掩护、前掩护、后掩护。也可分为给有球队员掩护和给无球队员掩护。

掩护配合的动作方法：如图 7-2-8 所示，灰 5 将球传给灰 4 后，快速去挡住黑 6，动作方法为面向防守队员两脚左右大开立、屈膝，重心下降，两臂屈肘，自然置于体前，挡住黑 6，使灰 6 获得内切篮下的机会，接灰 4 的球上篮得分。

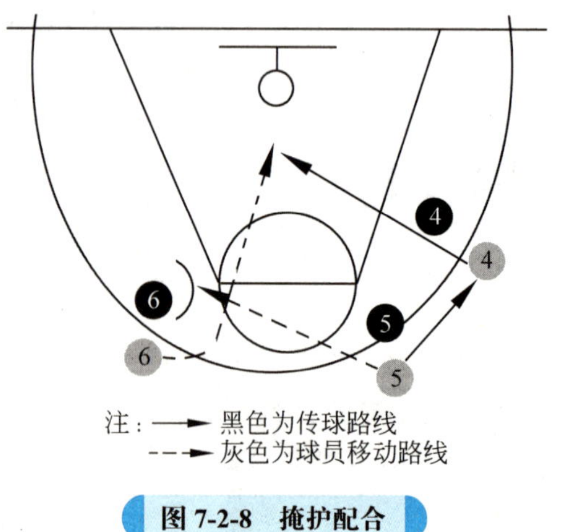

图 7-2-8　掩护配合

七、防守技术是遏制对手的坚实后盾

防守技术是队员在防守时为了阻挠和破坏对手的进攻，达到夺球反攻的目的所采

取的各种专门动作方法的总称。防守的基本脚步是滑步，可分为侧滑步及前、后滑步。两腿左、右开立，屈膝降低身体重心，上体稍前倾，向左侧滑步，右脚前脚掌内侧蹬地，左脚向左跨出落地，同时右脚紧随左脚滑动。移动时，两臂张开，保持屈膝低重心。移动中，上体平稳，不要起伏。

抢占位置不仅是抢篮板球的关键，也是防守时的法宝，根据预判防守的路线，抢占有利位置，成功瓦解对方的进攻。

八、规则、裁判法帮助你更加深刻了解篮球运动

掌握篮球规则是打好篮球的法宝，学好规则不但可以规范动作，还可以提高比赛意识。下面介绍违例和犯规及相对应裁判员的判罚手势。

1. 违例

违例是违反篮球规则，罚则为丢掉球权。

1）带球走

带球走也称“走步”。球员接到球，脚落地后要确定一只脚为中枢脚（中枢脚必须保持与地面接触，可以以接触点为中心旋转），运球前中枢脚不能移动，否则判为带球走违例，裁判员手势如图 7-2-9 所示。

2）非法运球

队员在运球的过程中，只要双手同时触及球或使球在单手或双手中停留的一瞬间，运球即为结束，若再次运球，则判为非法运球，裁判员手势如图 7-2-10 所示。

3）进攻 3s 违例

进攻 3s 违例是指有球或无球的进攻队员在对方限制区内停留（包括运球）时间不得超过 3s，否则判为进攻 3s 违例，裁判员手试如图 7-2-11 所示。

图 7-2-9　带球走

图 7-2-10　非法运球

图 7-2-11　进攻 3s 违例

4）5s 违例

持球队员被严密防守时，必须在 5s 内将球传、运或投出，否则判为 5s 违例，裁判员手势如图 7-2-12 所示。

5）24s 违例

得球进攻开始计时，必须在 24s 内尝试投篮，否则判为 24s 违例，裁判员手势如图 7-2-13 所示。

图 7-2-12　5s 违例

图 7-2-13　24s 违例

2. 犯规

犯规是指对规则的违犯，包含与对方队员不合规则的身体接触以及违反体育道德的行为。罚则为丢掉球权或罚球，严重的取消比赛资格。

侵人犯规是队员之间的接触犯规，不论处于活球还是死球状态，队员不得通过伸展手、臂、肘、肩、髋、腿、膝或脚，以及不得将身体弯曲或用“不正常的”姿势（超出他的圆柱体）来拉、阻挡、推、绊、阻止对方队员行进，也不得做出任何粗野或猛烈的动作，不同的犯规对应的裁判员手势如图 7-2-14 ~ 图 7-2-19 所示。

图 7-2-14　打手犯规

图 7-2-15　阻挡犯规

图 7-2-16　非法用肘犯规

图 7-2-17　带球撞人犯规

图 7-2-18　违反体育道德犯规

图 7-2-19　技术犯规

知识链接

圆柱体原则

圆柱体原则是指篮球运动中判断球员身体接触时是否犯规的一种规则，一旦队员离开了他的垂直位置（圆柱体）并与已经确立了垂直位置（圆柱体）的对方队员发生身体接触，则离开了垂直位置（圆柱体）的队员要对此接触负责，如图 7-2-20 所示。

图 7-2-20　圆柱体原则

九、“以小打大”的实用技巧

“小”打“大”最实用的技巧就是通过突破创造得分机会，要掌握扎实的运球基本功，做到球不离手，手不离球。运球的速度要足够快，出其不备，突破甩开大个防守队员，更要灵活运用变向运球。以“小”打“大”切勿硬碰硬,利用自己“小”的优势来攻“大”的劣势。

防守高大队员不是一件容易的事，因为他们在篮下具有绝对的制空权，在防守时，尽最大努力不让他们接近篮下，如果对方强行运球打入篮下，那就要通过小、快、灵来断掉他们的球。如果对方选择外线跳投，在投篮前找机会打掉他们的球，若已起跳，尽量去封堵他们的投篮视线。

第三节　怎样欣赏篮球比赛

篮球比赛具有较高的观赏性，尤其是实力均衡的两个队的比赛，双方队员在篮下展开激励的对抗,个人技术的展示及团队战术的配合让人回味无穷,场上形势瞬息万变,不到最后一秒，一切都有可能发生。

一、球队的攻防阵形

（1）三角进攻是一种非常有效的进攻阵型，由 1–2–2 或 2–3 站位开始，各个队员的间距约为 4.5m。此间距既可以拉空对方的防守，又能防止包夹的出现，同时有利于简单的传球，从而减少被对方抢断的危险。图 7-3-1 所示为不同的进攻三角。

（2）区域联防是由攻转守时，防守队员快速回到后场落位，每个队员分工非常明确，严密防住自己的防守区域，且要与同伴协同防守，用这种联合防守的队形把每个防守区域有机地联系起来。包括 2-1-2 联防阵形和图 7-3-2 所示的 2-3 联防。

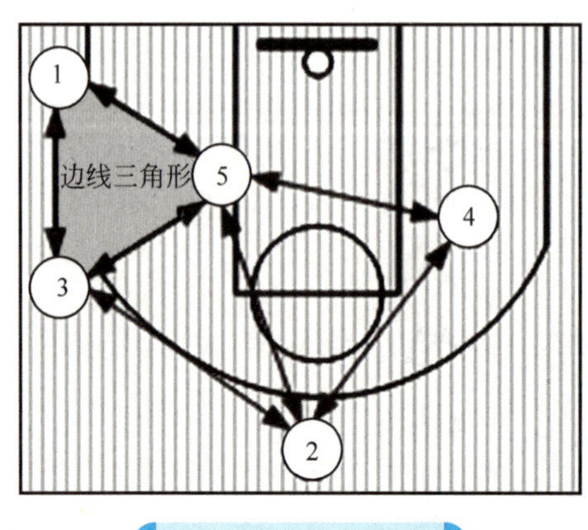

图 7-3-1　进攻三角

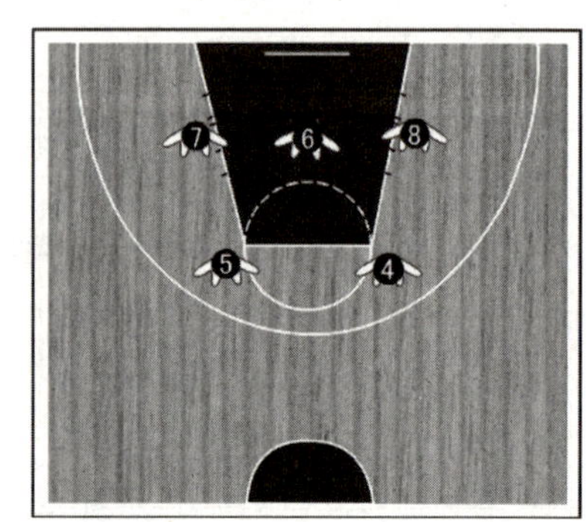

图 7-3-2　2-3 联防

二、技战术的运用时机

在比赛中再合理的技战术也要选择在合适的时机运用，在比赛开始之前就要为布置技战术做准备，充分了解对手，再根据对手的攻防特点提前布置好克敌之术。比赛一开始即为实践检验理论的时刻，既要打出自己的套路，还要根据对手的变化而调整技战术。例如，“传切”战术多用于对方篮下防守队员较少，利用速度和恰到好处的切入时机来创造得分机会。长传快攻多用于对方在进攻端尚未及时回防的时候，简单、快捷地得分。在对方篮下防守较弱时可以采用中锋进攻战术等。

三、教练员的执教之道

“执教之道”可以理解为从事教育和训练工作的基本规则，是教练员为完成自身担负的教育训练工作时，在目标、敬业、管教、训练、比赛的排兵布阵等方面，为追求完美而付出的艰辛努力后所取得的成果。运动员的“主体”和教练员的“主导”作用是举足轻重的，而教练员的主导作用更是重中之重。教练员的主导作用主要体现在执教之道上。一个教练员的执教之道，对球队技术水平的提高和发展将起到非常关键的作用。这是因为，运动员的个体、整体实力能得以充分发挥只是球队取得成绩的前提。一个队拥有较高专业素质和执教能力的优秀教练员不仅会带队取得优异成绩和直接影响队伍的技战术风格、特点的形成和发展，而且能够大大鼓舞全队的士气，增强队伍的凝聚力。

四、裁判员的执裁技巧

一场伟大的比赛不仅是双方运动员带来的，裁判员的执裁也是重要的一部分。优秀的裁判员吹罚不仅要果断自信，还要专注细节，注重技巧。一般比赛的开始阶段很重要，随着比赛的推进，减少响哨的频度，还要注意观察双方运动员的比赛情绪，遇到突发情况及时制止、劝阻并判罚。比赛越激烈，裁判员的注意力越要集中，站位越要合理，判罚越要果断，尤其在最后一节及决定胜负的最后几分钟的比赛，裁判员更要百倍专注，尽量做到无漏判、错判。

五、球星的价值体现

“山不在高，有仙则名。”明星在每个队里、每场比赛里是最耀眼的，也是最受观众爱戴的。他们具有精湛的球技、充沛的体能，具有敏锐的洞察力和超乎寻常的想象力，完成了一个又一个被誉为“艺术”的伟大作品。每到比赛的关键时刻，他们更能稳定军心，力挽狂澜。例如，被誉为历史上最伟大的篮球运动员的乔丹，如图 7-3-3 所示，带领公牛队 6 次夺得 NBA 总冠军，且屡次获得得分王称号。科比具有最华丽的进攻方式、最全面的得分手段，同时还具有顶尖的防守技术。当然篮球是团队运动，只有将球员、球星的想象力和创造力很好融入全队，才是赢得比赛胜利的关键。

图 7-3-3　迈克尔·乔丹

六、啦啦队的现场烘托

NBA 或 CBA 篮球比赛的节间休息时段，随着动感音乐的响起，啦啦队员们把青春的活力、健康向上的团队精神体现得淋漓尽致，她们的表演融合了多种元素，为观众振奋了精神，更好地渲染了赛事气氛。

思考题

1. 通过自身的体验，把 2~3 个带球突破动作串在一起，设计成一套合理的过人动作。
2. 如何提高投篮的命中率？

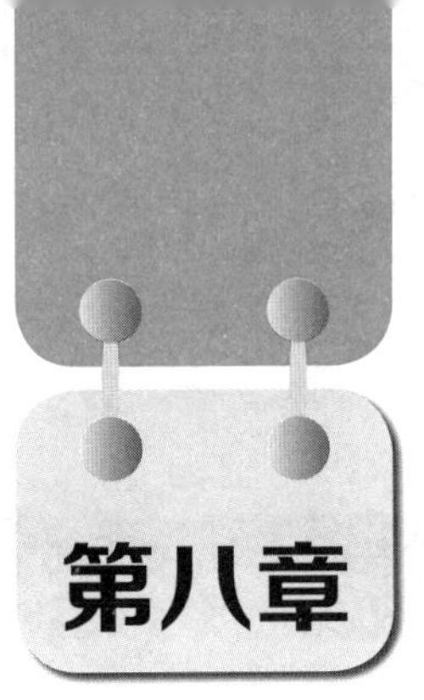

第八章

排 球 运 动

排球运动作为三大球类运动之一，是一项大众熟知的运动项目。排球运动适于各个年龄段和不同性别的人群，无论是男女老少，都可以参与排球运动，该运动具有较高的趣味性、观赏性和锻炼价值。在一些国家和地区，排球运动引领着时尚的风潮，是一项充满正能量的运动。

学习目标

（1）了解排球运动的发展历史以及比赛规则，了解排球的锻炼价值和欣赏价值，激发学生学习兴趣。

（2）发展学生的弹跳、灵敏、力量、速度、耐力等身体素质，促使学生掌握排球的基本技术。

（3）培养团队合作的集体主义精神，以及积极果敢、机智灵活、顽强拼搏的体育精神。

第一节 开启排球之门

一、排球运动的百年历程

1895年美国霍利奥克城基督教青年学会的威廉·基·摩根通过篮球运动发明了最初的排球运动。他在体育馆内树立了网柱，挂了网球网，用篮球的球胆在球网上方对打。1896年，正式用“volleyball”作为排球的名字，意为“空中飞球”。同年，世界上第一次排球比赛在美国马萨诸塞州的斯普林菲尔德盛大举行。与此同时，排球运动也在美国军队中广泛开展。1900年排球运动进入加拿大，受到了广泛欢迎；1905年传入中国、日本及部分拉美国家；1912年传入乌拉圭；1914年传入英国、墨西哥等国家；排球传入非洲的时间比较晚，大约是在1920年以后。

1905年，排球运动传入我国。1913年，在菲律宾举行的远东运动会排球比赛，是我国参加的第一场正式的排球国际比赛。1921年，我国的女子排球开始组织省级比赛；1930年，全国运动会上增设排球比赛。新中国成立后，排球运动得到了更为广泛的推广。1950年中华全国体育总会专门开会介绍了国际排联新制定的6人制排球竞赛规则和方法。1953年，成立了中国排球协会。1953年，我国成为国际排联的会员。1964年，周恩来总理邀请日本女排来我国访问指导。1979年，我国男、女排均获得亚锦赛冠军。1981年，我国女排在世界杯比赛中首获世界冠军。1982年，世界女排锦标赛又夺桂冠。接连几年，中国女排创造了一个又一个奇迹。后来，女排受种种因素影响，成绩下滑，男排技术也有所下降，我国的排球运动水平进入低谷。但是，近几年，男排成绩有所提升，在2008年北京奥运会的排球比赛上，获得了第5名的好成绩；而我国女排在郎平的带领下，重振雄风，虽有起起落落，但成绩终归曲线上升，在2016年里约奥运会的排球比赛上，女排姑娘们又一次创造了奇迹，夺得桂冠。

随着排球运动的发展，排球比赛的规则也在各方面发生着重大的改变。例如，场地方面，由大小不确定到不等规格，再到如今的规范性的9m宽、18m长的标准场地。比赛用球方面，对气压、重量、周长、皮质、色彩也有了新的统一的规定。除此之外，在暂停次数、拦网、发球区、标志杆、连击、身体触球、持球、计分方法和自由人方面，都有了新的定义和规定。这使得排球竞赛越来越公平，增强了进攻性，网上的争夺更为激烈，技术多样化，提高了比赛的观赏性，也提高了球队的竞技水平。

为了迎合大众，排球运动衍生了多种运动形式。例如，沙滩排球、雪地排球、泥地排球、水中排球、软式排球、老人排球、小排球、羽排球、残疾人排球、四人制排球和九人制排球等。因此，排球运动的发展空间大，具有多姿多彩的表现形式，被广大群众以不同的方式追捧着。

二、精彩纷呈的排球比赛

排球运动的世界大赛主要有世界锦标赛、世界杯赛、奥运会排球比赛。其中世界锦标赛是开展最早、规模最大的世界性排球比赛，在 20 世纪 80 年代末，国际排联把世界青年和世界少年锦标赛也一并划了进来，统称为世界锦标赛。首届世界锦标赛于 1949 年在布拉格举行，仅有男子参赛；1952 年举行的世界锦标赛中，增设了女子排球比赛。世界青年锦标赛于 1977 年在巴西里约热内卢首次举行。世界少年锦标赛则始于 1989 年，男队比赛在阿联酋举行，女队比赛在巴西举行。世界少年锦标赛两年一届，其他均为四年一届。

世界杯赛始于欧、亚、美三洲男子排球比赛，1965 年首届世界杯赛在波兰华沙举行，仅有男子队参加。直到 1973 年，女子比赛才在乌拉圭蒙德维的亚举行。均为四年一届。

奥运会排球比赛始于 1964 年，其被列为奥运会比赛项目，首次亮相于日本东京奥运会赛场，四年一届。

第二节　体验排球之乐

排球运动的基本技术是进行排球活动的基石，主要包括传球、垫球、扣球、发球以及拦网等。掌握这些技术，并将这些技术熟练地应用于比赛或活动中，才能体会到排球真正的迷人之处。

一、指尖上的精湛技艺

传球是用双手手指触球，通过蹬地、伸膝、伸髋、伸臂，最后用手腕和手指的弹性将球传出的技术。常用的正面双手传球，是排球中传球技术的基础。

技术要点：由稍蹲的准备姿势开始，迅速移动，抬头判断来球。通过蹬地、伸膝、伸髋、伸臂，在额前上方一球处用手腕和手指的弹性将球传出，如图 8-2-1 所示。

动作要领：迎球时脚下速度快；触球时手型要固定，两手构成“三角形”；如图 8-2-2 所示，击球时用力顺序由下至上，经“蹬、伸、弹、送”将球传出。

图 8-2-1　正面双手传球技术

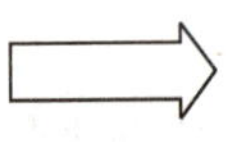

两肘适分
两手有距
指对抱球
三角定位

图 8-2-2 传球手形

练习方法：

（1）持球对地传球练习。

（2）传球对墙练习。

（3）自抛自传练习。

（4）一抛一传练习。

（5）两人对传练习。

（6）三人互传练习。

（7）隔网对传练习。

小技巧 当来球高于肩，距离身体不太远时，就要选择传球技术。如果传球时拇指挫伤，可能是手型错误，拇指朝前造成的；如果传球弧度低，可能是移动未到位，击球点过低，或者手腕下压过度造成的。传球时，手指和手腕要适度紧张，避免传球持球。

二、稳如磐石的垫球

垫球技术是通过手臂形成的垫击面，对来球进行垫击，使球反弹出去的一项技术。垫球技术也是需要全身协调用力来完成的。

技术要点：由稍蹲的准备姿势开始，判断来球，迅速移动，屈膝、双臂伸直、两臂夹紧、手腕下压，随之蹬地、提肩、抬臂、跟重心，如图 8-2-3 所示。

图 8-2-3 正面双手垫球完整技术动作

动作要领：迎球时移动要快，做好准备姿势；击球时要注意击球手型，如图 8-2-4 所示，并做好“插、夹、提、压、移、蹬、跟”，协调用力；要根据来球的速度及时调整垫球的力度。

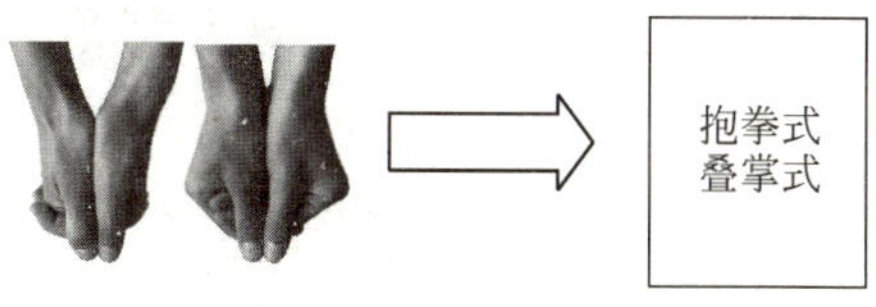

图 8-2-4　垫球手形

练习方法：

（1）徒手垫球练习。

（2）垫固定球练习。

（3）对墙垫球练习。

（4）自抛自垫练习。

（5）一抛一垫练习。

（6）两人对垫练习。

（7）三人对垫练习。

（8）隔网循环对垫练习。

小技巧　垫球时，要注意不可抱着手等待来球，而是要两脚放松，主动找球，快速移动到位。手臂要伸直，使两臂形成平面再垫球；要适度控制垫球力量的大小，来球力量大时，垫球力量要小一些，来球力量小时，垫球力量要大一些；垫球时避免直腿、弯腰，要保证身体和手臂形成一定夹角；每一次垫击，都要保证球垫在手臂的正确部位。

三、势大力沉的扣球

扣球技术在排球比赛中占据着重要的地位，是得分的主要手段。**扣球是指队员跳起在空中时，用一只手臂或手将本场区上方高于球网上沿的球击入对方场区的方法。**

技术要点：稍蹲姿势准备；助跑时第一步小、第二步大，随后后脚快速并上制动蹬地，两臂协调由后至上摆动完成起跳动作；展体、收腹、挥臂、五指微张，以掌心为主，全掌包球击球的中后部，使球前旋；双脚落地、屈膝缓冲，如图 8-2-5 所示。

图 8-2-5　正面扣球完整技术动作

动作要领：判断来球要准确；助跑节奏由慢至快，判断来球方向与大致落点后，及时助跑，选好起跳点；击球力度要大，做出鞭打动作，争取得分；落地屈膝缓冲。

练习方法：

（1）徒手扣球练习。

（2）自抛自扣练习。

（3）助跑起跳扣固定球练习。

（4）一抛加助跑起跳扣球练习。

（5）4 号位扣 3 号位传起的球完整练习。

小技巧

扣球时，挥臂速度要快，不要拖肘，不要出现推球动作；注意调整起跳时机，不要等到身体重心下降时才扣到球；引臂适度，不要过大、过高、过猛。

四、变化多端的发球

发球技术是指队员在自己场区的发球区用一只手将自己抛起来的球直接击入对方场区的技术动作。发球技术在比赛中是得分的重要技术之一，因此，该技术的学习与掌握十分重要。发球技术分为不同的种类，根据学情，主要介绍侧面下手发球和正面上手发球。

技术要点：身体侧对球网，确定发球的大致落点，由稍蹲的准备姿势开始，左手抛球，右臂直臂后摆，随后用手击球的后下方将球发出，击球时，可以用手掌、掌根、虎口或握拳，全身协调用力。此动作多适合初学者和上肢力量较弱的女生，如图 8-2-6 所示。

动作要领：击球时，挥臂由下至上，击球点在腹前，击球位置在球的中下部位，如图 8-2-7 所示。

图 8-2-6　侧面下手发球技术动作

图 8-2-7　侧面下手发球击球部位

技术要点：身体正对球网，判断发球的大致落点，由准备姿势开始，两脚自然前后开立，与前脚同侧的手持球于体前，垂直向上抛球，随后，异侧手臂屈肘后引，通过身体的转动、后脚蹬地、重心的前移、收腹等全身协调用力，带动前上挥臂，手腕主动推压，击中球的中下部位，将球发出，如图 8-2-8 所示。

图 8-2-8 正面上手发球技术动作

动作要领：抛球要稳，挥臂要快，击球狠、准。

练习方法：

（1）徒手发球练习。

（2）持球发球练习。

（3）持球过网发球练习。

小技巧 上手发球时，抛球是很重要的一个环节，一定要抛到位再发球；手指手腕要适当放松，不可过紧，形成鞭打动作；脚下支撑稳定，不可影响力量的传递。在发球时，需要较好的腰腹力量，不然，容易造成动量传递的脱节。

知识链接

上旋球的原理——马格努斯效应

当物体旋转时会带着物体所接触的流体一同旋转，而这部分流体就会与周边的流体产生同样的影响力，这些旋转的流体构成旋转物体的附面层。球下面附面层的空气运动方向与气流方向相同，速度是不变的，从而形成低气压；球上面附面层的空气运动方向与气流方向相反，速度减慢，从而形成高气压。上下气压不同，就会使球获得一个向下的合力，从而使球快速落地。

五、巧妙严密的拦网

拦网技术是指队员在球网附近，并且高于球网上沿的位置，用腰以上的身体部位触及并阻拦过网的排球的技术。拦网技术可以直接拦死对方球场扣过来的球，直接得分，削弱对方士气。

技术要点：队员面对球网，腿微屈，两脚与肩同宽，平行开立；判断来球并利用步法移动；随后重心降低蹬地起跳；双臂平行贴近球网向上伸展，两臂伸直；拦网时，两臂过网伸出，用力下压球的前上方，使球落地；眼睛盯紧场上球的运动轨迹，屈膝缓冲落地，如图 8-2-9 和图 8-2-10 所示。

图 8-2-9　单人拦网

图 8-2-10　集体拦网

动作要领：集体拦网时，要注意相互配合。

练习方法：

（1）一抛一拦练习。

（2）一抛加单人移动拦网练习。

（3）扣球加移动拦网练习。

（4）集体拦网配合练习。

小技巧 拦网时，要注意观察对方扣球队员跑动的路线和挥臂的动作，从而判断球的路线；要稍微早于扣球人起跳；拦网时手腕手指适度紧张，不要过早屈腕，以免挫伤；拦网后，手要主动向对方场内压腕，防止球出界。

六、合理运用攻防战术

排球战术是指队员在比赛中，根据双方实际比赛情况，运用合理的个人技术和集体配合技术，组织有预见性的行动。排球战术分为不同的种类，我们主要学习进攻战术和防守战术中非常具有代表性的基本战术。

1. 进攻战术

（1）**“中一二”战术：即前排中间一名队员（3 号位）作二传，将球传给前排另两名队员扣球的一种进攻形式。**简单地说，即二传手的位置是在前排的中间，如图 8-2-11 所示，如果 2 号位和 4 号位的队员作为二传，则需移动到 3 号位的网前位置，代替 3 号位。3 号位的队员则补位到 2 号位或 4 号位。

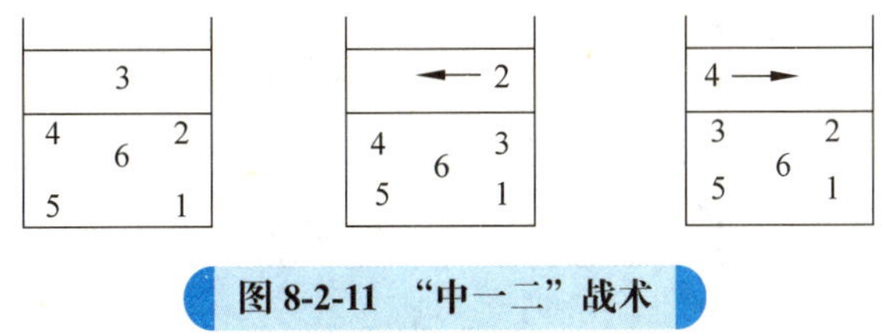

图 8-2-11 “中一二”战术

（2）**“边一二”战术：即前排右边一位队员（2 号位）作二传，将球传给前排另外两名队员（3、4 号）扣球的一种进攻形式，**如图 8-2-12 所示。

2. 防守战术

“心跟进”战术：即前排右边两位队员（2、3 号位）拦网，另一名前排队员（4 号位）进攻时，后排中间队员（6 号位）跟进拦网的两名队员（2、3 号位）并进行保护，则剩下的三位队员（4、5、1 号位）形成弧形防守，如图 8-2-13 所示。

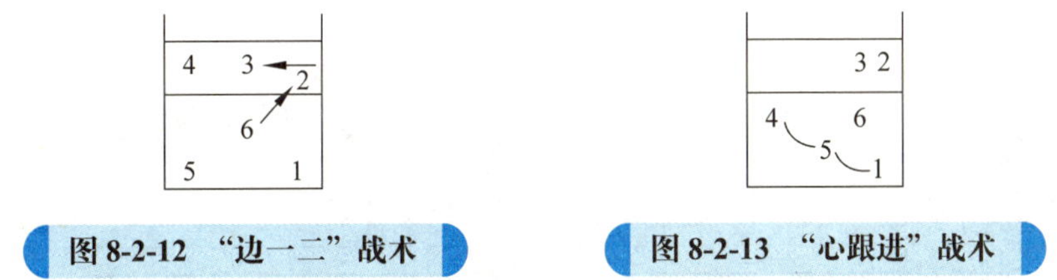

图 8-2-12 “边一二”战术

图 8-2-13 “心跟进”战术

动作要领：

无论是进攻战术还是防守战术，都需要根据场上临时的变化组织形成一定的阵形。

每种攻防方式都有其突出的优点和缺点，运用好攻防战术，不仅仅是在场上能够准确默契地形成有利阵形，还需要个人扎实的基本功技术。因此，多练习基本技术，多进行战术的实际操作练习，才能在赛场上占据有利地位。

七、规则与裁判法帮助你更加深刻了解排球运动

1. 排球的场地器材

场地如图 8-2-14、图 8-2-15 所示，包括比赛场区、发球区、前场区、后场区、无障碍区、换人区等。双方场区分别为边长为 9m 的正方形构成。场地中线上空架有宽 1m、长 9.5m 的球网，挂在场外两根圆柱上。女子排球网高 2.24m，男子排球网高 2.43m。球的周长为 65~67cm，重量为 260~280g，气压为 0.30~0.325kz/cm^2。

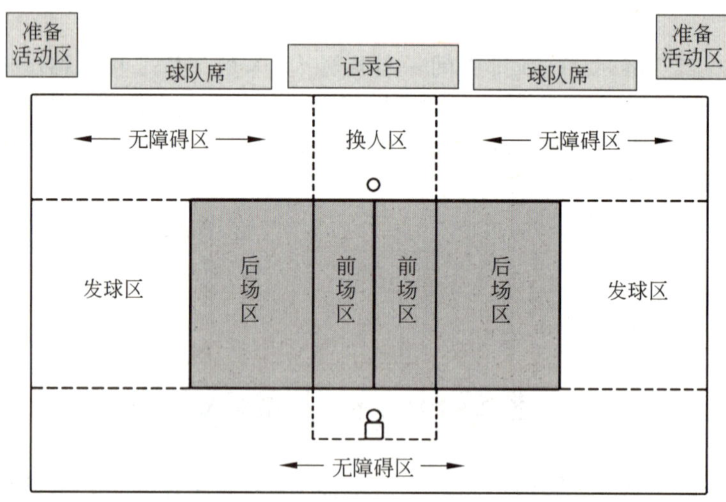

图 8-2-14　排球比赛区域功能示意图

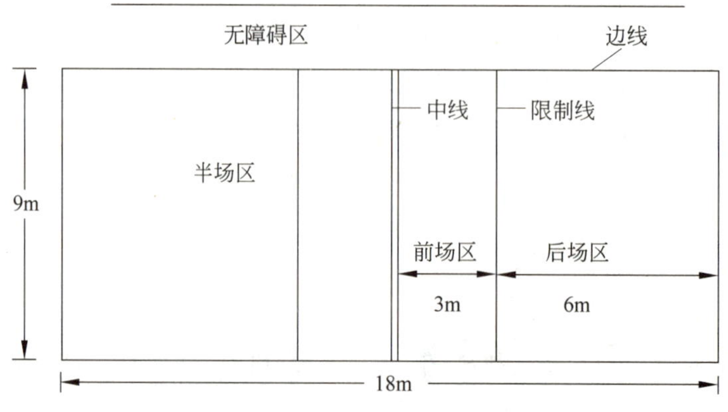

图 8-2-15　排球场地标准示意图

2. 基本的站位与轮换

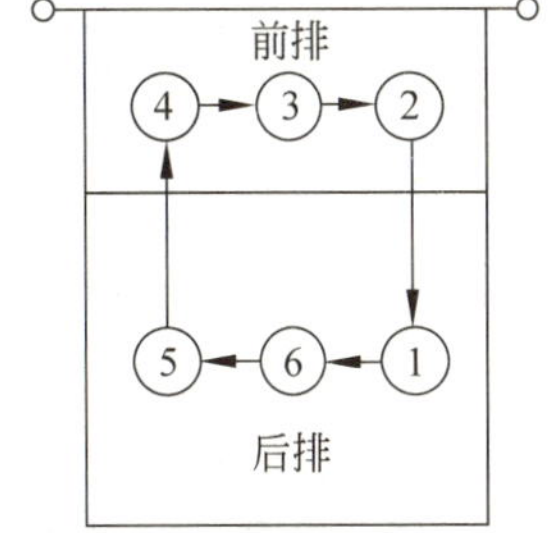

图 8-2-16 基本站位与轮换示意图

排球中队员的基本站位如图 8-2-16 所示，前排近网分别为 4 号位、3 号位和 2 号位队员，后排分别为 5 号位、6 号位和 1 号位队员。在比赛中，除发球队员以外，其他队员必须按照规则站在场内的各自位置上，按照前后排的顺序，3 人一排，可曲线形站位。

在换发球后，获得发球权一方的全部队员，按照规则必须要以顺时针的顺序，依次轮换一个位置，而轮换为 1 号位的队员，成为发球队员。当一方连续得分时，则无须轮换。

3. 基本的裁判手势

排球裁判基本手势见表 8-2-1。

表 8-2-1 排球裁判基本手势

序号	表示的性质	允许发球	出示手势者	一裁	序号	表示的性质	交换场地	出示手势者	一裁
1	动作方法	指出发球方向			3	动作方法	两臂屈肘，在身体前后绕环		
序号	表示的性质	发球队	出示手势者	一裁、二裁	序号	表示的性质	暂停	出示手势者	一裁、二裁
2	动作方法	平举与发球队同侧的手臂			4	动作方法	一臂屈肘抬起，手指向上；另一手掌放在该手指尖上，然后指明提出请求的队		

续表

序号	表示的性质	换人	出示手势者	一裁、二裁	序号	表示的性质	取消比赛资格	出示手势者	一裁
5	动作方法	两臂屈肘在胸前绕环	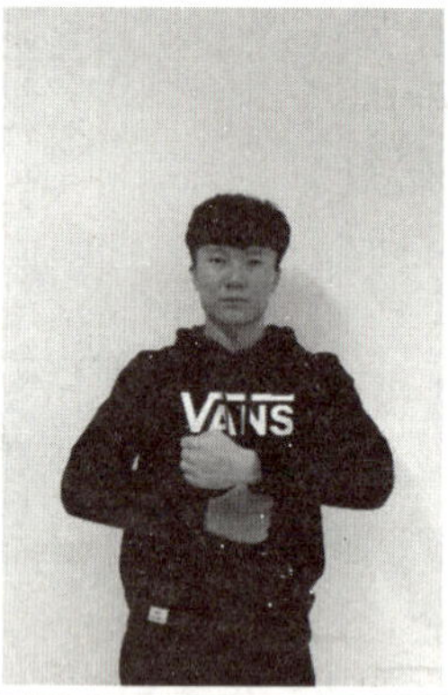		8	动作方法	一手持红、黄牌举起	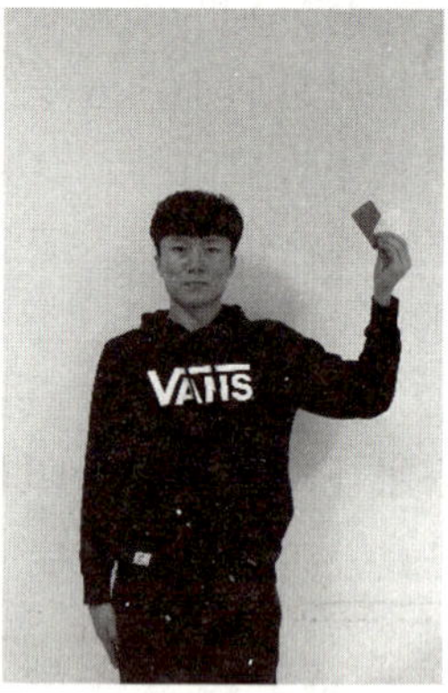	
序号	表示的性质	不良行为的判罚	出示手势者	一裁	序号	表示的性质	一局（场）比赛结束	出示手势者	一裁、二裁
6	动作方法	一手持黄牌举起	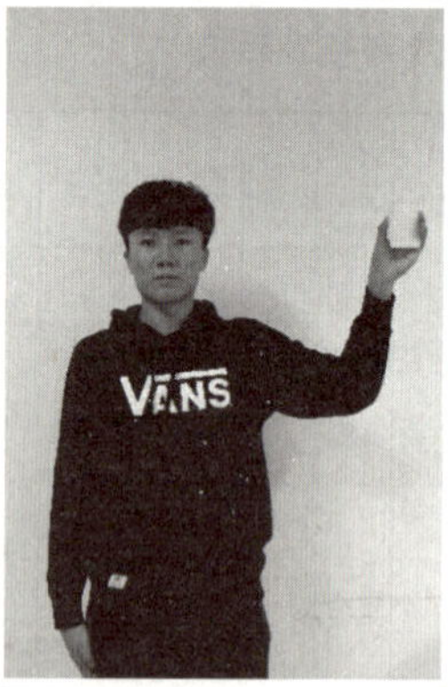		9	动作方法	两臂胸前交叉，手伸开，掌心向内		
序号	表示的性质	判罚出场	出示手势者	一裁	序号	表示的性质	发球时球未抛起	出示手势者	一裁
7	动作方法	一手持红牌举起	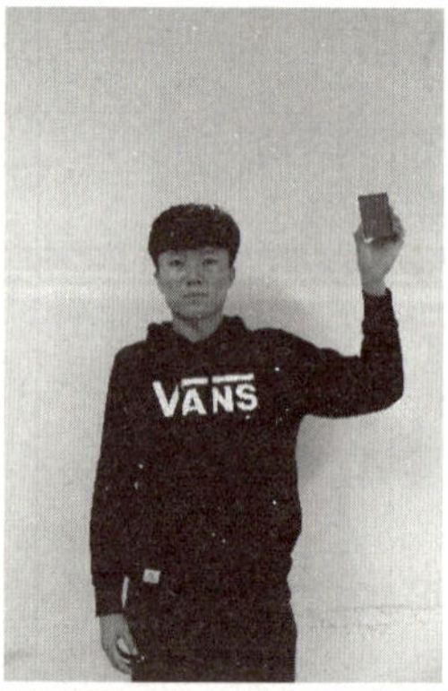		10	动作方法	一臂慢慢举起，掌心向上		

续表

序号	表示的性质	发球延误	出示手势者	一裁
11	动作方法	举起8个手指并分开，掌心向前		

序号	表示的性质	界内球	出示手势者	一裁、二裁
14	动作方法	手臂和手指向地面	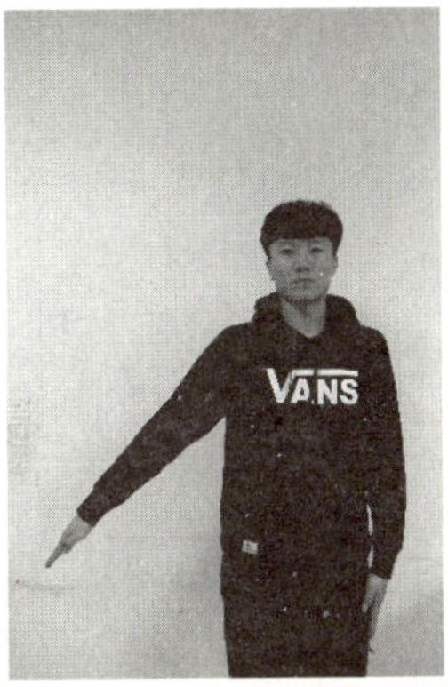	

序号	表示的性质	发球掩护或拦网犯规	出示手势者	一裁、二裁
12	动作方法	两臂上举，掌心向前		

序号	表示的性质	界外球	出示手势者	一裁、二裁
15	动作方法	两臂屈肘上举，掌心向身体	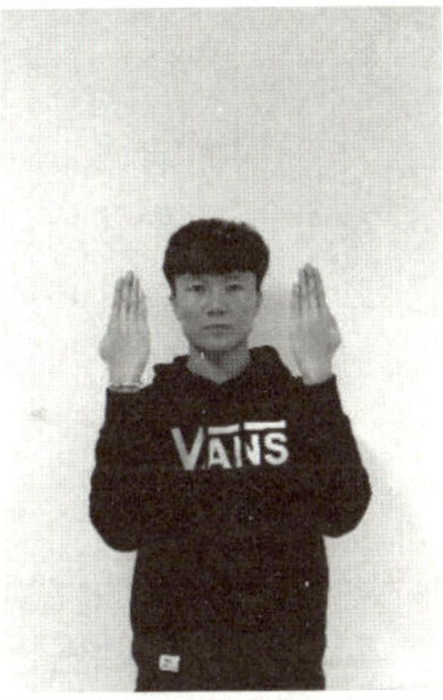	

序号	表示的性质	位置或轮换错误	出示手势者	一裁、二裁
13	动作方法	一手指在体前水平绕环	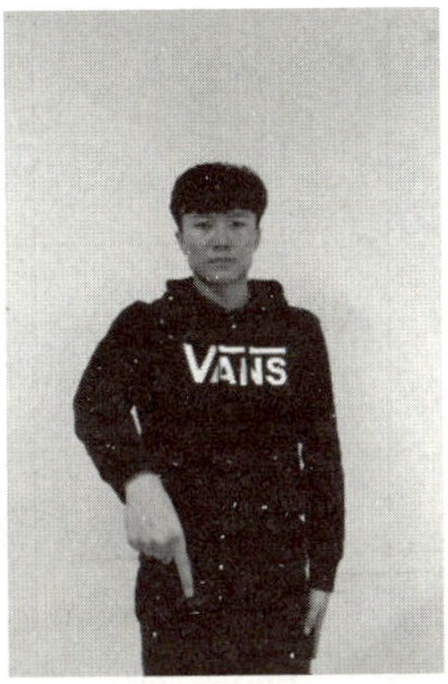	

序号	表示的性质	持球	出示手势者	一裁
16	动作方法	屈肘慢举前臂，掌心向上		

续表

序号	表示的性质	连击	出示手势者	一裁	序号	表示的性质	过网	出示手势者	一裁
17	动作方法	举起两个手指并分开，掌心向前			20	动作方法	手置于球网上空，掌心向下		
序号	表示的性质	四次击球	出示手势者	一裁	序号	表示的性质	进攻性击球	出示手势者	一裁
18	动作方法	举起四个手指并分开，掌心向前			21	动作方法	一臂上举，前臂向下摆动		
序号	表示的性质	队员触网和发球没有过网	出示手势者	一裁、二裁	序号	表示的性质	进入对方场区或球从网下通过	出示手势者	一裁、二裁
19	动作方法	一手触犯规队一侧的球网			22	动作方法	指向中线		

续表

序号	表示的性质	双方犯规	出示手势者	一裁
23	动作方法	两臂屈肘，竖起拇指	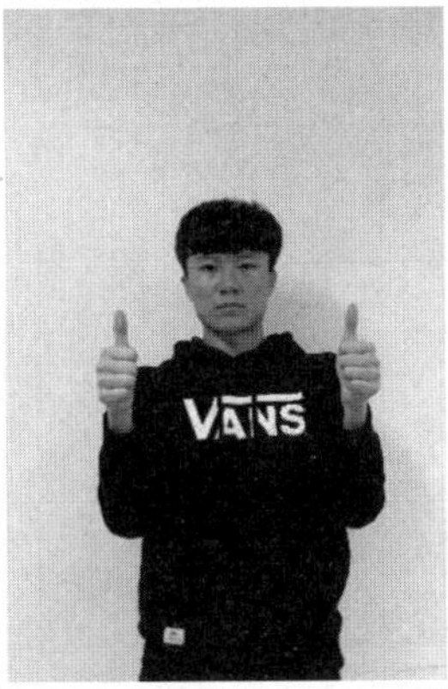	
序号	表示的性质	触手出界	出示手势者	一裁、二裁
24	动作方法	用一手掌摩擦另一屈肘上举的指尖		
序号	表示的性质	延误警告和判罚	出示手势者	一裁
25	动作方法	两臂屈肘举起，用一手遮盖另一手腕，掌心向身体（警告），或用黄牌指手腕（判罚）		

序号	表示的性质	界内球	出示手势者	司线员
26	动作方法	向下示旗		
序号	表示的性质	界外球	出示手势者	司线员
27	动作方法	向上举旗		
序号	表示的性质	触手出界	出示手势者	司线员
28	动作方法	一手举旗，另一手置于旗顶		

续表

序号	表示的性质	发球时脚的犯规或球触及标志杆等	出示手势者	司线员	序号	表示的性质	无法判断	出示手势者	司线员
29	动作方法	一手举旗晃动，另一手指相关线或标志杆			30	动作方法	两臂向前交叉		

在排球比赛中，常用和常见到的裁判手势有暂停、换人、界内球、界外球、连击等。读懂裁判手势，才能更好地完成比赛。

根据表 8-2-1 中的手势动作，观察比赛中裁判的手势，并尝试在课余时间进行实践练习，以便更好地记清楚其含义，保证我们在排球比赛或活动中，顺利完成任务。

4. 比赛胜负

排球比赛采用五局三胜制，胜三局的队胜一场。比赛采用每球得分制。前四局比赛每局先得 25 分并同时领先对手 2 分的队胜一局。当比分为 24 ∶ 24 时，比赛继续进行至某队领先 2 分为止。决胜局先得 15 分并同时领先对手 2 分的队获胜。当比分为 14 ∶ 14 时，比赛继续进行至某队领先 2 分为止。

第三节 怎样欣赏排球比赛

排球运动在经济、文化、教育、科技以及社会政治发展方面起到了促进作用。欣赏排球比赛是观看、观赏和鉴别比赛的过程。欣赏排球比赛，不仅能够丰富人们的文化生活，还能够满足人们精神追求。

一、欣赏运动员的精彩表现

排球场上的主角就是排球运动员。专业的排球运动对运动员有着较高的项目塑造性。多数排球运动员身材高大，外在直观的健壮、伟岸、修长、力量、姿态给予我们美的感觉；在比赛中，运动员做出的标准而有气势的动作，也能给予我们美的感受。排球运动员将健、力、美完美地结合，从中体现出身体的素质美。

速度美体现在比赛中纷繁的变化里，随着场上的进攻和防守，敏捷的动作步法变化、临场的快速反应、不断变换的球速，还有运动员在比赛中的快速移动，总是能给人振奋的情感体验。力量美体现在对球的控制上，大力扣球得分、大力而巧妙地拦网回击得分，总是能让人感叹力量带来的震撼。柔韧美体现在比赛的各种大幅度的动作中，各大关节、肌群、韧带均具有很好的延展性，体现出了刚中带柔、灵活敏健、轻盈柔和。协调美体现在比赛中运动员良好的协调性，能够在空中、地上或运动中完成各种各样的技术动作，并且动作协调优美，给人以舒服的感觉。灵敏美体现在比赛中做出快速、准确的反应，灵活迅速、准确、协调地改变身体的运动。

二、欣赏排球技战术

排球的美在于排球的高技术水平上，其标准的动作及与之达到的良好效果是完美技术的展现。在欣赏排球技术时，我们可以关注其技术动作的自然流畅和丰富活力。欣赏运动员扣球时拉上的背弓；垫球时如虎下山的气势；传球时富有弹性的灵动；发球时勇猛刚劲及果断，还有其将各种技术有效综合运用时的巧妙。这些在比赛中呈现出的技术美，会让我们拥有愉悦的体验。在比赛过程中，我们还会发现每个队员或每支队伍都拥有自己与众不同的技术风格，运动员在基本技术上进行扩展，加上自己的擅长技术形成自我风格，在比赛中又能以此技术获得得分，其巧妙之处令人感叹，也为比赛增添了色彩。

排球的战术美是排球比赛中的核心。随着排球技术的发展，排球战术越来越丰富，从两队攻防战术的运用，看到排球之间竞争的强劲，又看出同队队员之间心照不宣的默契。前后排阵形的变化，进攻时的汹涌澎湃，防守时的绝处逢生，无不让人赞叹。

三、学会全面欣赏排球比赛

（1）了解关于排球运动的知识，如基本规则、基本技术、基本战术、执裁手势、双方比赛队伍的基本情况等。

（2）欣赏双方队伍的发球。一般而言，水平较高的队伍发球进攻性很强，可以破坏对方防守阵形，可以获得直接得分的可能，可以打压对方的气势。

（3）欣赏双方的进攻与防守反击的阵形与打法。“兵来将挡水来土掩”，用来形容排球比赛中的攻防战术很贴切。排球进攻时最为精彩，队员之间的信号联络和环环相扣的战术变化，让人眼花缭乱。而防守反击时的不畏艰险，竭尽全力而巧妙地反守为攻更是让人目不暇接。

（4）欣赏双方的坚持与顽强的补救。当看到球注定失败但是还奋不顾身去救球争取一丝希望；当比赛进入胶着，双方运动员坚持不懈、拼尽全力、顽强拼搏，这样的运动员，让我们感动，这样的体育运动，让我们为之神往。

（5）欣赏裁判员执裁的高水平。在排球比赛中，裁判员的执法水平直接影响着比赛的结果及观众情绪，比赛时要看裁判如何公正、严肃、果断、认真地执裁，还要看裁判沉着冷静、机智灵活的处理结果。

（6）欣赏教练员的临场指挥。教练员也是影响比赛结果的重要人员，看教练员如何排兵布阵，如何扬长避短，如何调用能将，如何暂停，如何换人，如何在比分落后时鼓舞士气，如何在胜利在望时引导队员沉着冷静。

（7）欣赏排球比赛场地器材的改变及服装的变化。排球比赛中场地和器材的变化会对赛场上的运动员有直接影响，色彩的变化、材质的变化、科技含量的提升总能让运动员产生兴奋，也会让在场观众眼前一亮。

（8）用发现美的眼光去观看比赛。在比赛过程中，要时刻用发现美的眼睛去看待比赛的一切。去发现运动员的美、比赛技战术的美、场地器材服装之美，不仅仅要看到我方队伍的美，用包容的眼光看到他方队伍的美，还要发现体育运动带给我们一切美的存在。

排球小知识

中国女排曾经9次问鼎世界冠军，分别是1981年世界杯、1982年世锦赛、1984年奥运会、1985年世界杯、1986年世锦赛，连续5次世界大赛夺得冠军，成就五连冠的伟业。随后2003年世界杯、2004年奥运会两度问鼎桂冠。随着郎平担任中国女排主教练，再次夺得2015世界杯与2016年奥运会冠军！

名人介绍：朱婷，女，1994年11月出生，我国著名的女子排球运动员，司职主攻位置。于2013年入选中国国家女子排球队，由郎平执教。2007年，朱婷进入周口市体校；2008年到河南省体校学习排球；2010年开始崭露头角，进入国少队；2011年8月，获得排球世少赛亚军；2012年获得亚青赛冠军，并荣获MVP；2013年率队获得世青赛冠军，并荣获MVP；2014年获得世锦赛亚军；2015年获得亚锦赛冠军，并荣获MVP；2015年获得世界杯冠军，并荣获MVP；2016年获得里约奥运会冠军，并荣获MVP。朱婷有扣球点高、技术全面、反应灵活、弹跳惊人、后攻流畅等专业特点，从河南队走入国家队，从国家队走向世界，朱婷开启了自己辉煌的人生篇章，这与她个人的努力是分不开的。

不要一赢球就谈女排精神，也要看我们努力的过程。女排精神一直在，但单靠精神不能赢球，还必须技术过硬。

——郎平

思考题

1. 排球有哪些基本技术？如何在正确的时机选择合适的技术？
2. 你知道的排球战术有哪些？请画出战术图，为同学们介绍一下该战术的意义。
3. 你认为该怎样欣赏排球比赛？你还知道哪些观看排球比赛的要求？

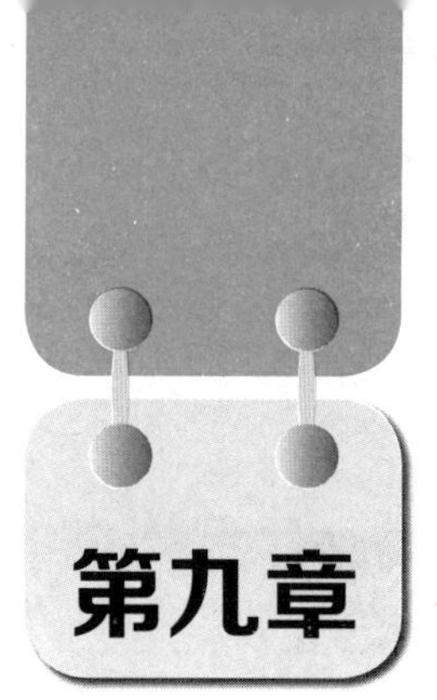

第九章

乒乓球运动

乒乓球在我国是一项普及性十分广泛的运动，被称为“国球”。新中国成立后，乒乓球运动不仅在竞技体育和大众健身方面发挥重要的作用，在外交方面也发挥了重要作用。

学习目标

（1）了解乒乓球运动的起源和历史，培养对乒乓球运动的兴趣。
（2）掌握乒乓球运动基本技战术。
（3）了解乒乓球运动的特点和健身功能，培养勇敢的优秀品质。

第一节 认识“国球”

一、百年“乒乓”

关于乒乓球的起源众说纷纭，目前较为主流的说法是乒乓球由网球演变而来。

1. 乒乓球运动的起源

19 世纪末期，网球运动在欧洲开展较为普遍，但是由于受到场地和天气的限制，经常受到中断。因此，英国一些大学生便把网球转移至室内，以餐桌为球台，用书搭做网，用羊皮纸做球拍，在餐桌上打来打去。后来，驻守印度的英国军人对这种运动方式进行改良，用空心的塑料球代替实心球，用木板替代羊皮纸作为球拍，并按照网球的有关规则进行比赛。这也是乒乓球英文名称“Table tennis”的由来。

2. 乒乓球运动的发展

20 世纪初，乒乓球运动在欧洲和亚洲逐渐开展起来。1926 年在德国举行了国际乒乓球邀请赛，后被追认为第一届乒乓球锦标赛。同年，国际乒乓球联合会（ITTF）正式成立。图 9-1-1 所示为国际乒联标志。

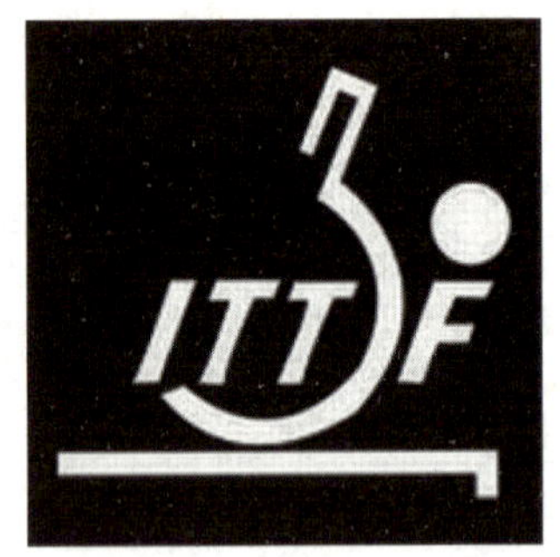

图 9-1-1 国际乒联标志

知识链接

国际乒乓球联合会，简称国际乒联，是国际单项体育联合会总会成员。目前国际乒联的会员单位已经增加到 215 个国家和地区，是国际五大体育组织之一。我国于 1953 年 3 月加入国际乒联。

乒乓球于 1988 年被列为奥运会正式比赛项目，设有男、女单打和男、女双打 4 个小项，从 2008 年北京奥运会起，比赛项目更改为男、女单打和男、女团体 4 个小项。

3. 我国乒乓球运动发展

新中国成立后，我国乒乓球运动取得了长足的发展，特别是 20 世纪 90 年代以来，我国运动员在各大比赛中均取得了优异的成绩。

在此期间，乒乓球还作为中、美两国友谊的桥梁，开展了著名的“乒乓球外交”，运动员之间的互访为两国人民打开了友好往来的大门。“乒乓球外交”所取得的成绩远比单项世界冠军更有意义，对于当时世界格局的发展也有着极大的推动作用。为避免个别国家在此项目上一家独大的局面，国际乒联已经对比赛进行了各个方面的改革，其中包括小球改大球、21 分制改 11 分制、可以遮挡发球改为禁止遮挡发球、限制单个国家参加奥运会选手名额等。相信这种改革还将继续，未来的困难是显而易见的。中国队要想继续保持在该项目上的优势，就需要付出更多的努力。

二、乒乓球运动健身功能

1. 提高人的灵活性

在击球的一瞬间，既要对对方来球落点、速度、力量和旋转进行判断，又要针对对方的站位进行回击，这需要大脑在短时间进行认真思考并做出正确判断。

2. 提高人的心理素质

人们在从事乒乓球运动的过程中需要充分集中精力，同时控制情绪，这有利于培养人们坚强的意志品质和不屈不挠的拼搏精神，发挥积极的心理调节作用。

3. 提高身体各个关节爆发力

在打球的一瞬间需要人们将全身的力量贯注到很轻的乒乓球上，要求做到动作准确灵活，全身协调配合，同时提高手指、手腕、腰部、髋部、腿部快速击球的爆发力。

三、乒乓球运动特点

1. 运动量可调节性强

进行乒乓球运动时，人们可以根据自身的条件，放慢或者加快击球的节奏，改变打法，减少或者增加运动量。这就极大地促进了乒乓球运动在大众健身中的推广。

2. 健身作用强

在进行乒乓球运动时，人体的各个部位都要协调参与并高度协调配合，可以达到全面锻炼的作用。同时，长期进行乒乓球运动对于改善视力，提高人体的免疫力具有显著的促进作用。

3. 趣味性、娱乐性强

球变大和 11 分赛制等各项改革使得乒乓球比赛的节奏更快，来回球更多，比赛更加精彩、激烈，趣味性和娱乐性都得到提高。

四、乒乓球运动主要赛事

1. 世界乒乓球锦标赛

1926 年 12 月 6—12 日，第一届世界乒乓球锦标赛（简称世锦赛）在英国伦敦举办。共设立男子团体、男子单打、女子单打、男子双打和混合双打 5 个项目。随着乒乓球运动的不断发展，从第八届世锦赛开始设立了男子团体、女子团体、男子单打、女子单打、男子双打、女子双打、混合双打 7 个项目。世锦赛也成为乒乓球国际赛事中设置项目最多、最全的一项比赛。世锦赛团体奖杯设置如下。

（1）斯韦思林杯——男子团体赛奖杯：由第一任国际乒联主席伊沃·蒙塔古的母亲（前国际乒联荣誉主席）斯韦思林女士捐赠，如图 9-1-2 所示。

（2）考比伦杯——女子团体赛奖杯：由法国乒协主席马赛尔·考比伦先生捐赠，并以他的名字命名，如图 9-1-3 所示。

图 9-1-2　斯韦思林杯

图 9-1-3　考比伦杯

知识链接

除了两项团体奖杯之外，世锦赛 5 个单项均有自己的单项奖杯。世锦赛项目的奖杯都是流动的，各项冠军的获得者可以在奖杯上刻上国名或者运动员名字并保存该奖杯到下届比赛开始之前，交给下一届的世锦赛组委会。

2. 奥运会乒乓球赛

奥运会乒乓球赛是乒乓球国际比赛的重要赛事。从 1988 年开始，乒乓球运动正式进入奥运会大家庭，设立男子单打、女子单打、男子双打、女子双打 4 个比赛项目。2008 年，男女双打项目改为男女团体。乒乓球运动进入奥运会极大地提高了乒乓球运动的国际地位，有力地推动了乒乓球运动的开展。

知识链接

迄今为止，中国队是奥运会乒乓球赛的最大赢家，在已经举办的八届奥运会中，中国选手夺得总计 32 枚金牌中的 28 枚。图 9-1-4 和图 9-1-5 所示为荣获 2016 年里约奥运会男、女乒乓球团体冠军成员。

图 9-1-4 2016 年奥运会男子乒乓球团体冠军成员

图 9-1-5 2016 年奥运会女子乒乓球团体冠军成员

3. 世界杯乒乓球赛

世界杯乒乓球赛是国际乒联组织的又一项重要赛事。目前，世乒赛每年举办一届男子单打比赛和一届女子单打比赛。世乒赛参赛人数少、比赛时间短、水平高、精彩场次多，很受广大乒乓球爱好者欢迎。

第二节 怎样打好乒乓球

乒乓球运动入门简单，但想要打好却并非易事。掌握各项基本技术动作、规范动作要领、提高乒乓球基本功水平有助于今后进一步丰富乒乓球战术体系，构建适合自身特点的乒乓球打法。为了方便理解和学习，以下技术动作均以右手持拍为例进行讲解。

一、选择适合自己的球拍和握法

握拍方式的选择是学习乒乓球运动的入门内容。掌握适合自己的握拍方式可以有效发挥手指、手腕的灵活性，为日后其他技术动作的掌握奠定基础。

目前，有两种握拍方式较为普遍：直握拍和横握拍。这两种握拍方式产生了不同的打法，这些打法在世界乒坛上都占有一定的地位。初学者选择握拍方式应首先对各个握拍方法的优缺点有一个初步了解，进而根据自己的具体条件、兴趣爱好和技术特点进行选择。

1. 横握拍

横握拍时，虎口贴于拍肩，中指、无名指和小拇指自然弯曲握于拍柄，拇指在球拍正面轻贴于中指旁边，食指自然伸直斜贴于球拍反面。握拍不宜过紧或者过松，如图 9-2-1 所示。

图 9-2-1　横握拍

优点：拍柄延伸距离长，左右照顾范围大，手指、手掌与球拍的接触面积大，握拍相对稳定，易于左右进攻发力。

缺点：拍形较为固定，手腕的灵活度不够，还击台内短球难度较大；左右转换击球时前臂内旋和外旋动作所需幅度大，导致挥拍摆速慢；处理台内球和发球的变化及灵活性不足。

2. 直握拍

目前，世界范围内较为流行的两种直握拍为弧圈型握拍法和直拍横握拍法。

（1）弧圈型握拍法动作要领：拍前食指第二关节和拇指第一关节成钳形，拍后三根手指自然完全贴于球拍上 1/3 处。

（2）直拍横握拍法动作要领：直拍横打握拍法与直拍弧圈型握拍法相比拇指往里握得更深一些，食指移至球拍边缘处，后面三根手指略伸开，握拍不宜过紧，如图 9-2-2 所示。

图 9-2-2　直握拍

优点：正反手均用球拍的一面击球，出手相对较快，手指与手腕相对灵活，易于调节拍形的角度和拍面的方向，在发球、处理台内球和近身球方面较为有利，控制来球能力强。

缺点：手腕不固定，拍形难以稳定；防守时，左右两面需要较大的移动距离，反手发力不足。

小贴士

根据目前世界范围内打法分析，两种握拍方法中均涌现出大批优秀运动员，初学者只需选择自己习惯或适合自己的握拍方法，不必在选择握拍方式上过多纠结。

二、变化多端的发球技术

发球是乒乓球技术环节中极为重要的部分。发球技术是在比赛中唯一不受对方制约的技术，发球方可以按照自己的意图发到任何一个位置，为自己的战术意图创造有利条件。

1. 正手发平击球

正手发平击球基本不带旋转，平动式前进，是最基本的发球技术，也是初学者最容易掌握的发球技术，如图 9-2-3 所示。

图 9-2-3　正手发平击球

动作要领：左脚稍前，右脚稍后，抛球的同时转体，手臂向身体右后方引拍，当球下降稍高于球网时，手臂向左前方发力，挥拍击球的中上部。

2. 正手高抛发球

正手高抛发球时，运动员将球上抛至 1~3m 甚至更高，利用球下降时的速度增加对球拍的压力，加快出手的速度和突然性，增大对方接发球难度。目前被欧亚等世界优秀选手普遍使用，如图 9-2-4 所示。

图 9-2-4　正手高抛发球

动作要领：运动员站位至左半台，左脚在前，右脚在后。左手用力将球平稳竖直上抛，同时腰和腿顺势向上稍微挺伸，重心交至左脚。球下降略高于球网时，右手从右后方向左前下方挥拍击球，重心顺势移至右脚。

学练提示

乒乓球发球规则规定：发球时，运动员需用手将球几乎垂直地向上抛起，球在离开不执拍手的手掌后上升不得少于16cm，当球从最高点下降时方可击球。

三、乒来乓去推拨球

推挡和拨球是直拍和横拍反手的主要技术动作，具有动作小、速度快、稳定性强的特点。推挡和拨球技术是乒乓球的主要控制和防御技术，也可以起到由积极防守和相持转为主动进攻的作用。

1. 推挡技术动作要领

左脚稍前或两脚平行与肩同宽，膝盖微屈，身体离球台30~50cm。手臂自然弯曲，球拍置于腹前，前臂与台面平行。球拍成半横状，约与台面垂直，在来球的上升期击打球的中部，借助对方来球的力量将球挡回。击球后手臂、手腕顺势向前推送并迅速还原成击球前的准备姿势，如图9-2-5所示。

图9-2-5　反手推挡

学练提示

推挡击球以借力击球为主，所以球的落点应集中在台面的中区。多撞击球，少摩擦球，少带旋转。

2. 拨球技术动作要领

两脚平行，膝盖微屈，球拍向后下引拍，肘关节稍前顶，手腕内收，右肩稍沉。以肘关节为轴，拍面稍前倾，在上升期击打球的中上部，借助来求的反弹力量向右前方拨回来球。接触球的瞬间发力要集中，顺势挥拍不宜过长，迅速还原成准备姿势。

学练提示

拨球动作小、出手快、线路活，多被横拍选手用来处理上旋球及应对直拍的推挡或反手攻球。

四、创造进攻机会的搓球

搓球是近台回击下旋球的一项基本技术，具有动作幅度小、出手快、突然性强的特点，属于控制性技术。搓球可以有效地为进攻创造机会，是乒乓球的一项入门技术，同时也是学习削球必须掌握的基础技术。

1. 反手搓球

反手搓球时，身体靠近球台，左脚在前，右脚在后，球拍向左后上方引拍，横拍手腕外展，直拍手腕稍屈，拍面后仰。在来球下降前期，接触球的中下部并向底部摩擦，横拍手腕内收，直拍手腕稍伸，击球后手臂顺势前送，立即放松并还原。

2. 正手搓球

正手搓球时，身体靠近球台，左脚在前，右脚在后，向后上方引拍，横拍手腕外展，直拍手腕作伸，拍面后仰。在来球下降前期，接触球的中下部并向底部摩擦，横拍手腕内收，直拍手腕作屈，击球后手臂顺势前送，立即放松并迅速还原。

学练提示

搓球时，动作不宜过大，要充分利用前臂和手腕转动的力量。搓转球时，球拍从上向下摩擦，接触球的中下部；搓不转球时，球拍从上向前下托球，接触球的中部。

五、伺机进攻（攻球）

攻球技术是乒乓球比赛中最重要的得分手段，在击球方式上以撞击为主，具有快速、有力的特点。攻球技术站位近、动作小、速度快，在比赛中能以攻守对付对方进攻，是近台快攻打法中使用最多的一种攻球技术，如图 9-2-6 所示。

图 9-2-6　攻球

动作要领：身体距离球台较近，左脚在前，右脚在后。引拍时，重心向右脚移动，球拍引至右后侧方。拍面前倾成半横状，在上升末期击打球的中上部，重心由右向左移动，前臂内旋，向左上方挥动球拍。击球后，球拍随挥至前额并迅速还原。

学练提示 攻球是在快速运动中进行的，所以动作难以定型，初学时要按照动作结构反复进行台下模仿练习。

六、如何控制舞动的乒乓球（战术）

乒乓球战术是指在比赛之中为了取得胜利所采取的技术策略。运动员在比赛中要想获得好的成绩，需要对对手特点和场上局面进行分析，从而采取合理有效的动作、技术组合。这种战术意识不仅仅局限在比赛之中，还应该落实到实际训练过程中。

1. 快攻打法战术

近台快攻打法是中国传统技术打法，其特点是快速、凶狠、准确和多变。近台快攻打法站位近台，以速度为主，讲究先发制人。

（1）发球抢攻战术

正反手发右侧上、下旋球，发至对方中路靠右近网处，伺机攻对方左方。这种战术用来对付弧圈球选手较为有效。

（2）左推右攻战术

战术 1：当推挡略占上风时，或在侧身强攻成功时，对方往往会主动变线到正手位置，这时候应以有力的正手攻球进行回击。

战术 2：主动推变直线，引诱对手回斜线，用正手攻直线反袭击对方空当。有时可佯装侧身，诱使对方变线，给自己创造正手回击机会。

（3）两面攻（拉）战术

战术 1：以反手攻球压住对方反手，伺机侧身扣杀直、斜线。

战术 2：用反手攻球交替压制对手中路和反手，侧身攻两角。

反手攻结合侧身攻战术在对付横拍近台两面攻型选手比较有效。

（4）正反手连续进攻战术

战术 1：以正反手连续进攻对手较弱的点，使对手打出机会球，从而伺机重扣。

战术 2：以反手连续进攻对手左右两角，伺机扣杀。

2. 弧圈球打法基本战术

弧圈球打法包括直拍弧圈球结合快攻和横拍弧圈球结合快攻两种打法，特点是站位中台或者中近台，以拉弧圈球作为主要得分手段，以前冲弧圈球代替扣杀，拉出的弧圈球既有较快的速度，也有较强的旋转，攻击性较强。

（1）发球抢位战术

战术 1：正手发强烈下旋球至对方左侧近网处，迫使对方以搓球回击，然后拉加转弧圈球到对方反手或者中路。

战术 2：对削球手一般用速度快、落点长的球，使对方退守，然后根据对方的站位和适应弧圈球的能力，决定以哪种弧圈向对方攻击。

（2）接发球抢位战术

战术 1：对方发侧上旋球和不太转的球时，用前弧圈球进行回击。

战术 2：对方发侧下旋球或者强烈下旋球时，用加转弧圈球进行回击。

小贴士

在一场乒乓球比赛中，要根据自身特点和对方特点合理地运用各项战术组合，不能简单地拘泥于一种战术。

3. 双打战术

双打是两个人协同作战，在战术上面和单打相比要稍微难一些。在实际比赛中要很好地研究对方的特点并根据自身的特点制定行之有效的战术组合。

（1）控制强者，主攻弱者

双打配对的两个人，无论水平有多么接近，总有一名选手相对弱一些。这时候就需要我们事前对对方的技战术和打法特点有比较清晰的了解。对较强选手进行严密控制，尽量不给其进攻的机会；对较弱选手作为主要的攻击对象，力争在其身上得分。

（2）交叉攻两角

针对对方的特点，将右手握拍向左移动的对手调到右边，把左手握拍向右移动的对手调到左边；把近台进攻的对手调到后面去，把中台进攻的对手诱到近台来。这样就破坏了对方的基本站位和基本走位，为己方进攻创造机会。

学练提示

双打战术和单打战术基本相同。但是由于是两人协调配合，所以在战术运用上要复杂一些。在双打比赛中要贯彻“先发制人、力争主动、积极防御”的思想，用速度、落点、旋转的变化来控制对手。

七、规则、裁判法帮助你更加深刻了解乒乓球运动

乒乓球竞赛分为团体赛和单项赛两种。团体赛又可分为男子团体和女子团体比赛；单项赛又分为男子单打、女子单打、男子双打、女子双打、混合双打比赛 5 项。

1. 竞赛方法

（1）淘汰赛

① 单淘汰赛：按照赛事组委会编排的秩序进行比赛，胜者进入下一轮比赛，负者被淘汰。

② 附加赛：每一轮的胜者与胜者，负者与负者之间进行比赛，直到决出赛事规定的名次。

（2）循环赛

① 单循环赛：参加比赛的运动员（运动队）之间轮流比赛一次。

② 双循环赛：参加比赛的运动员（运动队）之间轮流比赛两次。

2. 乒乓球比赛器材

（1）乒乓球

比赛用球应用赛璐珞或者类似的材料制成，为不反光的白色、黄色或者橙色，外部形态为整球形，直径 40mm，重 2.5g。

（2）球拍

球拍大小、形状和重量不限，但须板面平整、厚度均匀。底板粘上平整的颗粒胶，厚度不超过 2mm，也可以粘贴海绵胶，再贴上一层平整的颗粒胶，总厚度不超过 4mm。球拍的两面无论是否有覆盖物都必须无光泽，一面为红色；另一面为黑色。

（3）球台

球台台面长 274cm、宽 152.5cm。离地高度为 76cm。比赛台面可以用任何材料制成，但应具有一致的弹性，当标准用球从离台面 30cm 高处落至台面上时，弹起的高度应约为 23cm。

（4）球网

球网长 183cm、高 15.25cm，上面成水平，网柱外距球台 15.25cm，球网的底边应尽量贴近比赛台面，其两端应尽量贴近网柱。

3. 基本规则

（1）选择方位，发球或者接发球

比赛开始之前，在比赛裁判的组织下进行比赛抽签，选择比赛开始方位，发球或者接发球。

（2）发球

发球之前，要把球放在不执拍手的手掌上，手掌张开和伸平，然后把球向上抛起，球在离开不执拍手的手掌之后上升高度不少于 16cm，且不得偏离垂直线 45° 以上。不能使球旋转，在球离手时抛球手应高于台面。击球时，球拍与球的接触点在球台端线及其假定的延长线之后。发球时，球应首先接触本方台区，然后越过球网装置，再触及接发球员台区。

小贴士

在一场比赛中，当比分战至10平时，采用轮换发球法，发球和接发球次序不变，但每人只轮发1分球。

双打比赛中，每次换发球时，前面的接发球球员成为发球员，前面发球员的同伴成为接发球员。

第三节 怎样欣赏乒乓球比赛

每项运动都有自己独特的美感，乒乓球项目也不例外。作为观众，良好的观赏习惯不仅有助于营造紧张激烈的比赛氛围，而且有助于运动员技战术水平的发挥。通过对乒乓球技战术的再认识有利于认识和预测乒乓球运动的特点、规律和发展趋势，提高审美情趣和能力。

一、技术之美

技术之美是乒乓球比赛欣赏的核心。在乒乓球比赛中，每个运动员根据自身的身体条件和技术特点形成与众不同的打法风格，成为克敌制胜的独特法宝。

在比赛之中我们经常看到运动员对各项技术动作的充分发挥。这些技术的发挥是运动员经过长期系统、科学地艰苦训练形成的。这些令人叫绝的技术无不闪烁着夺目的技术美。

每个著名的运动员都有自身的特长。例如徐寅生的“12大板”；孔令辉在2000年悉尼奥运会上的激情飞扬；张怡宁的后发制人，多拍对攻；王皓的直拍横打，反手进攻、相持。这些都给人带来美轮美奂的艺术享受。

二、战术之美

战术之美是乒乓球比赛欣赏的永恒主题。运动员的战术组合是经过一段时间的训练和比赛逐渐形成的。在比赛中，运动员要合理运用各项战术组合，保持清醒的头脑，集中注意力，使自己的每个技术动作都带有一定的战术目的，以保证自己水平的充分发挥。

只有了解乒乓球的技战术，明白在一场比赛中怎样才是最合理的战术组合，才能分析自己和优秀运动员的技战术差距。经常观摩高水平的乒乓球赛事可以不断加深自己对该项运动的了解，提高自己的欣赏水平。反过来，随着欣赏水平的提高，可以驱使自己更多地观看比赛，激发投身这项运动的欲望和兴趣。

三、作风之美

在乒乓球运动中，运动员在竞技场上表现出的奋发向上、不甘落后、勇于拼搏、敢于创新、不断提高的精神和为祖国、为人民现身的精神，给我们带来的不仅是胜利的喜悦、艺术的享受，更多的是精神的鼓舞和思想的启迪。

我国乒乓健儿在国际赛场上多次捧杯，摘取金牌，这能够极大地激发人们的爱国热情和民族精神

小贴士

国家领导人对“乒乓精神”的概括总结：胸怀祖国、放眼世界、为国争光的精神；不屈不挠、勤学苦练、不断钻研、不断创新的精神；同心同德、团结战斗的集体主义精神；胜不骄、败不馁的革命乐观精神和革命英雄主义精神。

思考题

1. 以某一运动员的技术动作作为个案，对乒乓球技术动作要领进行分析。
2. 简述弧圈球在乒乓球技术中的重要性及如何打好弧圈球。
3. 简述乒乓球各种技术基本步法的动作要领及步法练习的重要性。

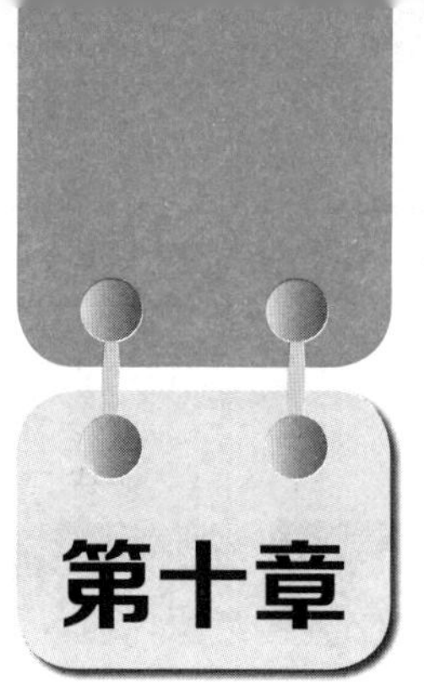

第十章

羽毛球运动

羽毛球是一项在室内进行的球类运动项目，是我国群众参与较广的体育运动项目之一，通常与网球、乒乓球合称为三小球。羽毛球运动更加强调耐力、爆发力、灵敏性和技术性，长期从事羽毛球运动可以提高参与者的综合身体素质。

学习目标

（1）掌握基本的羽毛球技术，能够运用规范的技术动作从事羽毛球运动。

（2）了解羽毛球场地及单双打比赛规则，能够进行正规的羽毛球比赛。

（3）培养对羽毛球运动的爱好和兴趣，能够经常参与羽毛球运动。

第一节 认识羽毛球

一、羽毛球运动的起源与发展

现代羽毛球运动起源于英国，相传 1860 年，在英国格洛斯特郡的伯明顿庄园举行了一次宴会，由于下雨，大家只能待在室内无法进行预期的户外活动，来宾中有几位从印度回来的退役军人在场地中间拉起了一根绳子代替网，向大家介绍了一种隔网用拍子来回击打毽球的娱乐游戏，大家对此产生了非常浓厚的兴趣。后来这个游戏作为一种娱乐性的活动迅速传遍英国，人们就以庄园的名称“伯明顿（Badminton）”命名了此项运动。然而在华语地区该名称并未普及，而是依球具而称之为“羽毛球”运动。

1875 年，世界上第一部羽毛球比赛规则出现于印度的普那。三年后，英国又制定了更趋完善和统一的规则，当时规则的不少内容至今仍无太大的改变。1893 年，英国羽毛球协会成立，修订并统一了羽毛球比赛的规则，并于 1899 年举办了全英羽毛球锦标赛。1934 年，第一个世界性的羽毛球组织——国际羽毛球联合会由加拿大、丹麦、英国、法国、爱尔兰、荷兰、新西兰、苏格兰和威尔士等发起，总部设在伦敦，1981 年与成立于 1978 年的世界羽毛球联合会合并，名称仍为国际羽毛球联合会。2006 年 9 月 24 日，国际羽毛球联合会改名为羽毛球世界联合会，目前共有 163 个会员国或地区。

二、羽毛球运动的锻炼价值

1. 提高身体的综合运动能力，增强身体素质

羽毛球运动需要参与者具备非常全面的身体素质，包括协调性、灵敏性、爆发力、耐力、速度、柔韧素质。从事羽毛球运动有助于参与者综合运动能力的提高，从而增强身体素质，提高免疫力，不易生病，精力充沛。

2. 享受运动乐趣，调节情绪，缓解压力

参与羽毛球运动所带来的速度、力量的现场感觉，与电视观看羽毛球比赛的感觉是完全不一样的。由于电视转播拍摄角度的原因，观众会感觉运动员的移动不是很快，杀球力量也不是很大，但当你现场观看或从事羽毛球运动时，你会发现这项运动的速度和力量感受是与观看电视转播完全不一样的，参与者可以在羽毛球运动中挥汗如雨，尽情享受这项运动的魅力和乐趣，在挥拍大力击球、积极跑动的同时可以使人体内分泌系统加速分泌各种激素和神经系统一起调节人体代谢和生理功能，从而调节不良情

绪、缓解压力。

3. 培养规则意识，提升自身修养

羽毛球比赛有比赛规则和运动礼仪，在统一规则的情况下进行比赛。长期从事羽毛球运动，可以增强参与者的规则意识，同时培养诚实、友善的交往素质，提高自身修养。

4. 培养抗挫折意识和进取精神

体育比赛没有常胜将军，每个人都会面对失败，在比赛失利后找到原因，刻苦努力，改正缺点，提升自己，继续拼搏。羽毛球运动使参与者能够正确认识自己的优势和不足，并能面对失败，勇于进取。

5. 培养逻辑思维能力

羽毛球比赛不仅需要高超的技术，还需要针对不同对手制定不同的战术，对每个球和整场比赛有一个预先的、清晰的规划，因此在从事羽毛球运动时会培养参与者的逻辑思维能力。

三、羽毛球运动主要赛事

1. 汤姆斯杯

汤姆斯杯是世界羽毛球男子团体锦标赛，比赛由三个单打和两个双打组成。马来西亚队在 1948 年举行的首届“汤姆斯杯”比赛中获得冠军，从而开始了亚洲人称霸国际羽坛的时代。现为两年一届。

2. 尤伯杯

尤伯杯是世界羽毛球女子团体锦标赛，比赛由三个单打和两个双打组成。1956 年举行首届比赛，前三届冠军均为美国人获得。现为两年一届。

3. 世界羽毛球锦标赛

世界羽毛球锦标赛设有男子单打、女子单打、男子双打、女子双打、混合双打 5 个单项比赛。现为每年一届，但奥运年不举办。

4. 苏迪曼杯

苏迪曼杯是世界羽毛球混合团体赛，比赛由男子单打、女子单打、男子双打、女子双打、混合双打 5 个比赛项目组成。现为两年一届。

5. 奥林匹克运动会羽毛球比赛

奥林匹克运动会羽毛球比赛设有男子单打、女子单打、男子双打、女子双打、混合双打 5 个单项比赛。四年一届。

知识链接

苏迪曼杯是体现各国羽毛球运动综合实力的最高级别比赛。奥运会羽毛球比赛冠军是羽毛球参赛选手的最高荣誉，目前只有林丹连续两届获得过苏迪曼杯男子单打冠军。

第二节 怎样打好羽毛球

一、选择适合自己的球拍和握法

1. 球拍的选择

现在的羽毛球拍科技含量都非常高，球拍品牌及型号繁多，但大小规格基本一致，只在重量和重量配比上有细微差别，球拍的价位已经将球拍的优劣区分得非常清晰，羽毛球运动参与者完全可以根据自己能够承受的经济条件来选择自己喜欢的球拍。需要注意的是羽毛球击球最后需要借助手腕和手指快速的闪动来发力，所以一定要选择在自己力量能够控制范围内的拍子，那些十几元钱一副的铁制或铝合金材质的羽毛球拍，早已不能满足现代羽毛球运动的要求，且容易对手腕造成伤害。

小贴士 建议初学者选用拍面较轻、重心位于中心的球拍，拍线磅数在 22~24 磅，可以帮助学习者更容易掌握用手腕发力，不易造成伤害。

2. 握拍方法

羽毛球的握拍是打好羽毛球最基本的技术，握拍的正确与否直接决定击球技术。很多人说羽毛球握拍很复杂，不像网球 360° 怎么握都行。其实不然，对于大众健身参与者羽毛球握拍，也完全可以理解为 360° 怎么握都行，但是要根据不同位置、不同方向、不同落点来变换选择不同的握拍方式。

羽毛球握拍的基本原则是在击打来球时的动作符合人体关节生理结构，最便于发力。羽毛球运动无论是移动还是球速都非常快，而且对方的来球一般无法预判，这就要求我们通过手指细微的变化，迅速地变化不同的握拍来应对不同的来球。因此，掌握便于最快转化不同握拍方式的基础自然握拍非常重要，如图 10-2-1 所示。

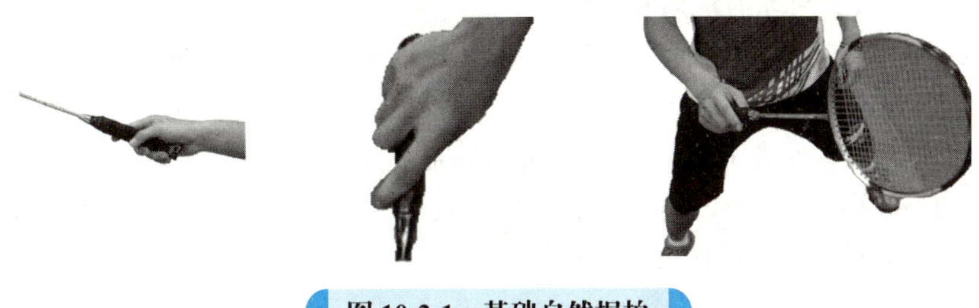

图 10-2-1 基础自然握拍

下面介绍基础自然握拍，后续在每个技术动作讲解中再介绍不同技术动作时采用的细微变化的不同握拍方式。

球拍有 8 个棱面，以右手持拍为例，左手拿着拍杆，让拍框垂直于地面，这时可以看到拍柄有两个棱面（最宽的两个棱面）垂直于地面。用握手的方式自然地握住拍柄，此时大拇指和食指应刚好分别放在垂直于地面的两个拍柄棱面上，手指自然放松，掌心和手指间都留有一定空隙，保证击球时再充分握紧瞬间发力。**正手击球是指用左侧拍面击打身体中右侧来球，最后击球发力时手掌和四根手指都可以帮助发力。反手击球是指用右侧拍面击打身体中左侧来球，最后击球发力时只有大拇指顶按拍柄帮助发力。**

基础自然握拍是其他击球握拍方式的基础，必须保证握拍时手指可以随意捻动拍柄，使球拍快速转动，这样才能根据不同的来球迅速变化成更为合理的握拍方式击球。

学练提示 平时可以多练习用手指捻动拍柄，使球拍在手里充分放松，可以随时由自然握拍变化到各种握拍方式。

二、抢得先机的发球技术

羽毛球发球分为正手发球和反手发球。正手发球分为后场高远球、后场平高球、网前小球三种。反手发球分为网前小球、后场平高球两种。其中正手后场高远球和反手网前小球是其他发球技术的基础。

图 10-2-2 发后场高远球握拍

1. 正手发后场高远球

握拍：自然握拍，如图 10-2-2 所示。

高远球是将球用最大力量，最高最远地发到对方底线，球到达最高点时垂直下落到底线，其目的是无论对手的身高多高，都无法在场地中间截到来球，必须移动到底线才可以击球，目的是使对方移动到球场底线位置，调动对方跑动，增加回球的距离和难度。

动作要领：两脚前后站立，重心置于后脚。身体侧对球网。左手持球，球头向下，手臂自然放松弯曲，将球置于与肩同高的位置。右手持拍自然后放。推重心同时持球手臂前伸放球，球头垂直下落，当落到腰与膝盖间位置时，转体挥拍，持拍手臂充分伸展，击球时拍面正向前方，击球瞬间手腕带动小臂迅速内旋回收，结束在左肩上方，击球后身体正对球网，如图 10-2-3 所示。

图 10-2-3　正手后场高远球发球动作

学练提示　一次拿 4~5 个球，固定左手位置，保持球下落点的一致性，连续击打多球，熟练右臂击球动作。

2. 反手网前小球

握拍：大拇指上顶，食指下滑，基础反手握拍，如图 10-2-4 所示。

动作要领：两脚前后站立，右脚在前，左脚在后，左手持球，右手持拍，球头正对球拍，握拍放松，大拇指前顶球拍，同时左手放球，球拍向前击球，幅度不要太大，由于球拍有弹性，轻轻击球即可将球发至对方前发球线的位置，如图 10-2-5 所示。

图 10-2-4　反手发网前小球握拍

图 10-2-5　反手发网前小球

学练提示 一次拿 4~5 个球，增加一次性的连续练习次数，初学者可以先瞄准球网上端的白线，将球击打到白线，练习控球的准确性。

三、高远球

高远球是羽毛球中最基本的击球动作，一切高手击球（高于头部的击球）的基础动作。

握拍：自然握拍，击球前放松，击球时用力握紧球拍产生击球制动，如图 10-2-6 所示。

图 10-2-6 打高远球握拍

动作要领：判断来球方向及落地，迅速侧身移动，同时引拍。引拍以充分展开胸部和双肩成背弓为主要目的，以便击打来球时能充分发力。手肘抬起高度和拍子上举角度不必过于苛求，作为青年参与者，每个人可以有自己的习惯角度。击球前重心落于后支撑脚（右脚），屈膝蹬地发力，左脚内扣脚尖点地，看准来球后充分蹬地转身，同时手腕外展，肘关节上抬，运用手腕的快速闪动，小臂内旋向前上方迅速挥拍，击球瞬间食指顶按球拍，其余手指发力握紧球拍，正拍面击打来球，使球成高弧线飞向对方场地底线位置。击球同时双脚空中交换，击球后左脚前脚掌先落地，同时蹬地前推身体，右脚落地，挥拍手臂自然摆动，手臂自然放松，落于身体左侧，如图 10-2-7 所示。

图 10-2-7 打高远球动作

学练提示 可以两人配合进行练习，一个人拿多球在球网一侧发高远球，另一个人在球网对面以高远球的技术动作将球击打到对方底线。

知识链接

高远球的弧度：高远球根据弧度的不同可以分为弧度很高的高远球和弧度较平的平高球。高弧度高远球多在被动时采用，为自己争取更多的时间，回复到防守位置；平高球多在主动时采用，以平快的球速压制对方底线，加快进攻的连接速度。

四、闪电般的杀球技术

杀球是最具威胁的进攻技术，力量大、速度快，是得分的有力手段。杀球分为重杀、劈杀和点杀。

握拍：自然握拍基础上拇指上移、食指下滑，五指紧扣，类似于握拳，完全握紧球拍，如图 10-2-8 所示。

图 10-2-8　杀球握拍

动作要领："重杀"与正手后场高远球的技术动作基本一样，但击球点更加靠前，手臂下压需要更充分。击球时手腕下压，拍面正面击球。要求蹬地收腹力量更充分，集中全力下压，使球快速向下飞向对方中后场。"劈杀"与"重杀"动作基本一致，区别在于通过手腕使球拍的拍面击球瞬间发生变化，切削球头，改变球的飞行方向和落地，具有隐蔽性，落点相对靠近中前场。"点杀"的动作与前两种有较大区别，不需要身体完全发力，特点是击球的连接速度快，主要靠小臂内旋，手腕和手指下压来完成击球，大臂尽量伸高，提高击球点，如图 10-2-9 所示。

图 10-2-9　杀球动作

由一人抛球辅助练习。辅助者站在高一些的椅子上，向上抛球，练习者在同侧将球大力杀向对面场地。

五、斗智斗法的网前球（搓球、挑球）

1. 搓球

搓球是羽毛球网前技术中的重要技术，搓的球越贴网，越会为自己创造更有利的进攻机会。搓球分为正手搓球和反手搓球。

握拍：正手搓球采用自然握拍，反手搓球采用反手握拍，如图 10-2-10、图 10-2-11 所示。

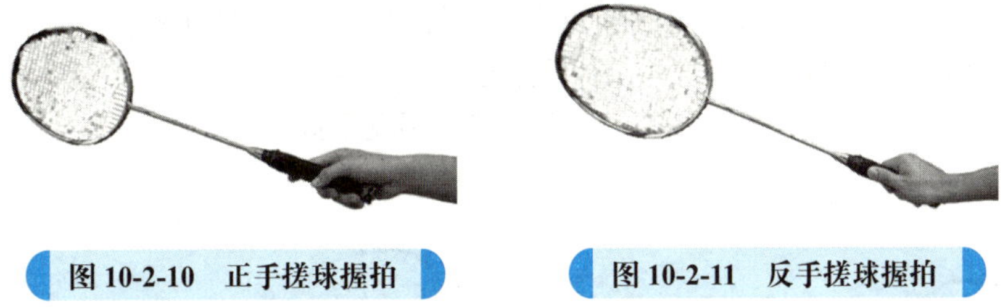

图 10-2-10　正手搓球握拍　　图 10-2-11　反手搓球握拍

动作要领：正手搓球和反手搓球除握拍采用不同方式以外，击球高度和动作基本一致。用正（反）手握拍，争取较高的击球点，运用手腕和手指的轻巧动作，以斜拍面切、搓球头，拍面由上向下再向上的圆弧运动轨迹，切、搓球头，产生较大摩擦，使球旋转翻滚飞行过网下坠，如图 10-2-12、图 10-2-13 所示。

图 10-2-12　正手搓球

图 10-2-13　反手搓球

学练提示

由一人隔网抛球辅助练习。一个人拿多球在球网一侧将球轻轻扔过球网，一个人在球网对面连续搓球。

知识链接

根据球离网的距离，采用不同的发力方向搓球。球离球网远时，球拍向球网方向切搓来球；球离球网近时，球拍向远离球网方向提拉搓球。

2. 挑球

将落在本方前场的来球，用低手击球（低于头部以下的击球）的方式，由下向上用力抽击来球，使球又高又远地落到对方底线位置，以调动对方移动，为自己回位争取时间，缓解对方进攻压力。球的飞行轨迹与正手发后场高远球的轨迹基本相同。

握拍：正手挑球采用自然握拍，反手搓球采用反手握拍，如图 10-2-14、图 10-2-15 所示。

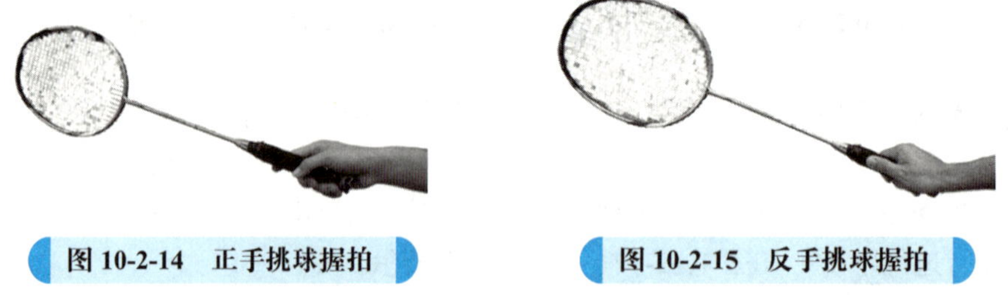

图 10-2-14　正手挑球握拍　　图 10-2-15　反手挑球握拍

动作要领：预判来球，对方拍子击球的瞬间，双脚跳离地面，向来球方向起动，接近落点时，蹬地后向前迈右脚，重心前推，前脚脚跟落地过渡到全脚掌并屈膝缓冲，手腕充分外展，手臂由下向上迅速挥动球拍，击球瞬间手腕带动小臂快速内旋回收（反手挑球：大拇指顶按拍柄，带动小臂迅速外旋），鞭打来球，击球后手臂随摆至左上方（右上方）。结束击球后，右腿蹬地推重心，回到准备位置，如图 10-2-16 和图 10-2-17 所示。

图 10-2-16　正手挑球

图 10-2-17　反手挑球

学练提示　由一人隔网抛球辅助练习。一个人拿多球在球网一侧将球扔过球网到前发球线位置，练习者在球网对面连续挑球练习。

六、手疾眼快的平抽球

羽毛球运动中的中场击球技术，以正手平抽球最为常见。平抽球速度快、飞行弧度平，是双打中常用的技术动作。

图 10-2-18　平抽球握拍

握拍：正手自然握拍或使球拍稍向外旋，更便于手腕平抽下压，如图 10-2-18 所示。

动作要领：手臂球拍上举，小臂向前平推发力，正拍面向前拍击球头，使球以贴近球网的较平弧线飞向对方场地，如图 10-2-19 所示。

图 10-2-19　平抽球动作

七、准备充分的接杀球

接杀球是羽毛球运动最主要的防守技术，根据对方的杀球方向，分正手接杀球和反手接杀球。

动作要领：接杀球为防守技术，与进攻站位不同，双脚平行站位，便于左右移动，在对方击球的瞬间，双腿微跳起动，手臂和脚向侧前面同时伸出，运用手腕和手指控制接杀球的出球方向为直线或斜线，如对方杀球力量很大，只需要借助对方的来球力量，轻轻挡击来球即可将球挡到对方网前，如图 10-2-20 所示。

图 10-2-20　接杀球动作

学练提示　一人拿多球在球网一侧将球大力向下扔到对方中场两侧，另一人左右移动接球，将球轻轻挡过球网。

八、练好反手让你达到新高度

根据击球点的不同位置，握拍的方式也有细微的区别，下面向大家介绍最为关心的反手后场高远球。

握拍：在自然握拍的基础上，食指下滑，大拇指顶贴到拍柄的斜棱面上，这种握拍在击球时不影响手腕的发力，便于小臂的外旋发力，如图 10-2-21 所示。

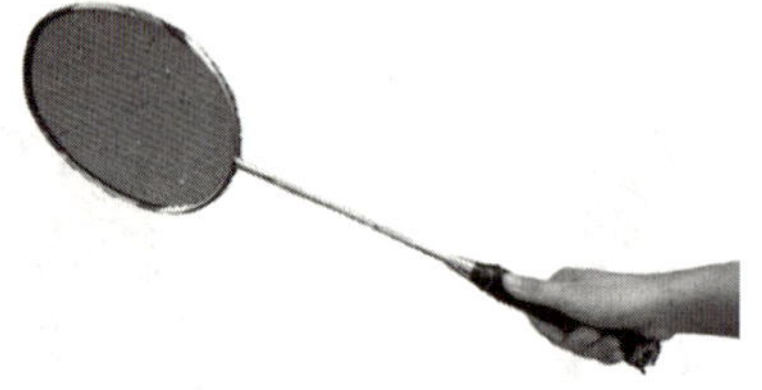

图 10-2-21　反手后场高远球握拍

动作要领：反手后场高远球的技术动作顺序跟正手的完全一样，大家在学习反手动作时可以将每一个动作与正手对比。首先起动，跟随来球找准击球点，转身、右脚向左后方迈出，同时引拍，将球拍竖起，手臂收于胸前，随后蹬地，力由下向上，由腿到腰传递到手臂手腕。肘关节上抬，同时自然放松，球拍下放，立手腕，击球瞬间，小臂迅速外旋，大拇指顶按拍柄，制动发力，球拍由下向上迅速击打来球。击球后手臂继续跟随球的飞行方向，向前上方送出，随后放松自然下落，同时身体跟随转动，右腿收回，回复到初始起动状态，如图 10-2-22 所示。

图 10-2-22　反手后场高远球

知识链接

根据后场球的高度和远度，要在握拍上进行不同的调整，以便利于发力。

九、练就你的凌波微步

羽毛球的步伐是连接所有羽毛球击球技术的基础，有灵活的步伐才可以将精湛的技术发挥出来，这一点非常重要。羽毛球的基本步伐包括前场步伐、中场步伐和后场步伐，根据不同的情况，合理将并步、垫步、小碎步、跨步、交叉步等基本运动步伐进行连接，击球后迅速恢复身体重心，返回场地中心位置。

1. 前场步伐

（1）蹬跨步：当击球点离身体较近，不需要过大移动时，以起动蹬地开始，右脚向前右或向左（反手）跨出一步，重心前移，左腿自然放松，如图 10-2-23 所示。

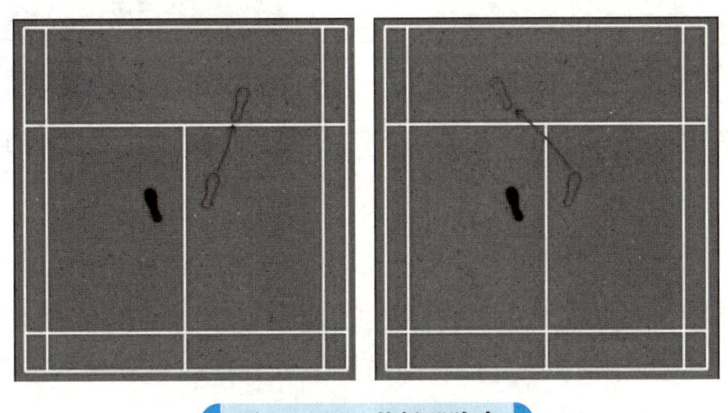

图 10-2-23　前场蹬跨步

（2）交叉蹬跨步：当击球点离身体非常远时，以起动蹬地开始，左脚蹬地后交叉跨到右脚前面，左脚落地同时右脚迅速向前跨出一步，这样增加了移动距离，类似于跑步的状态，如图 10-2-24 所示。

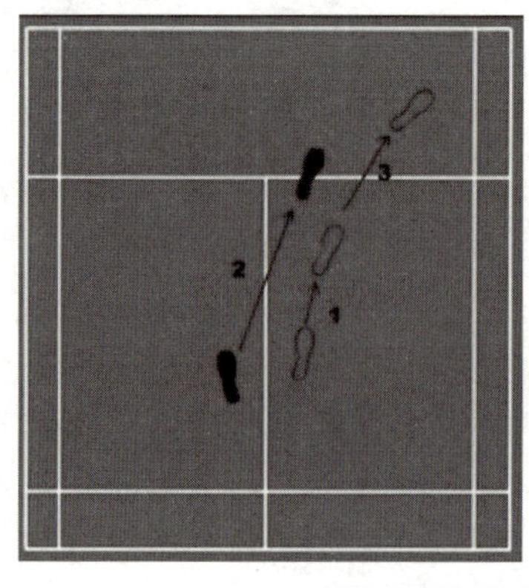

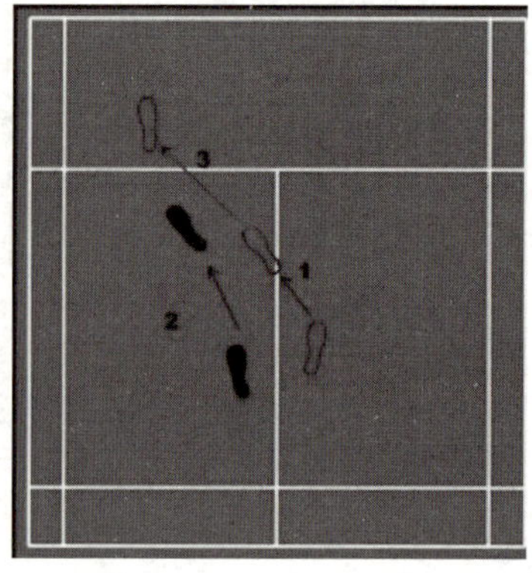

图 10-2-24　交叉蹬跨步

2. 中场步伐

（1）蹬跨步：当击球点离自己较近时，以起动蹬地开始，右脚或左脚向同侧蹬跨出一步，击球后回动，如图 10-2-25 所示。

（2）并步蹬跨步：当击球点离自己较远时，以起动蹬地开始，左脚蹬地并向右脚，同时右脚继续向右侧迈出一步，击球后回到起动位置，如图 10-2-26 所示。

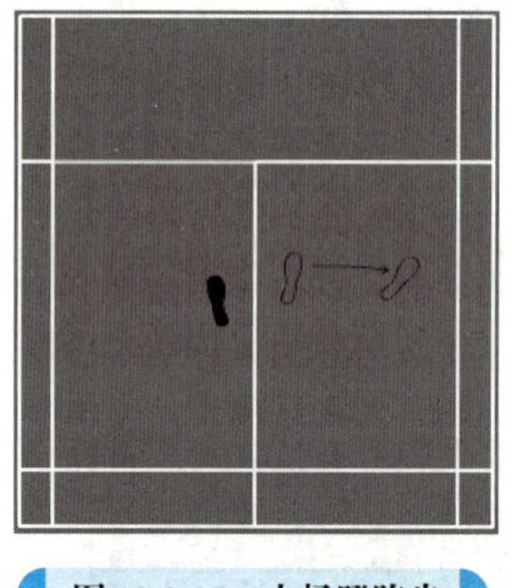

图 10-2-25　中场蹬跨步

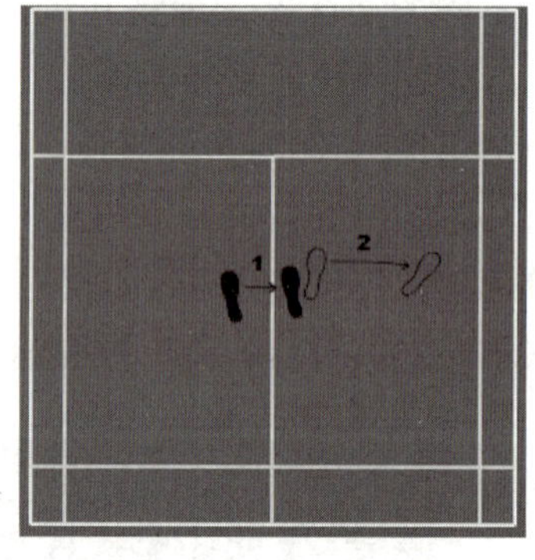

图 10-2-26　并步蹬跨步

3. 后场步伐

（1）侧身后退一步：当击球点离自己较近时，以起动蹬地开始，右脚蹬地同时侧身，向后侧蹬跨出一步，左脚自然放松跟随右脚，重心移动到右脚，左脚脚尖点地，如图 10-3-27 所示。

（2）侧身并步后退：当击球点离自己较远时，以起动蹬地开始，右脚蹬地同时侧身，向后侧蹬跨出一步，左脚跟随右脚并拢，落地后蹬地使右脚继续向后跨出一步，重心后移，如图 10-2-28 所示。

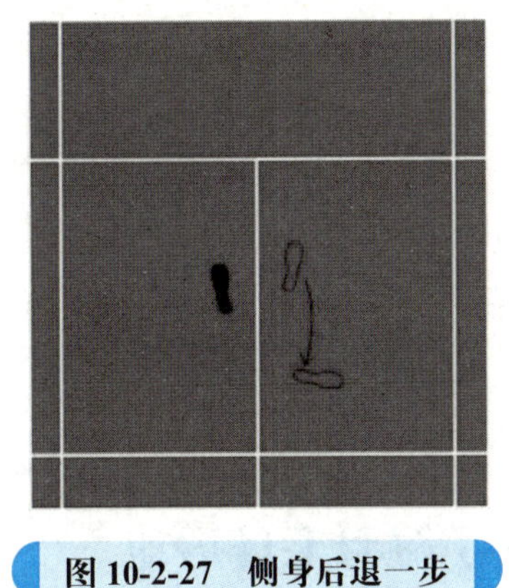
图 10-2-27　侧身后退一步

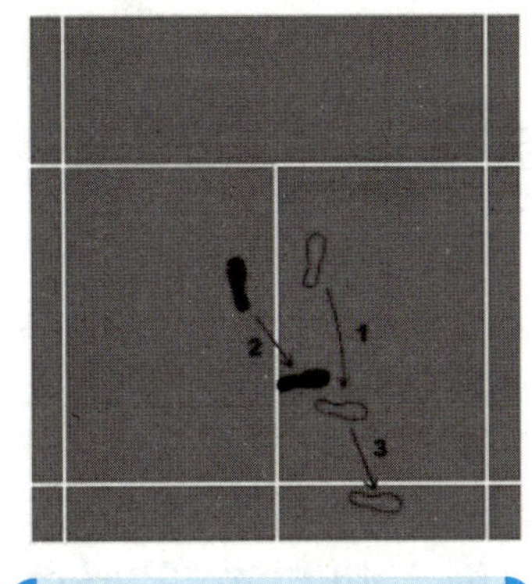

图 10-2-28　侧身并步后退

十、不断变换的战术配合

羽毛球战术是获得比赛的关键，比赛过程中选用合理的战术、善于运用自己的优点才能获得比赛的胜利。

1. 单打战术

（1）发球抢攻战术：运用网前球配合平快球，不断变化，先发制人，争取为第三拍创造主动进攻的机会。

（2）攻后场战术：运用高远球和平高球，压制对方底线两角，造成对方被动回球不到位，为自己创造进攻机会。

（3）攻反手战术：反手一般是大多数人的弱项，且攻击性较弱，运用平高球或高远球压制对方反手底线，造成对方回球不到位，为自己创造进攻机会。

（4）打四方球战术：运用快速、准确的平高球和吊球，攻打对方场区的四个角落，充分调动对方奔跑，造成对方被动，在其移动不到位或回球不到位时，突击进攻。

（5）杀、吊上网战术：对方击打过来的后场高球，以杀球或吊球下压，对方被动防守时，迅速上网搓球，创造下一拍的进攻机会，如果对方防守时回球质量很差，可以直接进行上网推扑。

2. 双打战术

（1）攻人战术：两人集中攻击对方中较弱的一方，造成对方失误或回球不到位。

（2）攻中路战术：主要攻击两个人的中间位置，造成对方两个人的配合出现失误，创造进攻机会。

（3）攻后场战术：对方攻击性和杀球能力较弱时，多采用高远球或平高球打到对方底线，将对方的杀球迅速抽挡回去，攻击对方空当。

（4）后攻前封战术：本方队员进攻时，后场高球进行杀球下压，前场队员积极移动，对手防守回球不到位时进行网前封网下压。

知识链接

羽毛球单打和双打的战术意识和设计有非常大的区别，单打更强调球路战术意识的设计，每一个球的发展都尽量控制在自己手中；双打的战术主要强调两人的配合和连接速度。

十一、规则、裁判法帮助你更加深刻了解羽毛球运动

从2006年5月的汤尤杯比赛开始，羽毛球比赛实行21分每球得分制，三局两胜，先到21分且至少领先对方2分的一方获胜，29平后，先到30分的一方获胜，30分封顶，不再继续加赛。发球一方得分为奇数时在本方的左场区向对角的对方场区发球；得分为零或偶数时在本方的右场区向对角的对方场区发球。一局的胜方在下一局先发球。

在发球过程中，击球点不能高于腰部，接发球人不能踩线，球拍必须一次性连续完成击球动作。在比赛过程中，击球时球拍不能触网或过网。产生以上情况，对方均得1分。

第三节 怎样欣赏羽毛球比赛

一、技术之美

羽毛球是一项极富美感和令人陶醉的室内运动项目，它要求力量、速度和技巧。羽毛球运动中会涉及各种各样的步伐，连续击球的过程中，步伐的连续变化带给人一种热烈激情的感受，这种感觉是人类对运动美欣赏后的感觉。球的运动轨迹形成弧线、曲线都会给人美的享受。

二、战术之美

羽毛球比赛从发球和接发球开始就贯穿着战术思想，在攻防转换的过程中，根据战术意图不断改变球路。单打中主要看队员对每一分的球路整体设计和铺垫，让对手逐渐暴露弱点，将对手带入自己的节奏。双打中主要看队员之间的配合，如何走位和布位，快速地进行轮换。

三、作风之美

比赛过程中会出现交替领先的局面，特别是到关键分的时候，那种心理承受力和压力是非常大的，我们可以看到优秀运动员在落后情况下不放弃，并逆转获得比赛的胜利，体现了良好的意志品质和精神，非常鼓舞和振奋人心。

思考题

1. 如何在击球过程中熟练变换握拍方法?
2. 如何在比赛中形成羽毛球战术意识?
3. 如何欣赏羽毛球比赛?

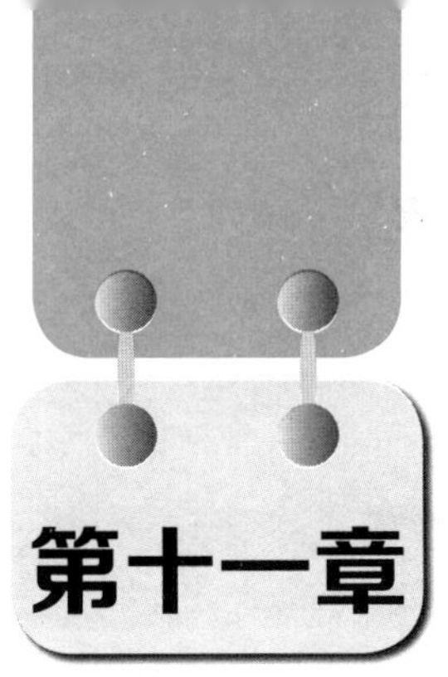

第十一章

网球运动

网球运动具有独特的魅力，深受人们的喜爱。网球与高尔夫球、保龄球、桌球并称世界四大绅士运动。网球运动具有很高的锻炼价值和很强的观赏性，在群众当中的普及度和关注度很高。通过网球的学习，可以在提高身体素质，掌握运动技巧的同时，锻炼克服困难的勇气，培养拼搏进取的作风和胜不骄、败不馁的道德风尚。

学习目标

（1）初步了解网球运动，知晓网球运动的锻炼价值。

（2）全面学习网球知识，掌握基本技战术与规则。

（3）培养自觉参与体育锻炼的行为习惯，为终身体育运动奠定基础。

第一节 认识网球运动

网球运动具有悠久的历史，起源与发展可以用一句话来概括：孕育在法国，诞生在英国，普及在美国，盛行全世界。

一、网球运动的百年历程

1. 网球运动的起源

网球运动的起源可追溯至12~13世纪的法国，当时在传教士中流行着一种手掌击球的游戏，这种击球游戏传入法国宫廷后，激发了贵族们的极大兴趣，迅速在法国宫廷中盛行开来，无论运动员与观众都颇具绅士风度，因此网球运动也称为“贵族运动”。14世纪中叶，法国王储将这种游戏介绍给英国国王亨利五世，这种游戏传入了英国。随着时间的发展，游戏器械与规则逐渐接近我们现在所熟识的网球运动。

近代网球的雏形可将时间拉近到1873年，英国人沃尔特·克洛普顿·温菲尔德被人们称为近代网球运动的创始人，他首先提出了“草地网球”，规定了球网的长度和高度，并在英国首次举办了简易的草地网球比赛。1877年举行了首届温布尔登网球锦标赛，是现代网球史上最早的网球比赛。

2. 网球运动的发展

19世纪90年代中期，网球进入初步发展的阶段，许多国家和地区组织了网球协会，并定期举行比赛。20世纪30年代是网球发展的黄金时代，网坛上的四大满贯竞争也愈发激烈，涌现出诸多网坛球星。在第二次世界大战后，澳大利亚和美国的选手在网坛上独领风骚，并把网球的技术提升了新的高度。20世纪70年代以来，网球运动又得到了进一步的发展。美国的网球受众群体达到4000多万人，澳大利亚网球普及到家家户户，成为国民运动。时至今日，网球运动已风靡全球，普及到世界的每一个角落。

二、容易上瘾的网球运动

1. 增强身体素质，健康均衡发展

网球是一项以有氧运动为主的运动项目，在网球运动过程中，选手们的身体素质

将得到均衡的锻炼和提升。通过不断地跑动和击球，可以充分锻炼选手的肺活量、力量和耐力；通过急停急起、转体和挥拍，可以锻炼关节灵活性、小肌群力量和柔韧性；通过快速的回合转换和球路变化，锻炼选手的反应和注意力。可以说，网球运动是一项可以提升身体综合素质，使身体技能均衡发展的运动。

2. 疏解压力，放松身心

网球是一项充满激情、乐趣和变化的运动。在进行网球运动时，球路变幻莫测，形势瞬息万变，使选手可以全身心投入运动中，感受运动之美、体会运动的乐趣。双方选手之间的对决和博弈，常常能够使选手注意力高度集中，彻底从紧张的学习、工作中抽离出来。网球运动是一项排解压力，放松身心的运动。

3. 陶冶心理，完善人格

一项运动的价值，一方面体现在“更快、更高、更强”的竞技实力上，更重要的是通过运动带来精神层面的陶冶和提升。在网球运动中，选手可以参加竞争、学会配合、体会变化、承受压力、磨炼品质、突破极限，既能感受胜利的喜悦，也能品尝失败的苦涩。可以说，生活中大多数情绪都能在小小的网球场和短短的比赛过程中得以体现。球员在学习知识—磨炼技术—参加比赛的过程中，极大地提高心理素质，陶冶道德情操。同时，通过对网球礼仪的掌握，学会以礼待人的生活态度。网球运动能够令无数爱好者着迷上瘾，其魅力正在于此。

三、网球运动主要赛事

1. 温布尔登网球锦标赛

温布尔登网球锦标赛创办于1877年，是现代网球史上最早举办的赛事，至今已有40年的历史。比赛设在伦敦西郊温布尔登，在每年6月底7月初举行，它是四大公开赛中的第三站比赛。温布尔登锦标赛是在草地上进行的，是四大满贯中唯一的草地网球赛。

2. 法国网球公开赛

首届法网公开赛于1891年在巴黎西部蒙特高地的一座叫罗兰·加洛斯的大型体育场内举行，比赛安排在每年5月底6月初进行，是四大公开赛中的第二站比赛。法网使用的球场属于慢速红土场，因球速慢、回合多的特点，观赏性极高。

3. 美国网球公开赛

1881年在美国罗得岛新港举行了首届美网公开赛，1968年该赛事被列为四大公开赛之一。比赛在每年的8—9月举办，选用中速硬地场地。赛事的高额奖金和美国社会的高度商业化，吸引了世界众多高水平球员来参赛。

4. 澳大利亚网球公开赛

澳大利亚网球公开赛是四大公开赛中最迟创建的赛事，赛地在澳大利亚的第二大城市墨尔本。比赛时间安排在 1 月底 2 月初，在硬地网球场进行比赛。

5. 戴维斯杯赛和联合会杯赛

（1）戴维斯杯赛是每年一度的世界男子网球团体赛，也是世界网坛层次最高、影响最大的国际性赛事，创办于 1900 年。戴维斯杯赛类似于主客场制的比赛，这种赛制深受参赛国的欢迎。

（2）联合会杯赛是每年一度的世界女子网球团体赛，1963 年在英国伦敦的女子俱乐部举行了第一届联合会杯比赛。联合会杯与戴维斯杯齐名，都是每年各国展示网球整体实力的国际大赛。

知识链接

"大满贯"是网球运动的王冠称号，是指一位或一对网球运动员在同赛季获得温布尔登网球锦标赛、美国网球公开赛、澳大利亚网球公开赛、法国网球公开赛这四大满贯赛事中的一个桂冠。

第二节 怎样打好网球

如何打好网球一直是人们热议的话题，掌握良好的网球技术是打好网球的关键。为了方便理解和学习，以下技术内容均以右手为例进行讲解。

一、选择适合自己的球拍和握法

1. 球拍的选择

球拍是手臂的延伸，在选择球拍时，首先要注重球拍的平衡感。有的球拍头重，有的球拍柄重，最好自己尝试挥拍几次，同时注意拍柄握起来是否合适。其次要注重的是拍面，较大的拍面，击球区域也相对较大，可以保证击球稳定性，但速度欠佳，适合初学者，小拍面球拍是追求速度球员的首选。

小贴士

建议初学者选用轻头球拍，因为此类球拍在击球过程中力度和方向更容易把握。

2. 握拍分析

（1）握拍分析，如图 11-2-1 所示。

① 东方式正手：食指底部关节按在第三面上。

② 东方式反手：食指底部关节按在第一面上。

③ 大陆式：食指底部关节按在第二面的上部。

④ 西方式正手：食指底部关节按在第四面上。

⑤ 半西方式正手：　食指底部关节按在第三面和第四面之间。

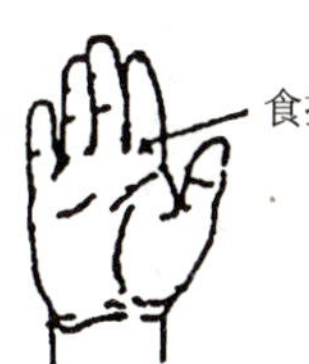

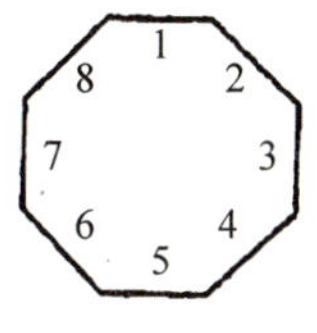

图 11-2-1　握拍分析图

（2）握拍图解，如图 11-2-2、图 11-2-3 所示。

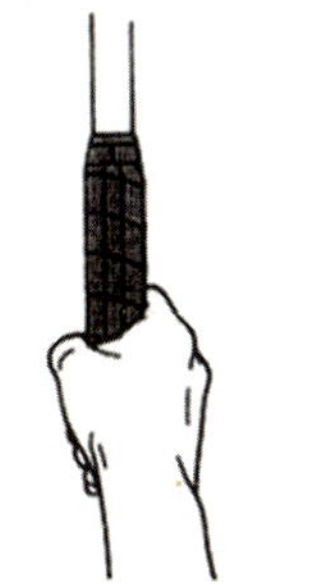

(a) 大陆式握拍法

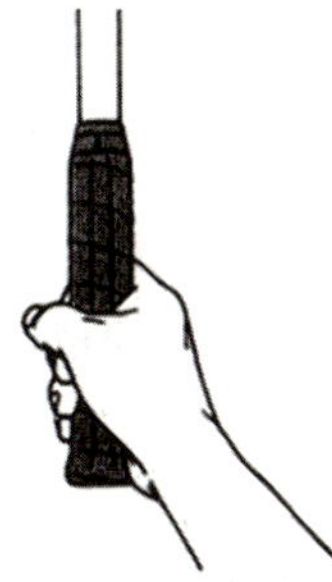

(b) 东方式握拍法

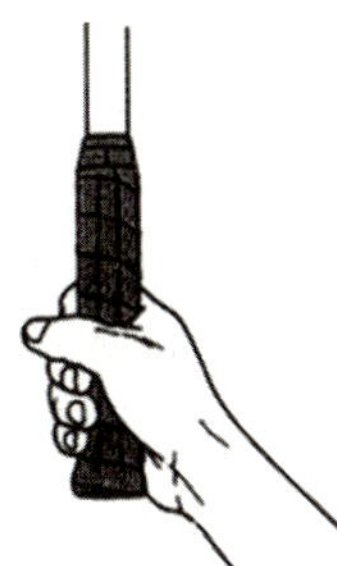

(c) 半西方式握拍法

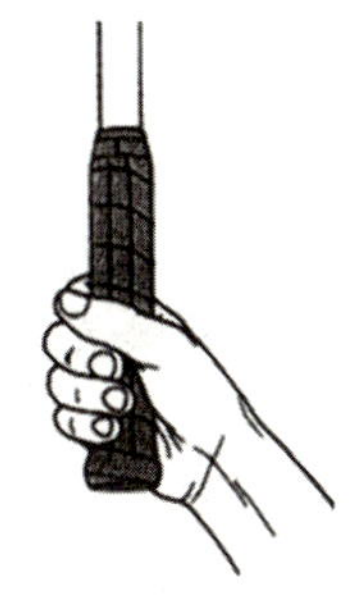

(d) 西方式握拍法

图 11-2-2　正手握拍图解

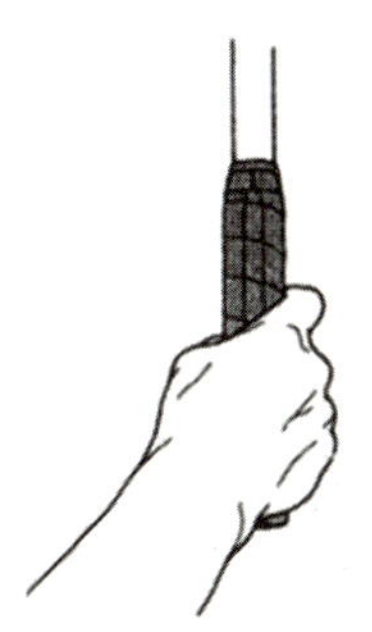

(a) 东方式握拍法

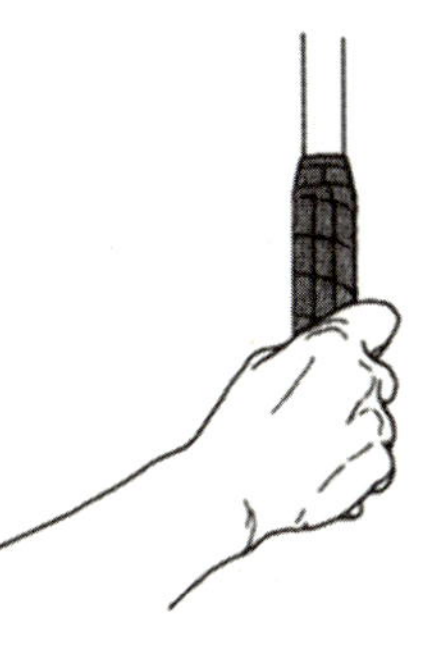

(b) 半西方式握拍法

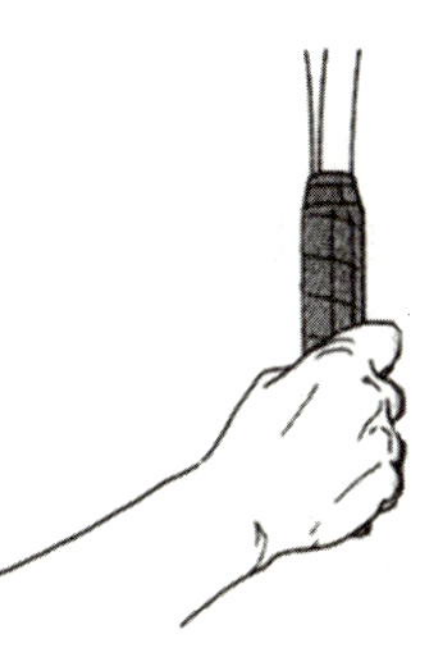

(c) 西方式握拍法

图 11-2-3　反手握拍图解

二、克敌制胜的正手击球

正手击球技术是网球基本技术的重要组成部分，是最基础的入门技术，也是制胜的重要得分手段，其特点是速度快、力量大，飞行轨迹具有一定的弧线，在比赛中常用于底线对攻，如图 11-2-4 所示。

图 11-2-4　正手击球动作示意图

1. 握拍方法

东方式或半西方式正手握拍。

2. 准备姿势

身体正对球网，球拍放在身体的正前方，左手握住拍颈，两脚分开略比肩宽，膝关节微屈，身体重心放在前脚掌，身体呈放松状态，并盯住来球。

3. 准备过程

当判断来球是正手位时，转体转肩并向后拉拍，使肩和髋侧对球网，脚步同时调整成侧站位，转肩并开始向后引拍，拍头向后并低于来球的高度，拍柄底部正对来球，屈膝保持由低向高移动的动作。

4. 击球过程

在开始向前挥拍时，左脚向击球的方向迈步，击球点位置在身体右前方，腰部高度，拍面在击球时与地面垂直，由下向上挥动。

5. 随挥动作

击球后，球拍继续随球挥动，重心前移，身体转向球网，拍头随惯性挥到左肩上方，用左手托住球拍颈部。随挥动作结束，立即恢复到准备姿势，准备迎接下一个来球。

击球时，眼睛不要离开球，脚步快速移动击球，并在击球后快速回位，保持低重心，控制好平衡。

三、稳健的双手反手击球

双手反拍击球是最为常用的反手击球技术，击球的稳定性、准确性和攻击性是双手反拍击球的三个优势，但同时要做到脚步移动快速，提前做好来球预判。

1. 握拍

右手采用东方式反手握拍，左手采用东方式正手握拍。

2. 准备姿势

身体正对球网，球拍放在身体的正前方，左手握住拍颈，两脚分开略比肩宽，膝关节微屈，身体重心放在前脚掌，身体呈放松状态，并盯住来球。

3. 准备阶段

当判断来球为反手位时，侧身转肩并向后拉拍，双臂保持相对放松和稳定，球拍拉向后方并低于来球方向，身体重心转移到左脚上，拍柄底托正对来球，屈膝为身体重心向前上方移动做准备。

4. 击球阶段

开始击球时，左腿向前、向上蹬地发力，转髋转肩，用身体转动带动挥拍，挥拍轨迹是朝目标方向由下向上，击球时左手为主要发力手，右手控制拍面角度，击球时拍面与地面保持垂直，击球点位于前脚的侧前方 45° 。

5. 随挥动作

击球后，球拍应沿目标方向继续挥出，动作完成时双手高于肩，左足鞋底正对后挡网，重心落在右脚上，保持身体平衡并快速回位，准备下一次击球，如图 11-2-5 所示。

图 11-2-5 双手反手击球动作示意图

学练提示

对墙练习：把墙作为同伴，距离墙 3~5m 展开练习，利用球触墙反弹的力，进行反复多次的球感练习。初学者不要急于追求球速，做好技术动作，提高击球连续性，进而变化击球方式，是一种基础有效的球感练习法。

四、借力打力的反手削球

反手削球的优点是既具有进攻性又具备防守性，击球后使球产生快速的下旋，迫使对手降低回球质量，当自己无法用上旋球和平击球进行回球时，可选择反手削球来做过渡，如图 11-2-6 所示。

图 11-2-6　反手削球动作示意图

1. 握拍

大陆式握拍。

2. 准备阶段

准备姿势与正反手击球相同，判断来球后，迅速转身上步引拍，身体侧对球网，拍头高于手腕，拍面稍向后仰，右脚向前上步，重心随之移动到右脚上。

3. 击球阶段

球拍高于击球点，击球的中下部位，反手削球的挥拍轨迹是由后向前下方挥动，手腕绷紧，尽量延长球拍与球的接触时间，击球时不要向下“斩球”，而要做出向下向前送的动作。

4. 随挥动作

击球后，球拍应沿目标方向继续挥出，自然停止。保持身体平衡并快速回位，准备下一次击球。

知识链接

球的旋转

平击球：击球时拍面垂直于地面，击球的正后中部，球的飞行路线较平直。

上旋球：正手提拉球的方法，从球的后下方向前击球时，再附加上一个向上提拉的动作，球由后下方向前上方旋转，从而获得球的上旋。

下旋球：由后上方至前下方击打球的后下部，球由前下方向后上方旋转，下旋球在飞行过程中，球的旋转是绕其球心轴线向下的。

侧旋球：击球时球拍由后向内侧平行挥动，使球产生由外向内的旋转，即球做顺时针方向旋转。

五、势大力沉的发球

发球是比赛中的第一个环节，对于比赛的走势起到至关重要的作用，是唯一可以不受对手控制的技术。良好的发球能够让对手处于被动状态，同时它还是直接得分的利器，如图 11-2-7 所示。

图 11-2-7　发球动作示意图

1. 握拍

大陆式握拍。

2. 站位和准备动作

双脚齐肩宽，在端线后侧身站立，右脚保持与底线平行，左脚正对右侧网柱。手腕和手臂放松握拍于身体前，左手持球，并在拍颈处轻托球拍，两脚尖的对角线应对着目标。

3. 向后拉拍和抛球

两臂同时向下和向上运动，球从伸展的左手中向上垂直抛出，球的投影位置在身体前面和左脚上部，抛球高度应满足击球手臂充分伸展的幅度，握拍手掌在向后拉拍时掌心向下，身体重心平稳地向前脚移动，准备蓄力击球。

4. 击球动作

抛球后，身体开始向前转动，球拍在身后做绕环动作，并向前挥拍击球。这个过程中必须尽力伸展身体，在最高点击球，击球点在身体右前方，与右肩充分伸展相一致，击球时手臂和球拍充分伸展，达到从球拍的顶部到左脚后跟成一直线。

5. 随挥动作

完成击球后，球拍继续沿着球的运行轨迹挥动，球拍挥动呈弧形，并在身体左侧结束，此时身体重心完全落在前脚上，右脚跟指向后挡网。

六、如何建立优势（战术）

网球战术是为了获得比赛的胜利而采取的策略和行动，不同技术水平所采取的战术不尽相同，需要根据对手的特点，结合自己的技术特长来制定战术，以此制约对手的发挥，力争掌握比赛的主动权，从而取得比赛的胜利。在水平相当的比赛中，能否正确、合理、灵活地运用战术尤为重要，它常常决定着一场比赛的胜负。

1. 单打战术

单打比赛是单人作战，依靠个人实力跟对方比赛，战术打法一般按照自己的特点来确定，概括分为发球上网战术、底线战术、综合打法战术三大类。

（1）发球上网战术

发球上网战术是利用大力发球或者旋转发球压制对手，然后迅速上网抢攻的一种比赛对策。变化发侧旋、上旋的不同落点、不同球速的球，造成对手回击出质量较低的浅球和中场球，便可进行随击上网。

（2）底线战术

在单打比赛中，有近 80% 的击球都是以底线击球为主，底线战术是以底线用正反手击出不同力量、落点、速度和旋转的球，制造进攻机会，具有进攻的性质，双方都以强有力、快速而准确的击球，进攻对方，压制对方，以此争取比赛的胜利。

（3）综合打法战术

综合打法对球员自身的要求更加全面，不仅要娴熟地掌握各项技术，同时还要具备高超的判断能力和适应能力。在底线对打中，能够抓住机会上网制胜，在对方打出软球、浅球时，可以将球抽得既深又狠，遇到机会能够把握机会，充分展示个人技战术能力。

知识链接

影响网球战术的三要素分别是路线、站位和击球方式。三个要素构成了网球战术的技术体系：一是何时变线击球，二是场上站位的选择与变换，三是选择何种击球方式。任何比赛都会受到以上三要素的影响。

2. 双打战术

双打比赛是由两名队员共同完成的，战术的灵活和变化比单打要更加复杂多变，但同时许多单打的战术也适用于双打。双打比赛中两个人的站位和进攻是非常重要的。

（1）双打的站位

双打比赛中如何发挥两个人的优点，避免弱点，重要的是根据每个人的技术特点来决定谁在前场谁在后场。原则上，擅长正手击球的球员在前场，擅长反手击球的球员在后场，同时也要考虑竞技状态好的球员应守护在后场，这样更有利于推动比赛。

（2）发球局的战术

发球是网球运动中唯一不受对方限制的技术，发球方可以直接决定球的方向、速度和旋转。双打的发球以旋转和落点为主，所以在发球的落点上要不断变化，以压制对手发球后迅速上网。做好积极抢网的准备，会给对方接球者制造压力，对方因惧怕被截击而可能出现接球失误。

（3）接发球局的战术

接发球是双打比赛中重要的一项技术，若能够保证高质量地接发球，便为取得比赛的胜利奠定了基础，主要战术有接发球双上网战术、接发球双底线战术和接发球网前抢网战术。

（4）双打战术的要点

双打比赛是与同伴配合完成的，因此同伴之间要相互鼓励，取长补短，努力提高默契程度。注重攻防有序，灵活运用技战术，尽量发挥彼此的特长，有效控制网前，积极交流配合，合作赢得比赛。

知识链接

防守三定律：坚定防守观念、精于判断经验、脚步灵活到位。

七、规则、裁判法帮助你更加深刻了解网球运动

网球运动规则很简单，只要时刻记住把球打到对方的界内就可以了。

1. 积分方法

（1）胜一局

① 每胜 1 球得 1 分，先胜 4 分者胜 1 局。

② 双方各得 3 分时为平分。平分后，净胜 2 分为胜 1 局。

（2）胜 1 盘

① 一方先胜 6 局为胜 1 盘。

② 双方各胜 5 局时，一方净胜 2 局为胜 1 盘。

2. 发球

（1）发球员的位置

① 每局开始，先从右区端线后发球，得或失 1 分后，应换到左区发球。

② 发出的球应从网上越过，落到对角的对方发球区内，压线是好球。

（2）发球无效

发球触网后，仍然落到对方发球区内，应重新发此球。

（3）交换发球

每局比赛结束时，接球员与发球员角色互换，每局依次互相交换。

3. 交换场地

双方应在每盘的第 1、第 3、第 5 等单数局结束后，以及每盘结束双方局数之和为单数时，交换场地。

4. 双打规则

（1）双打发球次序

每盘第 1 局开始时，由发球方决定由何人首先发球，对方则在第 2 局开始时，决定由何人首先发球。第 3 局由第 1 局发球方的另一球员发球。第 4 局由第 2 局发球方的另一球员发球。以下各局均按此次序发球。

（2）双打接发球次序

先接球的一方，应在第 1 局开始时决定何人先接发球，并在这盘单数局，继续先接发球。他们的同伴应在每局中轮流接发球。

5. 失分与犯规情况

（1）连续两次发球没有发到界内，称作双误，直接失分。

（2）在球第 2 次落地前，未能击球过网。

（3）还击的球触及对方场地界限以外，判为出界失分。

（4）过网击球。

（5）故意用球拍触球超过 1 次。

知识链接

抢七又称抢七决胜局，就是双方局分来到6∶6时要通过抢七才能决出这一盘的胜负，计分方式：①先得7分者为胜该局及该盘(若分数为6平时，一方须净胜2分)。②首先发球员发第1分球，对方发第2、3分球，然后轮流发2分球，直到比赛结束。③第1分球在右区发，第2分球在左区发，第3分球在右区发。④每6分球和决胜局结束都要交换场地。

第三节 怎样欣赏网球比赛

时尚优雅的网球运动，是现代人高品位生活的象征，人们热爱网球，不仅因为这项户外运动能享受明媚的阳光，更因为它能健美身体。参与网球运动除强身健体外，能够欣赏高水平的网球比赛，更是一种美的体验。

一、技术之美

网球比赛作为一项技术性较强的体育项目，技术的运用和展现是其观赏性的重要因素。观看高水平的网球比赛，选手令人叹服的技术是比赛之美的关键组成部分。例如世界顶级选手中，德约科维奇的引拍动作和随挥动作舒展自如，纳达尔的大力底线击球力精准且力道十足，费德勒的高截击冷静而完美，小威廉姆斯击球前的调整型步恰到好处。能够欣赏这些技术，且能够看到技术背后的刻苦训练和过人天赋，是观赏网球比赛的一大兴趣所在。

二、战术之美

作为一项竞技运动，网球的战术对比赛同样有着极其重要的作用。在瞬息万变的比赛场上，运动员的战术使用往往决定着比赛的走势和最终胜负，制定战术的目的就是着眼于如何发挥自身优势，克制对方优势的发挥，从而主导比赛进程。作为观众，千变万化的战术往往是比赛最耐人寻味也最具观赏价值的部分。仅在一个回合中，多变的战术就存在着诸多看点。如发球选手如何选择发球角度和旋转，接发球选手回球的方式和力度，发球球员发球后是否选择上网截击，双方球员底线相持过程中如何选择回球角度等。充满着无限可能，也存在着不少意料之外的变化。而放大到整局比赛或整场比赛中，选手如何分配体能，何时选择挑战鹰眼，教练如何指导选手比赛，甚至选手之间的交流和博弈等，都成为比赛的精彩看点。能够正确欣赏这些战术，是欣赏网球比赛的一项重要乐趣。

三、作风之美

一场竞技比赛，考验的不仅是比赛双方的技战术，更为重要的是选手的意志品质和作风。在世界最高水平的网球赛场上，往往出现双方选手势均力敌，各具特点，比分交替领先的相持局面。这种情况下，往往比赛耗时持久，甚至达到四五个小时，将极大考验选手的意志品质。每一次救球，都是选手拼搏精神的体现；每一次抢七，都是对选手心理素质的挑战；每一次长盘对决，都是对选手耐力的考验。在欣赏这些比赛时，观众往往能够被带入其中，为选手的坚持和拼搏而喝彩。

思考题

1. 网球场上有哪些需要注意的礼节和规矩？
2. 如何欣赏网球运动？

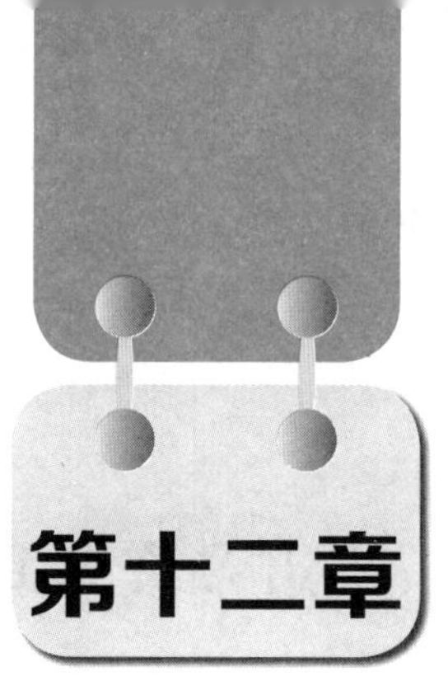

第十二章

游　　泳

游泳作为一项良好的健身项目，对促进体质的发展、意志品质的提高有着重要的作用。同时，游泳作为一项重要的生存技能，也越来越被人们所重视。

本章通过对游泳运动的起源、发展和健身性特点的介绍，通过对两种泳姿的技术学习，使我们能够掌握游泳的基本能力。

学习目标

（1）了解游泳运动的起源、发展及健身性特点。
（2）掌握蛙泳和爬泳的技术要领及练习方法。
（3）了解游泳竞赛的基本知识，掌握游泳运动的锻炼方法。

第一节 走进多姿多彩的游泳世界

地球的表面有 70% 是水，水孕育了生命，与人类生产生活息息相关。游泳是人类运用肢体动作在水中活动所产生的一种技能，它是几千年来人类在适应自然的过程中产生和不断发展的产物，毫无疑问，游泳是人类最古老的生存手段之一。

一、游泳知识知多少

1. 游泳的起源

早期人类要在布满江河湖海的地球上生存，要到水中捕捞鱼虾等食物，为了避免野兽的侵袭、洪水袭击等，就需要跋山涉水，人类就是在这样的与大自然的搏斗和抗争中通过模仿青蛙、鱼类等动物在水中的姿势与动作逐渐学会了漂浮、游泳、潜水等技能。

2. 我国古代游泳活动

回顾有关史料记载，最早在五千多年前，在中国古代陶器上就刻画过人类潜入水中猎取水鸟的图案。夏禹治水时期，我国劳动人民在与洪水的抗争中，创造出了许多泅渡方法。中国古代兵书《六韬·奇兵》中有："奇技者，所以越深水，渡江河也。"书中把越深水、渡江河等泅渡方式作为重要的军事手段。

我国第一部诗歌集《诗经·邶风·谷风》写道"就其深矣，方之舟之；就其浅矣，泳之游之"，这说明当时人们已经掌握了游泳的方法，并且可以应用到生产生活中。小说《水浒传》中梁山好汉"浪里白条"等形象更是将游泳技艺刻画得淋漓尽致，如图 12-1-1 所示。

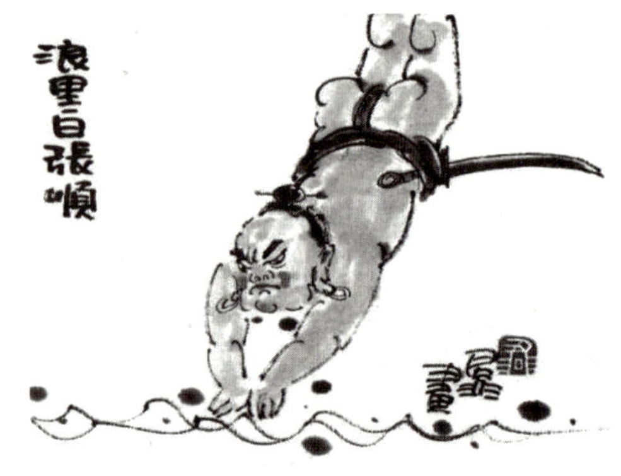

图 12-1-1 水浒传人物浪里白条

由以上资料可知，我国古代人民在与大自然的搏斗和社会实践、劳动实践等活动中，逐渐学会并掌握了泅渡、漂浮、潜水等多种涉水方法，随着社会的不断发展，生产劳动、生活、军事等需要，逐渐形成了游泳这项重要的技能。

二、现代游泳运动的发展

随着游泳运动的不断发展、演变，如今游泳运动的分类已经越来越细化。现代游泳运动大致分为竞技游泳、大众游泳和实用游泳三类。每一类下面又分为若干小类，如图 12-1-2 所示。

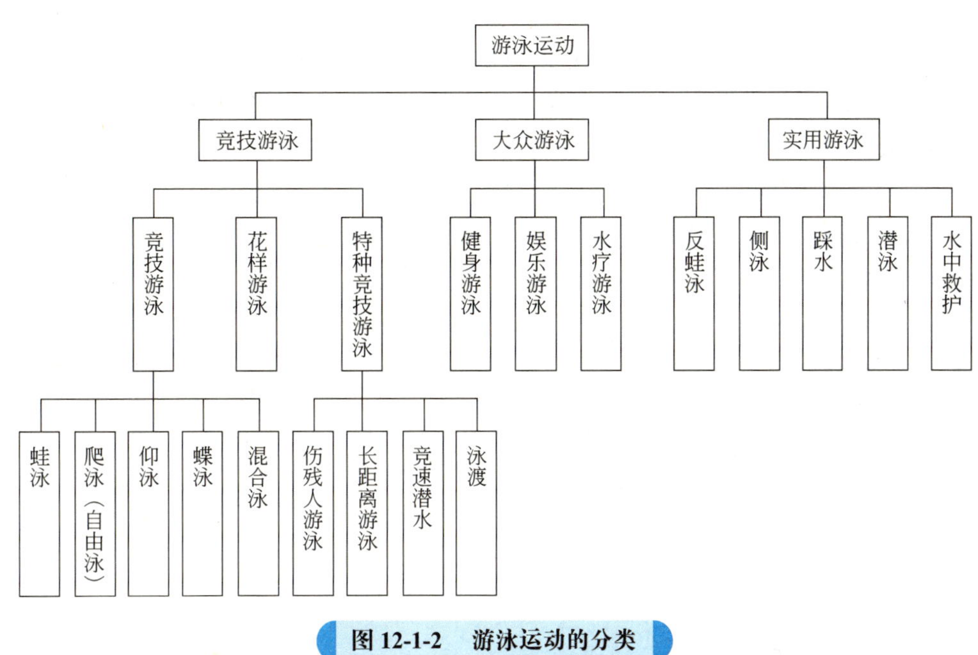

图 12-1-2　游泳运动的分类

1. 竞技游泳姿势的发展与演变

（1）蛙泳

蛙泳于 1696 年产生于法国，是早期人类模仿青蛙的动作所形成的泳姿。1896 年游泳被列为奥运会竞赛项目时，不分泳姿，是真正的“自由式”，只有 100m、500m、1200m 三个项目。1904 年第 3 届奥运会时，蛙泳被列为正式比赛项目。1875 年 8 月，第 1 个被公认的英吉利海峡的征服者，便是用蛙泳完成横渡的。

（2）爬泳

爬泳在 1844 年出现于伦敦的一个游泳赛，当时参赛的南美印第安游泳运动员使用此姿势轻松地击败了使用蛙泳的英国游泳运动员。**爬泳因其游速最快，所以成为自由泳比赛的首选泳姿，“自由泳”也就渐渐地成为爬泳的代名词，**现代爬泳产生于 1893 年，在第 1 届奥运会上，爬泳就被列为比赛项目。

（3）仰泳

仰泳技术的产生和发展有较长的历史，1794 年就有了关于仰泳技术的记载，但直到 19 世纪初，游仰泳时仍采用两臂同时向后划水，两腿做蛙泳的蹬水动作，即现在的“反蛙泳”。1921 年，人们根据爬泳的动作特点，形成了现在的仰泳项目。仰泳在第 3 届奥运会上被列为比赛项目。

（4）蝶泳

蝶泳在四种竞技游泳姿势中是最年轻的项目。20 世纪 30 年代初，运动员为了提高蛙泳的速度，在划水结束后把手臂提出水面，两臂从空中向前摆进，好像蝴蝶展翅的样子，因而取名为蝶泳。当时这种新的游泳姿势经常和蛙泳作为同一项目，统称为俯泳，在一起进行比赛。直至 1956 年，奥运会才把蝶泳和蛙泳分开，作为独立项目进行比赛。蝶泳与蛙泳分开后，蝶泳成为一项独立的比赛项目。蝶泳在第 16 届奥运会上被列为比赛项目。

（5）混合泳

混合泳是将四种泳姿按照蝶泳、仰泳、蛙泳、爬泳的顺序组合在一起进行的竞技游泳项目。混合泳在第 17 届奥运会上被列为比赛项目。

知识链接

知识链接

目前国际泳联设置的男、女世界纪录共 34 项。

自由泳：50m、100m、200m、400m、800m（女）、1500m（男）。

仰泳：100m、200m。

蛙泳：100m、200m。

个人混合泳：200m、400m。

自由泳接力：4×100m、4×200m。

混合泳接力：4×100m。

2. 我国游泳运动的发展

我国古代各个时期均有游泳活动的记载，许多游泳方法、游泳技术，至今还流传在民间。

19 世纪末期，我国沿海城市开始兴起游泳运动，广州、上海、青岛、大连等地凭借着得天独厚的环境优势，游泳运动开展得有声有色。1887 年广州沙面修建了我国第一个 22.8m 的游泳馆，竞技游泳运动就此开展起来。

自 1910 年 10 月至 1948 年 5 月，旧中国共举办了七届全国运动会，从 1924 年第 3 届全运会上开始设有游泳项目。

新中国成立以后，国家开始重视游泳项目，投入大量资金修建游泳场馆，同时，各级游泳训练制度也逐渐完善起来，在此期间，我国聘请了多名外国游泳专家前来执教国家游泳队。1957 年成立了“中国游泳运动协会”，由于国家的重视，先进游泳技术和经验的及时获得，使得我国的游泳水平得以快速上升。

目前，我国竞技游泳已经取得了长足的发展，在2012年伦敦奥运会上，中国游泳队共获得了5金2银3铜的成绩，孙杨和叶诗文在夺冠的同时分别打破了男子1500m和女子400m混合泳的世界纪录，如图12-1-3、图12-1-4所示，中国游泳军团已经成为世界泳坛上的一支劲旅。

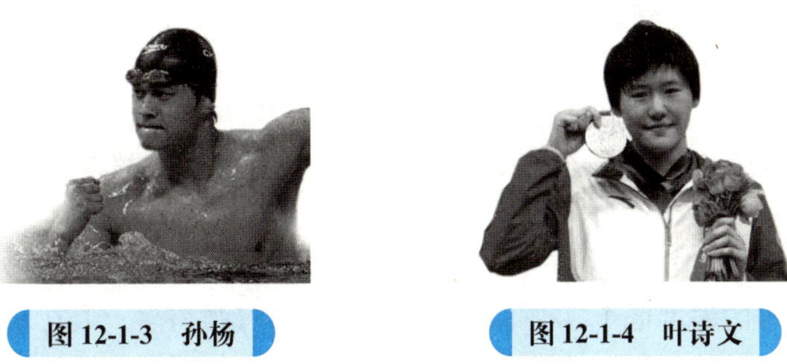

图12-1-3 孙杨　　图12-1-4 叶诗文

三、游泳运动的价值

1. 人类生存的基本技能

无论是洪水、海啸等自然灾害，还是车船意外落水等人为事件，甚至是有人落水，需要我们挺身而出的时候，会游泳，就能使我们正确坦然地应对这一切，游泳成为人类确保自身生命安全的重要技能。

2. 游泳的健身健心功能

游泳是各年龄段人群最受欢迎的运动项目之一，正确合理的游泳锻炼不仅能够塑造健美匀称的体形，还能改善呼吸系统、增强心血管系统的机能、提高协调性等。由于游泳是一项可以终身进行锻炼的项目，所以游泳在世界上享有“21世纪最普及、最时尚的运动”的赞誉。

（1）促进呼吸系统的机能

人在水中受到的压力要比空气中大得多，大部分游泳初学者在水中会感到呼吸困难。由于在水中呼吸时，胸腔要承受15公斤左右的水压，所以，游泳时可以促使呼吸肌力量增强、肺活量增加，呼吸机能得到提高。

知识链接

一般男子的肺活量为3000~4000mL，经常进行游泳运动者，肺活量可以达到5000~6000mL。

（2）改善心血管系统机能

游泳时要克服水的阻力，游泳运动作为水上运动，相对于陆地上其他运动来说需要动用更多的能量，所以在进行游泳运动时会促使心率加快，血液流动速度加快等。游泳时人体处于平卧状态，水的压力促进了血液的流动，所以，长期进行正确适当的游泳运动，对增强心血管系统的功能具有重要作用。

（3）塑造匀称体形

人在进行游泳运动时，水的浮力会对人的肌肉产生影响，一般的游泳运动员都有着修长匀称的体型和肌肉线条。游泳可以使全身的肌肉都得到充分的锻炼和平衡的发展。

（4）改善体温调节系统

一般地，水的温度低于气温，水的散热性比空气强得多，人在水中运动，热量的散失要远远快于陆地。所以经常在水中运动能够改善体温调节系统的能力，增强人体的抗寒能力，从而使身体能够更好地适应外界的温度变化，提高抵抗力。

第二节 提高驾驭水的能力

本节针对初学者，介绍熟悉水性的练习方法，阐述爬泳和蛙泳的游泳姿势要领，分析完整配合技术。

一、熟悉水性是基础

我们从出生以后就一直生活在陆地上，失去了婴儿时期适应水的本能，这正是初学者在第一次接触水时往往会感到恐惧、心慌等现象的原因。所以，在学习正确的游泳姿势之前，我们需要进行一些基础练习来帮助我们体会水的浮力、压力等特性，消除怕水的心理，这是学习游泳必须迈出的第一步。

1. 水中行走

水中行走是最简单、最基本熟悉水性的练习方法，其目的是让初学者能够体会水的浮力和在水中行进的阻力，使其初步掌握在水中维持平衡的方法，消除怕水的心理。

练习方法：

（1）双手扶池壁，向左右两侧缓慢行走，如图 12-2-1 所示。

图 12-2-1　水中扶岸行走

（2）双手离开池壁，用手维持平衡，向前后左右缓慢行走，如图 12-2-2 所示。

图 12-2-2　水中行走

（3）加快行走频率，尝试在水中跑步和跳跃。

（4）在水中进行游戏。

2. 水中漂浮

由于在水中人的动作都是平卧的，所以，为了适应人在水中的动作，体会水的浮力，初步掌握人在水中控制平衡的方法，进一步消除怕水心理增强自信心，需要进行水中漂浮练习。

在由漂浮还原成直立的过程中，注意体会在水中起身和陆地上的不同。起身时，动作缓慢，不要用力过猛。

练习方法：

（1）一手扶岸边，另一只手反方向垂直扶池壁，深吸一口气，然后闭气，双脚蹬离池底，身体没入水中呈俯卧姿势，两臂伸直，两腿伸直并拢，全身放松，身体自然上浮。还原时，将双膝尽量向胸前靠拢，抬起头部，双手向下压，身体自然还原，如图 12-2-3 所示。

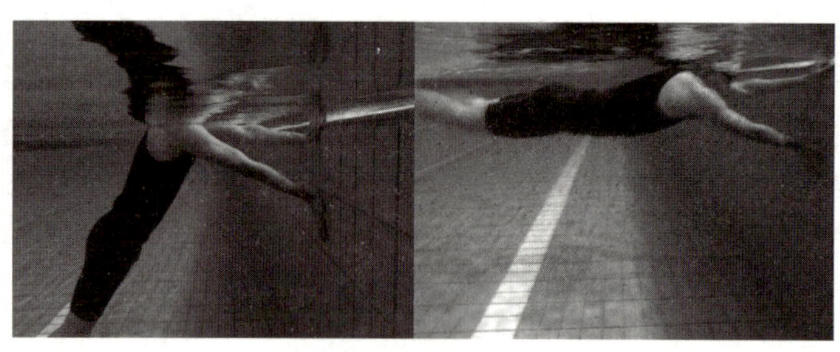

图 12-2-3　漂浮

（2）蘑菇漂：深吸气，双脚蹬离地面，双手抱膝，闭气，将头没入水中，眼看池底，身体自然放松漂浮于水面，还原时抬头吐气，双腿伸直，上体顺势还原成直立，如图 12-2-4 所示。

图 12-2-4　蘑菇漂

3. 水中呼吸

人在陆地上的呼吸是本能，在水中呼吸与陆地上不同，需要随着游泳动作在水下吐气并且定期到水面上吸气，水中呼吸是人们在初学游泳时遇到的最大障碍。

练习方法：

（1）双手与肩同宽扶池壁，用嘴吸气后闭气，然后慢慢下蹲，直到头没入水中，片刻后慢慢起立，在水面上吐气后，完成换气，如图 12-2-5 所示。

图 12-2-5　水中呼吸

（2）在练习（1）的基础上，在水中用鼻子慢慢吐气，体会水中吐气的感觉，然后起身用嘴吸气。

（3）在练习（2）的基础上，将双手脱离池壁，双手与肩同宽前伸，体会换气时身体的压力变化。

4. 水中滑行

水中滑行是最接近游泳状态的一种基础练习方式，水中滑行可以体会身体在水中的流线型姿势，对提高适应水的能力和平衡能力都可以起到促进作用。

练习方法：

（1）蹬池壁滑行：背对池壁，两臂并拢前伸，深吸气后低头闭气，上体前倾成俯卧姿势，双脚蹬离池底后迅速蹬池壁并成俯卧姿势，使身体成流线型向前滑行。如图 12-2-6 所示。

图 12-2-6 蹬池壁滑行

（2）蹬池底滑行：两脚前后开立，两臂并拢前伸，上体前倾，吸气后低头闭气，双脚顺势向前蹬离地面，使身体成流线型向前滑行。

二、轻松自在的蛙泳

蛙泳因模仿青蛙在水中的动作而得名，蛙泳作为最常见的泳姿在民间广为流传。蛙泳由于其手臂动作变化方向不固定，腿部动作复杂，手脚配合要求较高，是四种泳姿中最复杂、最难掌握的。蛙泳行进时会受到很大的阻力，是四种泳姿中行进速度最慢的。但是，蛙泳作为初学者的第一种泳姿，也有着一些独特的优点。蛙泳的呼吸方法较为容易掌握，而且有较长的滑行时间，便于初学者在动作与动作之间进行放松；此外由于其消耗的能量相对较少，所以便于初学者学习。

1. 蛙泳的身体姿势

蛙泳的身体姿势随着手臂、腿以及呼气的周期性变化而不断变化着。在动作周期的“漂浮”阶段，要求两臂前伸，两腿向后伸直并拢，脚背绷直，身体几乎俯卧于水中，低头，两眼注视前下方，身体纵轴与水面成 5°～10° 的夹角。

蛙泳漂浮行进的过程中，为了减小阻力，应低头，目视前下方。初学者由于怕水的缘故，习惯性抬头目视前方，这样会加大行进时身体与水的接触面积，增大阻力。

蛙泳行进过程中，身体的姿势会随着划手和蹬腿的动作上下起伏，在划水行进时，上体会向前上方抬起，头露出水面换气，肩部和背部露出水面，此时，躯干与水面的夹角较大。动作结束后，身体又恢复成“漂浮”时的流线形姿势。

2. 蛙泳的腿部技术

蛙泳的腿部技术是学习蛙泳的重点，不同于其他泳姿，蛙泳的腿部动作有着保持平衡，推进身体前行的重要作用，作为初学者，掌握好蛙泳的腿部技术是学习蛙泳的关键环节。蛙泳的腿部技术主要有收腿、翻脚、蹬夹和滑行四个动作环节，如 12-2-7 所示。

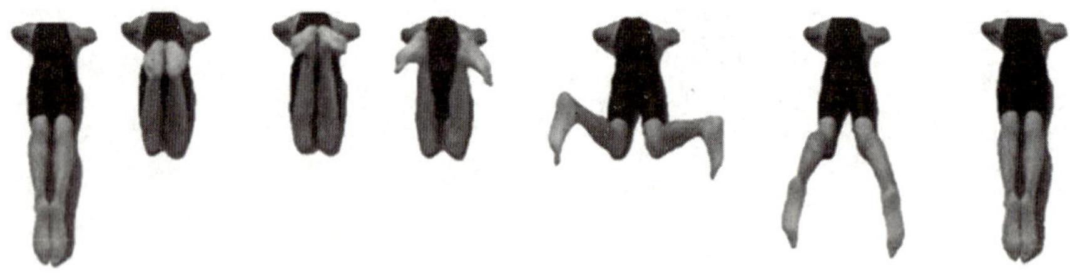

图 12-2-7　蛙泳腿部动作分解图

（1）收腿

收腿是蛙泳腿部动作的开始，也是翻脚和蹬夹的准备动作。收腿动作不但不会产生向前的动力，还会造成阻力，所以，减小阻力，是收腿技术的核心。

收腿时，踝关节尽量放松，脚后跟向臀部靠拢，向前、向上移动，双脚稍向内旋，膝盖随着前收慢慢分开，不要超过髋关节。为了减小阻力，小腿与水面垂直，不要过分向外，尽量藏在大腿和臀部的横截面内。收腿结束时大腿和躯干成 120°～140° 夹角，如图 12-2-8 所示。

（2）翻脚

翻脚是收腿后的连续动作，是为了蹬夹水做准备，其目的是使腿在蹬夹时有一个较大的对水面，正确的翻脚动作对蹬夹水的效果有着决定性的作用。

翻脚时，随着收腿的结束，两脚背屈，脚掌向外翻开，脚尖朝向两侧，大腿内旋，带动小腿外翻，小腿和脚的内侧成一个“W”形状，如图 12-2-9 所示。

图 12-2-8　收腿

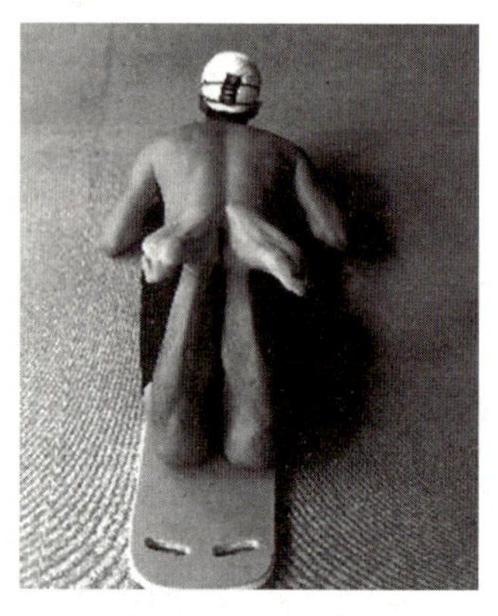

图 12-2-9　翻脚

翻脚没有明确的开始时间，在收腿即将完成时就开始进行翻脚动作，收腿、翻脚、蹬夹，三个动作是紧密相连的，形成连贯的鞭打动作。

（3）蹬夹

蹬夹动作是向后蹬水和向内夹水两个动作的组合，是推进身体前行的动力来源。蹬夹动作开始于翻脚即将结束时。在后蹬时双脚继续完成充分外翻，腹部、大腿同时发力，依次带动髋、膝、踝三个关节，向后蹬水。同时，两腿顺势发力向内夹水，直至两腿伸直并拢，脚的运动路线呈弧线形。

蹬夹时下肢关节正确的伸展顺序：髋关节→膝关节→踝关节。

为了获得最大的动力，蹬夹时动作要连贯有力，蹬夹开始时，动作不宜过快，尽量做到柔和流畅，最后小腿伸直以及向后鞭打时动作要求快速有力。

（4）滑行

滑行是蛙泳腿部周期动作的最后一个技术动作，也可以说是下一个动作周期的开始动作。滑行时，双脚位置较低，距水面 30~40cm，两腿尽量伸直并拢，脚面成跖屈，使身体保持流线型，减小阻力，如图 12-2-10 所示。

图 12-2-10 滑行

3. 蛙泳的手臂技术

蛙泳的手臂动作是推进身体前行的重要动力来源，掌握合理的手臂划水技术，能正确地与腿和呼吸动作协调配合，是提高蛙泳速度的关键。蛙泳的手臂划水技术属于周期性动作，每个周期分为四个动作，分别为外划、下划、内划、前伸。手的划水路线近似“桃心形”，即双手从顶端开始，连贯划水一周后再次回到顶端，如图 12-2-11 所示。

（1）外划

外划是由两臂并拢前伸，与水面平行，掌心向下的滑行姿势开始的。外划时，两臂迅速向内旋转，手背相对，掌心转向斜下方，对称的向外、向后划水。两手间的距离为两倍肩宽，分开 100° ~120° 夹角。

（2）下划

当外划到达指定位置，肘关节开始弯曲，手臂略向外旋，掌心转向外后下方，以肘关节为轴，开始向下向后划水，此时手掌和前臂体会抱水的感觉。下滑结束时，肘关节位置高于前臂和手掌，肘关节屈成约 130° 。

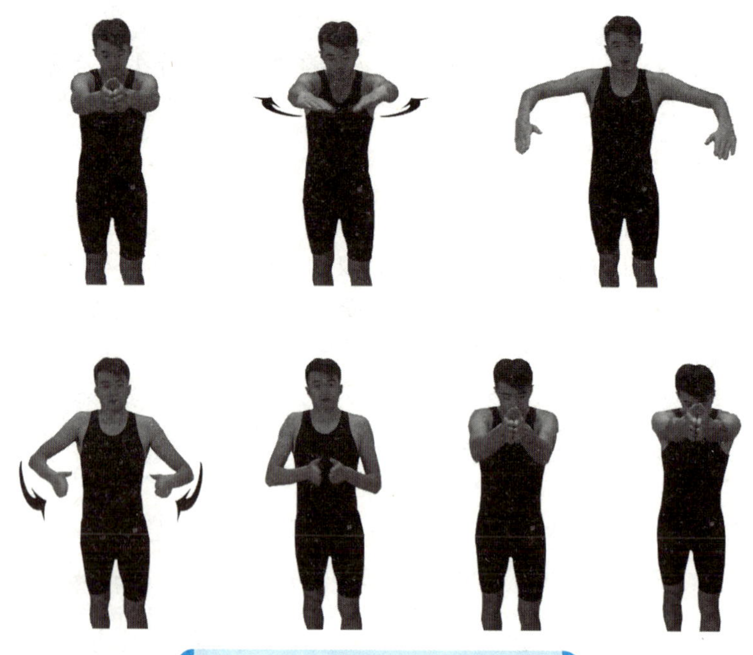

图 12-2-11 蛙泳手臂动作分解图

（3）内划

外划结束时，手臂和手掌迅速转向内后方，开始向内、向上、向后划水，肘关节也同时开始向内、向后划水，直至收夹至胸部下方，两手划至胸前时几乎靠在一起，手掌变为相对，内划是蛙泳手臂动作开始产生推动力的主要阶段。

（4）伸臂

伸臂是蛙泳手臂技术周期的最后一步，当内划接近完成时，伸臂动作开始，掌心随着手臂的前伸由相对逐渐外旋变为向下。伸臂时低头，夹于两臂之间，身体成流线型向前滑行。

4. 蛙泳的配合技术

（1）手臂与呼吸的配合技术

蛙泳的手臂与呼吸技术是紧密结合的，主要有“早吸气”和“晚吸气”两种技术动作。

① 早吸气技术：由手臂外划开始，抬头，使口露出水面，将气呼尽。下划和内划时吸气，伸臂滑行时先闭气后再呼气。这种呼吸技术充分利用了外划、下划所产生的反作用力，使抬头吸气更加省力，呼吸时间较长，比较适合初学者学习。

② 晚吸气技术：晚吸气技术没有明显的抬头换气的过程，头部和身体在两臂外划和下划时，仍保持目视前下方的流线型姿势。在内划时，随着上体的上升将气吐尽，当上体上升至最高点时，快速吸气，伸臂滑行时开始呼气。由于换气的时间较短，较难掌握，这种技术适合高水平运动员。

（2）手臂与腿的配合

蛙泳时手臂与腿的配合较为复杂。行进时，两臂外划，两腿伸直；内划和下滑时，开始收腿；两臂开始前伸时，迅速完成收腿和外翻脚的动作；两臂前伸结束时，开始向后快速完成蹬夹动作；蹬夹结束后，全身伸直向前滑行。

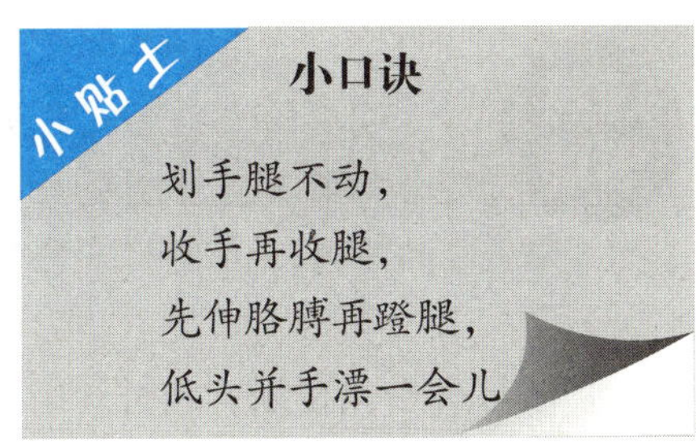

（3）完整配合技术

蛙泳时采用 1:1:1 的配合技术，即每一个完整的动作周期包括：一次划水、一次呼吸、一次腿部的蹬夹。行进时要做到协调配合，注意三种动作的技术要领，动作放松、连贯。

三、快速矫健的爬泳

爬泳是竞技游泳的基础泳姿，游爬泳时，身体成“俯卧式”，两臂前后划水，两腿上下打水，动作很像爬行，所以“爬泳”的名字由此得来。爬泳是四种泳姿中行进速度最快的，由于爬泳的这一特点，在竞技比赛中成为自由泳项目普遍运用的姿势，在铁人三项、长距离等项目中也被广泛采用，不仅如此，在水中救护，紧急救援等方面，爬泳也被广泛运用，如图 12-2-12 所示。

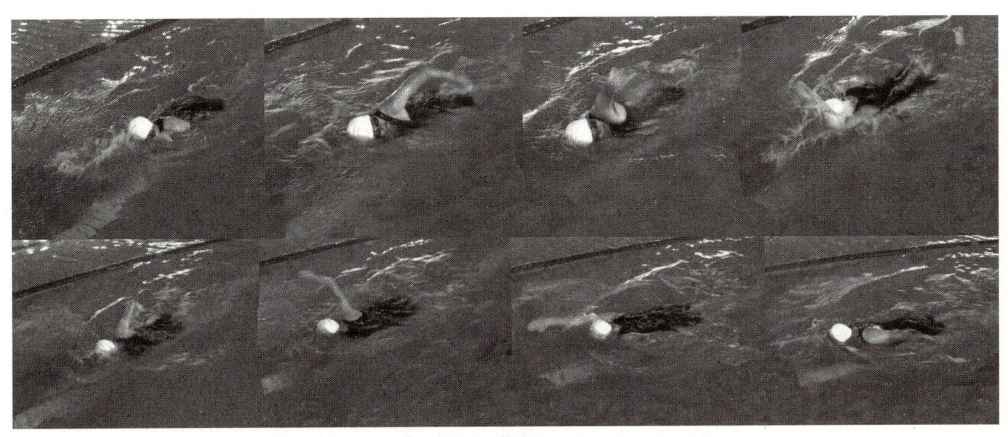

图 12-2-12　爬泳连贯动作

1. 爬泳的身体姿势

爬泳属于“俯卧式”的游泳技术，进行爬泳时，身体要保持舒展的流线型，躯干适度紧张，头部的位置非常关键，既不要抬头，也不要含胸低头，保持头部与水面平行，两眼注视前下方，水平面在额头处为宜。

注意事项

过度抬头会造使下肢下沉，出现背弓，进而增大行进时的阻力；而过度含胸低头，会造成头、肩过于沉入水中，造成屈髋，同时也增大行进时的阻力。

爬泳行进中，在划臂和打腿时，身体会围绕纵轴有节奏地左右摆动，这样不仅有助于移臂动作的完成，而且有利于转头换气。

2. 爬泳的腿部技术

爬泳的腿部技术有着保持身体平衡、配合两臂的划水和产生推动力的重要作用。打水时，下肢的运动方向与水面垂直，主要可以分解成向上打水和向下打水两个技术动作。

（1）向上打水

向上打水时，大腿带动小腿以髋关节为轴，直膝上抬，腿从直到屈，当脚跟与臀部处于同一水平面时，大腿停止上移，开始向下打水。此时膝关节屈成 160° 左右的夹角。

（2）向下打水

向下打水时由髋部发力下压，大腿带动小腿、脚掌向下打水，用小腿和脚外侧打水，打腿时脚背成趾屈。当大腿下压至膝关节的水平位置略低于髋部时，动作结束，开始转为上抬，小腿和脚继续向下做鞭打动作，动作结束时，脚尖离水面约 40cm。

3. 爬泳的手臂技术

爬泳的手臂动做成周期性运动，主要可分为入水、划水、出水和空中移臂几个动作阶段，其中划水动作又可分为抓水、拉水、推水几个步骤，如图 12-2-13 所示。

图 12-2-13　自由泳手臂动作水下分解图

（1）入水

入水是爬泳手臂技术的开始动作，手臂入水时，按照拇指、手掌、前臂、上臂的顺序依次入水，手指并拢，由拇指领先入水，手掌与水面成 30°～40° 角，入水点在同侧肩的延长线靠近身体中轴线处，入水动作要放松、流畅，尽量减小阻力，如图 12-2-14 所示。

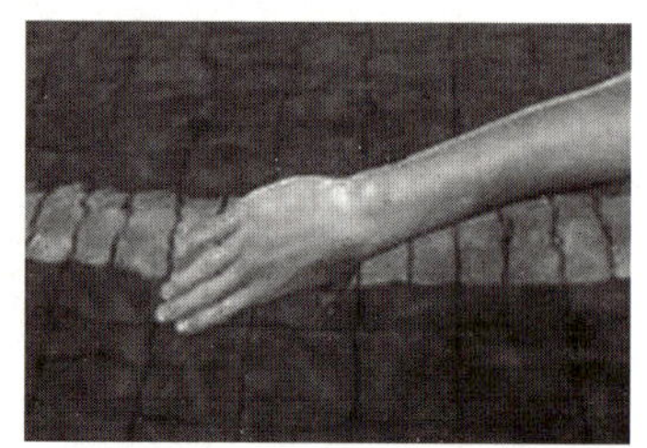

图 12-2-14　手臂入水

注意事项

（1）入水时手掌与水面的角度不宜过大，错误动作会造成手背迎水，进而加大阻力，影响行进。

（2）入水点不要超过身体纵轴线，错误动作会造成身体摆动，增大阻力。

（2）划水

爬泳的划水动作是产生推动力的主要来源，其动作可分为抓水、拉水、推水三部分。掌握划水动作是学习爬泳的关键。

① 抓水

抓水即手臂在完成“入水”动作后，掌心转为向下，五指并拢，手臂在水面下继续向下前伸，当手臂接近伸直时，手腕开始向下弯曲，手臂开始屈肘，肘关节要高于前臂，作抓水的动作，抓水结束时肘关节屈成160°角。

② 拉水

拉水需要在抓水动作结束的瞬间开始进行。拉水时，手臂随着抓水动作的结束，继续向下划水，当下划到最低点时，开始向内、向后划水，手臂保持高肘的姿势，肘关节由抓水时的160°逐渐屈肘成100°左右。当手臂划至肩的横截面时，拉水结束。

③ 推水

推水是划水动作技术过程中推进效果最明显的阶段。推水时掌心向后，保持一个良好的对水面，大臂带动小臂和手掌由胸部向后推水，当划过髋关节时，肘关节逐渐伸展，加速向后滑动，动作止于大腿外侧。

（3）出水

当手掌接近水面时，掌心转向内，上臂带动小臂向外上方移动，出水的顺序为肩→肘关节→大臂→小臂→手。

（4）空中移臂

当手臂全部移出水面后，应顺势前移。移臂时，肘关节保持微屈，大臂带动小臂向前上方移动，当移臂接近肩关节的延长线，手掌接近水面时，肘关节带动小臂开始向前下方移动，掌心朝下，准备做入水姿势。

（5）两臂的配合

爬泳时，两臂的正确配合是保持行进平稳匀速的关键。手臂划水时，根据两臂所处的位置不同，主要可以分为三种配合形式，即前交叉、中交叉和后交叉。

① 前交叉配合

当一臂入水时，另一臂处于肩的前方，与水平面成30°左右。这种配合方式动作节奏较慢，比较容易控制身体的平衡，便于转头呼吸和体会两臂交替划水时的技术动作，所以前交叉配合比较适合初学者采用。

② 中交叉配合

当一臂入水时，另一臂处于肩的下方，与水平面成90°左右。这种配合技术采用的是抓水和推水重叠的配合方式，可以使身体获得不断的推动力，使行进的效果更加明显。

③ 后交叉配合

当一臂入水时，另一臂处于腹部的下方，与水平面成150°左右。这种配合方式，一臂出水时，另一臂刚好开始抓水，行进效果要优于前交叉配合技术。

4. 爬泳的配合技术

爬泳的完整配合技术较为多样，一般采取6:2:1的技术，即每个动作周期中，6次打腿、2次划水和1次呼吸。除此之外，在长距离游泳比赛中，运动员还采取4:2:1和2:2:1的配合技术。

（1）呼吸与臂的配合

爬泳时，两臂各划水一次的过程中完成一次完整的呼吸，呼吸时应朝向自己习惯的一侧转头，也可以采取两侧转头的方式，这更有利于平衡身体。

配合要领：转头侧的手臂入水时闭气，当划水至向后推水的位置时，开始呼气并向侧方转头。当该手臂到达出水并开始做空中移臂时，脸部完全侧对水平面开始吸气，此时身体转动达到最大程度。当手臂入水时，转头、转肩，还原头部位置，准备下一次呼吸。

（2）臂与腿的配合

对于初学者，爬泳的手臂与腿的配合一般采取6:2的形式，即每6次打腿两臂各划水一次，6次打腿平均分配在两次划水之间。

第三节　游泳竞赛与锻炼

游泳是健身爱好者最喜欢的运动项目之一，同时也是极具观赏性的竞技项目，在掌握游泳技能的同时，了解竞技游泳的魅力，掌握必要的游泳安全知识和锻炼方法，是作为一名合格的游泳爱好者的重要标准。

一、如何欣赏游泳竞赛

作为观众，欣赏游泳竞赛时要知道竞技游泳都设有哪些项目，应掌握基本的游泳竞赛规则。

1. 游泳竞赛项目

（1）奥运会游泳项目（共32项）

自由泳：50m、100m、200m、400m、800m（女）、1500m（男）。

仰泳：100m、200m。
蝶泳：100m、200m。
蛙泳：100m、200m。
个人混合泳：200m、400m。
自由泳接力：4×100m、4×200m。
混合泳接力：4×100m。
（2）世界游泳锦标赛项目（共40项）
仰泳：50m（非奥项目）、100m、200m。
蛙泳：50m（非奥项目）、100m、200m。
蝶泳：50m（非奥项目）、100m、200m。
自由泳：50m、100m、200m、400m、800m（男子非奥项目）、1500m（女子非奥项目）。
个人混合泳：200m、400m。
自由泳接力：4×100m、4×200m。
混合泳接力：4×100m。

2. 游泳竞赛基本规则

（1）自由泳

① 比赛时，可采用任何泳姿。但在个人混合泳及混合泳接力赛中，自由泳是指除蝶泳、仰泳、蛙泳以外的泳姿。

② 转身和到达终点时，可用身体任何部分触池壁。

③ 在整个游程中，运动员身体一部分必须露出水面，在转身过程中允许运动员完全潜入水中，但在出发和每次转身后潜泳距离不得超过15m，在15m前运动员的头必须露出水面。

（2）仰泳

① 在出发信号发出前，运动员面对出发端，两手抓住握手器，两脚（包括脚趾）应处于水面下。

② 出发和转身后，运动员应蹬离池壁，除在做转身动作外，运动员在整个游进过程中始终呈仰卧姿势。仰卧姿势允许身体做转动动作，但必须保持与水平面小于90°的仰卧姿势。头部位置不受此限。

③ 在整个游进过程中，运动员身体的某一部分必须露出水面。在转身过程中，允许运动员完全潜入水中。但在出发和每次转身后，运动员潜泳距离不得超过15m，在15m前运动员的头必须露出水面。

④ 在转身过程中，运动员身体的某一部分必须触壁。转身过程中允许肩的转动超过垂直面，之后可进行一次单臂划水或双臂同时划水动作，并以此划水动作作为转身的开始。运动员必须呈仰卧姿势蹬离池壁。

⑤ 运动员在到达终点时，必须以仰卧姿势触壁。触壁时允许身体潜入水中。

（3）蛙泳

① 出发和每次转身后，从第一次手臂动作开始，身体应保持俯卧姿势，任何时候不允许呈仰卧姿势。

② 两臂和两腿的所有动作都应同时并在同一水平面上进行，不得有交替动作。

③ 两手应同时在水面、水下或水上由胸前伸出，并在水面或水下向后划水。除转身前最后一个动作、转身过程中和终点触壁前的最后一个动作外，在手臂的完整动作中，两肘不得露出水面。除出发和每次转身后的第一次划水动作外，两手向后划水不得超过臀线。

④ 在蹬腿过程中，两脚必须做外翻动作，不允许做剪夹、上下交替打水或向下的海豚式打水动作。只要不做向下的海豚式打腿动作，允许两脚露出水面。

⑤ 在每次转身或到达终点时，两手应在水面、水上或水下同时触壁。触壁前的最后一次划水动作结束后，头可以潜入水中，但在触壁前的一个完整或不完整的配合动作中，头的某一部分露出水面。

⑥ 在每个完整动作周期内，运动员头的某一部分应露出水面。只有在出发和每次转身后，运动员可做一次手臂充分的向后划至腿部的动作，但第二次划臂至最宽点并在两手向内划水前，头必须露出水面。当身体完全没入水中时，允许做一次海豚式打水接蛙泳蹬水动作。在此之后腿部的所有动作应同时并在同一水平内进行，不得有交替动作。

（4）蝶泳

① 从出发和每次转身后的第一次手臂动作开始，身体应保持俯卧姿势，允许水下侧打腿。任何时候都不允许转成仰卧姿势。

② 两臂必须在水面上同时向前摆动，并同时在水下向后划水。

③ 所有腿部的上下打水动作必须同时进行。两腿或两脚可不在同一水平面上，但不允许有交替动作，不允许蹬蛙泳腿。

④ 在每次转身和到达终点时，两手应在水面、水上或水下同时触壁。

⑤ 在出发和每次转身后，允许运动员在水下做一次或多次打水动作和一次划水动作，这次划水动作必须使身体升到水面。在整个游程中，运动员身体的一部分必须露出水面。允许在出发和每次转身后潜泳，距离不得超过 15m，在 15m 前运动员的头必须露出水面。运动员必须使身体保持在水面上，直至下次转身或到达终点。

（5）混合泳

① 个人混合泳须按照蝶泳、仰泳、蛙泳、自由泳的顺序进行比赛。

② 混合泳接力须按照仰泳、蛙泳、蝶泳、自由泳的顺序进行比赛。

③ 在个人混合泳和混合接力项目的比赛中，每一泳姿都必须符合竞赛规则和有关规定，在仰泳转蛙泳过程中，运动员必须呈仰泳姿势触及池壁。

3. 游泳竞赛战术

游泳项目同田径项目中的短距离一样采取分道竞技形式，竞赛的战术相对简单，主要分为以下几种。

（1）先发制人战术

这种战术主要适合自身训练水平较高，能力较强的运动员采用，在比赛初期就开始冲刺加速，这种战术可以打乱后程冲刺能力较强的对手的节奏，使其在前程不得不放弃自己的节奏，造成过早疲劳。

（2）后发制人战术

这种战术适用于后程冲刺能力较强的运动员采用，在前半程可以控制发力，采取跟随战术，当进入冲刺阶段，发挥自己的优势。

（3）田忌赛马战术

在自由泳接力比赛中，可以根据队伍特点，合理安排运动出场顺序。大部分队伍会将速度较快的运动员安排在第三、第四棒，所以，可以根据这一特点，将速度较快的运动员安排在第一、第二棒，在前期建立起绝对的领先优势，进而击垮对手的信心，赢得比赛。

二、游泳锻炼面面观

游泳锻炼的场所包括两类：一类是江河湖海等自然水域；另一类是人工修建的游泳场馆。一般地，人工修建的游泳场馆由于设有专人管理，其安全性要高于自然水域，但是即便如此，每年发生在人工场馆的安全事故也不在少数。因此，掌握游泳安全知识，在突发事件发生时懂得正确应对和处理，掌握正确有效的游泳锻炼方法是十分必要的。

1. 游泳安全卫生须知

（1）明确自身的健康状况

游泳馆属于公共场所，所以为了自身和他人的健康，在游泳前要对自身的健康状况进行检查，只有体检合格后才可以参加游泳活动。专家建议，患有高血压、心脏病、肺结核、传染性疾病以及开放性创伤等疾病者均不宜参加游泳活动。

（2）选择适宜的游泳时机

进行游泳运动时应确保水温在 20℃以上，过低的水温易造成能量消耗过大、抽筋等问题的出现。由于游泳运动的能量消耗较大，所以游泳前不宜空腹，建议少量摄入食物半小时后再进行游泳运动，不要在酒后游泳。女生经期不适宜游泳。

（3）做好充分的准备活动

下水前应做好充分的准备活动，通过慢跑、徒手操及各关节的充分活动，确保韧带及肌肉充分拉伸，提高各关节的活动度，避免肌肉过于紧张导致拉伤和抽筋。下水前，应先用池水擦拭身体，使身体适应冷水刺激后再下水。

（4）注意个人和公共卫生

游泳前应淋浴，并主动通过消毒池，带好泳镜、泳帽等游泳用具。在游泳期间要遵守公共卫生，不在泳池内吐痰、便溺。

2. 游泳异常现象的预防和处理

（1）肌肉痉挛

由于准备活动不充分、游泳负荷过大、泳池水温过低等原因容易造成肌肉的痉挛现象，也就是我们日常所说的“抽筋”。当痉挛发生时，不要慌张，如果是局部抽筋，马上采取仰卧位，并通过按摩和拉伸抽筋部位的肌肉逐渐缓解。如果情况严重，应寻找到达岸边或者水线的最短路线，并向救生员大声呼救，手扶岸边或者水线，等待救生员的救助。

（2）呛水

在游泳的初学阶段，由于身体的过度紧张，在换气时容易造成呛水，其主要表现为呼吸不顺、连续咳嗽，更严重者会造成呼吸困难，甚至休克。所以当呛水发生时，应保持冷静，如果情况不严重则采用原地踩水的方法将头部露出水面，用嘴大口吸气，再用鼻子呼气，将鼻腔和呼气道内的水排出；如果情况严重则应迅速游至岸边进行调整，必要时应向救生员寻求帮助。

（3）外耳道进水

游泳时由于需要将头没入水中，肯定会造成少量的水进入耳内，如果未造成不适感，则无大碍；耳朵进水后发生刺痛，并有耳鸣等现象时，可将头侧向进水一侧的耳朵，再配合单脚抖动使水自然流出。不要用指甲或者其他硬物掏挖耳朵，防止感染。

3. 游泳健身锻炼方法

（1）制订锻炼计划

在进行锻炼前应该根据自身的身体情况制订合理的训练计划，首先，锻炼者要了解自身的健康情况，并进行必要的健康检查，明确自身是否适宜进行游泳锻炼。其次，锻炼者要设立目标，包括短期目标和最终目标，促进锻炼者进行自我评价，并根据设定的目标选择合理的锻炼方法、手段和日程的安排。

（2）游泳锻炼的基本方法

① 间歇训练法

间歇训练法是指在进行游泳锻炼时，在两次练习期间严格控制休息时间的间歇。这种练习方法由于锻炼者在每次练习后，控制了间歇时间使其在未完全消除疲劳的情况下继续锻炼，可以有效地促进运动员的心肺功能的发展，提高锻炼者的专项基本能力。

练习示例：可采用 10 组 100m，间歇 30～60s 或 20 组 50m 间歇 15～30s 的练习方法。

② 持续训练法

持续训练法是指没有间歇时间，不间断地进行长距离的练习方法。这种练习方法主要目的是用来发展锻炼者的有氧耐力，提高心肺功能以及固定技术动作。

练习示例：800m、1000m、1500m 长距离游。

③ 重复训练法

重复训练是指给予锻炼者充分的间歇时间，按照规定的时间多次完成某一距离的训练方法。这种锻炼方法主要是以发展速度、速度耐力为主，使练习者学会掌握体力分配。

练习示例：2 组 4 × 50m 或者 4 × 100m、2 × 200m 等。

（3）游泳锻炼后的恢复方法

① 拉伸肌肉

这种放松方法主要目的在于锻炼后，通过对肌肉的拉伸，改善了血液循环，避免过量的乳酸堆积。

② 按摩肌肉

通过自我按摩，或者两人相互按摩对疲劳的肌肉进行推揉、按压、拍打等，加速代谢，缓解疲劳。

思考题

1. 游泳运动有几种泳姿？你最喜欢哪种？
2. 当发现有人溺水，你该怎么做？

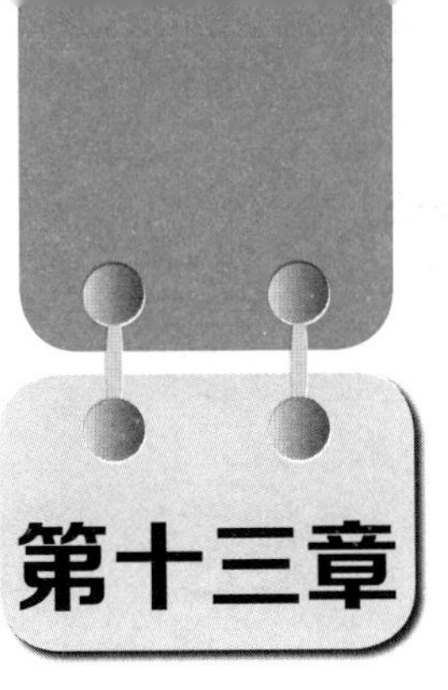

第十三章

武　　术

中国武术，有着悠久的历史，最早可以追溯到商周时期，具有极其广泛的群众基础，是中国劳动人民在长期的社会实践中不断积累和丰富起来的一项宝贵的文化遗产。是中华人民的优秀文化遗产之一。

中国武术是修习一门制止侵袭的高度自保技术，它在切实解决安全问题的基础上，使我们的头脑得到应变能力的训练，简便易行，能够提升人的精神和身体素质，防卫健身，精进卓越，快乐通融。

学习目标

（1）了解中国武术的起源与发展、特点与分类及其健身价值。

（2）学习武术基本练功法门，掌握防身自卫、太极拳、散打的练习方法与要求。

（3）学会欣赏武术。

第一节 走进神奇的武术世界

武术是以技击动作作为主要内容，以功法、套路和搏斗为运动形式，注重内外兼修的中国传统体育项目。它是经历了漫长的历史发展过程而形成的内容丰富精深、社会价值广泛、文化色彩浓厚的我国特有的体育文化形态，与我国传统文化的诸多方面有着密切的联系，是中国传统文化的重要组成部分。

一、源远流长的中国武术

1. 武术的起源

武术的起源要从人类技击的产生开始，在原始社会生产力极为低下、自然环境十分恶劣的生存状态下，人们为了生存，开始用棍棒、石块等作为武器，与野兽进行斗争，并通过数万年的这种基于本能的、自发的、随意的身体动作经验的积累，逐渐产生了击、刺、劈、格、架等技击动作。由于生产、狩猎工具的不断创新，人类在劈、砍、击、刺等技术上积累了更为丰富的经验，武术的雏形初步显现，为武术的产生奠定了基础，如图 13-1-1 所示。

图 13-1-1 武术的雏形

据史料记载，原始人类在狩猎、战事等活动前后，一般要跳“武舞”。它既是对搏杀技能操练的一种形式，也是宣扬武威的一种手段。武舞是原始社会时期人们将宗教祭祀、教育、娱乐以及搏斗训练集于一体的活动方式。它是原始社会多位一体文化形态的重要组成部分，也是武术最主要的原生形态。

2. 古代武术的发展

在生产、生存活动中，由徒手搏击到持械格斗并演变为现代的体育运动，在世界各个地域的人类活动中都曾出现，如拳击、击剑、泰国拳等。但从原始格斗术发展成击舞一体、内外兼修的武术形式，则是由中华民族特有的文化土壤孕育而成的。

随着我国历史的不断发展，中国武术经历了商周时期的“田猎”和“武舞”，春秋战国时期的“角试”，秦、汉、三国时期武术流派雏形出现，唐朝的武举制，宋元时期武艺往表演方向发展，再到明清时期武术文化完备形态的形成。武术作为军事技术、健身手段及表演技艺的多种价值为人们所认识和利用。为后世武术的发展开创了广阔的空间，同时也确立了中国武术在世界武坛的位置。

3. 近代武术的发展

近代中国时局动荡，战火不断，在西方强势文化的猛烈冲击下，各种思潮激烈交锋。民国时期，中华民族积弱积贫，社会各界提倡国粹体育的呼声高涨，中国传统的武术为国人重新认识，一些以研究武术和开展武术活动为宗旨的新兴社团纷纷建立。与此同时，受西方先进体育教育经验的影响，武术进入各级各类学校的体育课堂，并且开始组织各类形式的武术竞赛活动，武术研究也逐步开展，取得了宝贵的学术成果。武术在民国时期有了极大的演变与发展。

4. 现代武术运动的发展

现代体育文化形态的特征就是高度的社会化和组织化，这两个特征通过各种体育组织尤其是国际体育组织集中表现出来。现代武术运动的发展同样表现为高度的组织化。

1960 年，中国武术队出访捷克斯洛伐克，揭开了武术对外交流的序幕。1990 年 10 月，国际武术联合会在北京宣告成立，并于 1991 年在北京举办了第一届世界武术锦标赛，以后每两年举办一次。1994 年，国际武联被世界单项体育联合会正式接纳入会，从而进一步确立了武术比赛的国际体育地位。

“源于中国，属于世界”的武术，作为我国优秀的民族文化和良好的运动项目，已经成为沟通我国和世界各国人民的桥梁和纽带，必将为东西方文化的进一步交流做出积极的贡献。

二、博大精深的武术运动

1. 武术的内容与分类

我国历史悠久，地域辽阔，武术运动根深叶茂，内容丰富而且分类方式很多。本章按运动形式的分类方法，将武术分为以下三大类。

（1）功法运动

功法运动是以单个动作为主进行练习，以达到健体或增强某方面体能的运动。功法运动主要为武术套路和攻防格斗服务，但也有只练习功法运动以健身为目的的习练者。

（2）套路运动

套路运动是指以技击动作为内容，以攻守进退、动进疾徐、刚柔虚实等矛盾运动的变化规律为依据编成的组合及整套练习。按照练习时的人数多少，套路运动又分为单练、对练和集体演练。

（3）搏斗运动

搏斗运动是两个人在一定条件下按照一定的规则进行斗智、较力、较技的实战攻防格斗。目前开展较为普遍的有散打和推手，尚未普遍开展的有短兵和长兵。

2. 武术的特点

（1）动作具有攻防技击性

武术动作具有攻防技击性是它的本质特性。例如，散打、短兵等搏斗运动的技术与实用技击术基本是一致的，集中体现了武术攻防格斗的特点。作为中国武术特有表现形式的套路运动，也都是由攻防动作构成套路的主要内容，通过一招一式表现攻与防的内在含义与精神，是套路技术的核心。

（2）具有内外合一、形神兼备的运动特色

既讲究动作的形体规范，又要求精气神传意、内外合一的整体运动观，是中国武术的一大特点。如形意拳讲究“内三合，外三合”，太极拳要求“以意识引导动作”等。这一特点充分体现了武术作为一种文化形式在长期的历史演变中备受中国古代哲学、医学、美学等方面的渗透和影响，形成独具民族风格的运动形式和练功方法。

（3）内容丰富多彩，具有广泛的适应性

武术的内容和练习形式丰富多样，不同类别的武术项目其练功方法、动作结构、技术要求、运动风格和运动负荷不尽相同。人们可以根据自己的年龄、性格、职业、体质和兴趣爱好选择练习内容。这种广泛的适应性给开展群众性体育活动创造了有利条件。

3. 武术的健身价值

中国武术注重内外兼修，对身体有着多方面的良好影响，经常练习能收到壮内强外的健身效果。例如长拳类套路，包括屈伸、跳跃、平衡、跌扑等动作，通过意志、呼吸的配合与人体各器官的积极参与，能增强肌肉力量，加大关节运动幅度，有效发展柔韧性。而散打对抗中的判断、躲闪、快速还击等，对人体的速度、力量、灵敏、耐力都有良好的促进作用。太极拳则注重调息运气和意念活动，长期练习能够增强人体免疫力，对治疗多种慢性疾病和调节人体内环境平衡均有良好的医疗保健作用。

此外，武术练习还能提高防身自卫能力。通过练习，既可以增强体质，也可以提高攻防格斗的意识。如果长期坚持系统的武术训练，不仅可以掌握防身自卫的知识和方法，还能提高人体的灵活性和对意外情况的应变能力。

三、风格各异的武术技法

1. 防身自卫

防身自卫即防身术，它是依照法律规定，为维护本人或他人的人身以及其他权益免受不法侵害而以自卫防身为目的，运用拳打、脚踢、摔打、擒拿等格斗技击方法，制服对方，保护自己的专门技术，如图 13-1-2 所示。

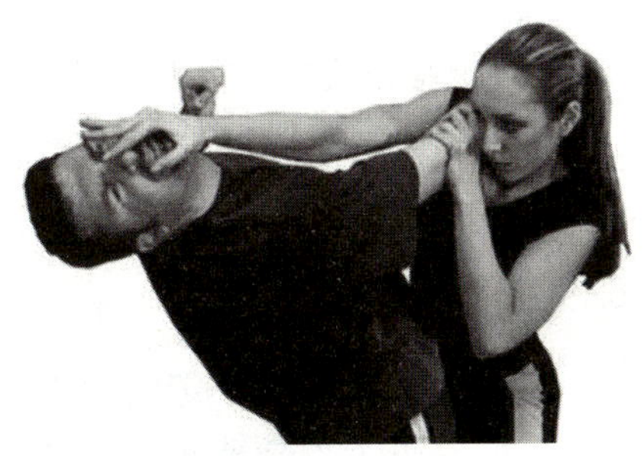

图 13-1-2　防身术

防身术是一门综合性较强的斗智斗力的技术。它把武术中各种适合实战应用的招法提炼出来，结合现实生活中可能出现受到侵害的各种情况，不断创造、完善，使其成为一种一招制胜的搏击技术，并且具有简单、实用、易学等特点。

知识链接

防身自卫技法特点

（1）动作简练，实用性强
（2）手法多变，攻防兼备
（3）抓住战机，快速准确
（4）击打要害，一招制敌
（5）不畏强暴，斗智斗勇

2. 太极拳

太极拳是中国武术的优秀拳种之一。在长期演变的实践中证明，太极拳是一种符合人体生理、心理特点的科学健身方法，也是防治疾病的有效手段。

图 13-1-3　太极拳

太极拳的动作柔和、轻灵、缓慢，其运动如抽丝，处处有弧形，似展非展，圆活不滞，动中有静，静中有动。用意识引导动作，意到身随，配合均匀细长的呼吸，整套动作如行云流水，连绵不断，使全身上下得到均匀而协调的活动。其运动强度和运动量较为适中，练习后不易出现代谢机能的激烈变化，适合不同体质和不同年龄的人们，特别是体弱及慢性病患者。太极拳运动便于广泛普及，已成为中华民族对世界人民健康的一大贡献，如图 13-1-3 所示。

知识链接

太极拳技法特点

（1）体松心静。沉而不僵，松而不懈。心无杂念，内外兼修。

（2）缓慢柔和。柔中带刚、徐缓轻灵。

（3）动作、呼吸和意念配合。意到气到、气到劲到，气力相合，内外合一。

3. 散打

散打是两人按照一定的规则，运用武术中的踢、打、摔等攻防技法制服对方的徒手对抗武术项目，它是中国武术的重要组成部分，分为古传散手（杀伤性强）、现代散打（限制较多）。古传散手作为散打的最早发展，要能对抗单人和兵器或多人的格斗，用头、指、掌、拳、肘、肩、膝、腿、胯、臂等部位攻击，主要的技法为打、踢、拿、跌、摔等，另外还有肘、膝等技法，在格斗中讲究出其不意，讲究打赢实用。现代散打就是常见的以直拳、摆拳、抄拳、鞭拳、鞭腿、蹬腿、踹腿、摔法等技法组成的以踢、打、摔结合的攻防技术。散打没有套路，只有单招和组合，见招拆招，如图 13-1-4 所示。

图 13-1-4　散打

知识链接

散打技法特点

（1）体育性。散打属于体育，又凸显技击性。

（2）对抗性。散打的基本形式。

（3）民族性。中华民族优秀文化遗产。

第二节　你也可以成为“武林高手”

武术运动内容丰富多彩，而识图自学方法是自学者学习和熟练武术套路和动作的基本方法，若能掌握识图自学的方法，通过对武术图书、资料和拳谱的自学、记忆与反复练习，你也可以很好地掌握武术动作和套路，成为“武林高手”。

一、“看图练武”——基本的练功法门

武术图解通过图示和文字来说明和解释武术动作的技术要领及动作特点，它既是记录武术动作和套路的主要方式，也是武术技术交流与推广的一种形式。正确掌握武术图解知识，不仅能提高自学能力，而且对继承和弘扬中华武术有着积极的作用。

1. 武术图解知识

（1）运动方向

武术图解中一般所指的运动方向是以图中人的躯干姿势为准，并且随着躯干姿势所处的位置的变化而变化。图中人的身前为前，身后为后，左侧为左，右侧为右；此外还有左前、左后、右前、右后之分。转体时，则以转后的身前为前，身后为后，以此类推。武术的动作很多，身体的变化也大，但始终以躯干姿势来确定方向，不受头部和视线的影响，如图 13-2-1 所示。

图 13-2-1　武术图解运动的方向

（2）动作路线

插图中一般用虚线箭头（┈→）或实线（→）表示下一个动作行进的路线。箭头尾部为起点，箭头为止点。有的插图上、下肢的运动路线都用虚线表示。有的右上肢和左下肢用实线表示，左上肢和右下肢用虚线表示。有的上、下肢分别用虚、实线表示。有的左、右肢分别用虚、实线表示，如图 13-2-2 所示，左虚右实。虽然用法不一，但作用则是一致的，都是指明下一动作将经过的路线。有的图解还加用足迹图，以表明脚在运动中的方位及触地面积。

（3）往返路线

武术套路由若干段（趟）构成，各段的往返路线，一般是单数段向左，双数段则转回来向原来的右。弄清段的前进方向之后，即使在前进中有转身的动作变化，在转身后仍须朝着原来的方向前进，这样段的方向就不会搞错。较为复杂的套路，每段的前进方向经常变化，可将一段分成若干小节，一节节地看就容易看懂了。有些图解绘有平面路线图，可以参考。

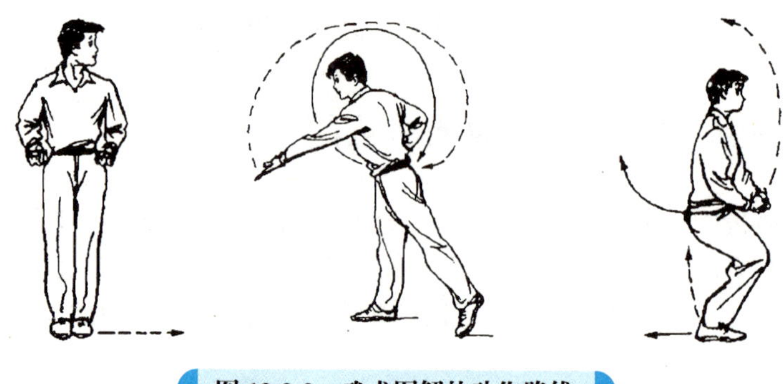

图 13-2-2　武术图解的动作路线

（4）动作名称

为简化文字说明，方便记忆与交流，武术图解常常使用动作名称。动作名称多以下肢的主要动作结合上肢的主要动作而命名，如“马步冲拳”“弓步顶肘”“虚步刺剑”“歇步砍刀”等。有的根据动作形象命名，如“白鹤亮翅”“手挥琵琶”“金鸡独立”等。掌握动作名称对建立完整的动作概念有很大帮助。

（5）要领说明

武术要领是指武术动作和技术的基本要求。有些武术图解中，在动作的后面附有“要领”和“要点”，是为提示完成该动作的关键，或者说明应注意之处。例如冲拳的要领有拧腰、顺肩、急旋臂等。阅读或练习时必须认真领会动作要领，只有掌握了动作要领，并且反复练习，才能正确地完成动作。

2. 识图自学的方法

（1）识图自学的方法与步骤

① 个人自学法

个人自学法是在无人帮助的情况下，借助一定的条件进行自学套路和动作的方法。这种方法需要具备基本的武术技术自学基础，如常见的基本身型、步型、手型等。另外，要掌握正确的武术图解知识和具备一定的基本能力，即文字阅读能力和识图能力。

知识链接

自 学 步 骤

（1）看图和动作名称。领会动作路线、方法及衔接，进行模仿、试练。
（2）看文字说明。弄清动作动态和静态姿势的基本要领。边看边做。
（3）深化提高。参照要领和要点深化提高。不断连贯复习，熟练巩固。

② 合作自学法

合作自学法是与他人合作共同学习的自学方法。这种方法在武术套路动作学习中比较普遍，也比较简单易行。采用合作自学法时既强调同伴之间相互配合和相互帮助来达到共同学习、提高的目的；同时，还必须注意在基本掌握动作的时候，还是要求自学者有独立思维、反复练习、不断巩固提高动作质量，最终达到自我提高的目的。切忌自学中完全依赖别人。

知识链接

合作的学习步骤

（1）分工。甲方讲解，乙方进行练习，并注意记忆。

（2）检查学习。甲方及时对照图解检查乙方的动作，及时纠错。

（3）互教互学。乙方学完后，再由乙方教甲方。

（2）识图自学的注意事项

① 掌握必备的基本功、基本动作知识和技能。

② 了解武术图解知识，采用灵活的学习方法。

如遇到较为复杂的动作时，可采用分解学习法，先学上肢动作，后学下肢动作，再上下肢协调配合完成整个动作。

③ 注意眼睛的配合，探求技术动作的攻防含义。

眼法是武术运动中重要的功法内容。在图解的文字说明中，一般对定势动作的眼法都有明确要求，做到手眼配合，才能真正体现武术的风格。

④ 了解所学套路的风格特点。

不同拳种的技术要求和演练风格各异，如长拳讲究姿势舒展、快速有力、起伏转折；太极拳要求动作圆活、连贯、轻灵、沉着。了解不同拳种的运动特点，对准确掌握技术风格、要领有很大帮助。

3. 武术组合动作的创编

武术动作组合是若干个武术完整动作连接在一起的运动表现形式，也是武术学习的主要内容。在掌握了一定的基本动作后进行基本动作组合的创编是提高自身能力的一个重要环节。

小贴士

创编的注意事项

（1）一般动作不宜太多，三至五个动作为佳。

（2）动作路线变化不宜复杂，运动负荷不宜太大。

（3）编排动作组合时，要注意由简到繁，由易到难，层次清楚，重点突出。

（4）应勇于创新，发挥个人特长。

二、“后发先制”——防身自卫的攻防要领

当你遇到暴力攻击时，为了保护自己，就要懂得一些防身的招法。防身术就是要以最简单的动作、最快的速度和最有利抗击暴徒的效果达到以正压邪、维护自身安全的目的。

1. 防身自卫的基本知识

（1）自卫架势

防身术的基本准备姿势：站立，一只脚踏出一步，并轻轻着地，成侧身姿势，膝部微屈，重心在脚尖。手臂架势采用前后拳势。

（2）人体容易受伤的薄弱部位

防身健身的运动规律是由人体的解剖结构和生理特点决定的。在防身招术的练习和实际运用中，要达到自我保护并运用各种技能准确地反击对方，了解人体薄弱部位是极其重要的。

知识链接

人体容易受伤的薄弱部位

①眼睛：忌戳击。②鼻部：易出血、骨折。③耳部：忌扇击。④颈部：颈总动脉。⑤后脑：人体中枢。⑥胸腹部：肋骨骨折。⑦裆部：血管神经丰富敏感。⑧胫部：胫骨骨折。

2. 防身招数

（1）削弱拳力，如图 13-2-3 所示。

动作要领：退步、拧腰、后闪。

图 13-2-3 削弱拳力

（2）抓手下袭，如图 13-2-4 所示。

动作要领：准确抓手、快速后转身下袭。

图 13-2-4 抓手下袭

（3）转腰抱腿，如图 13-2-5 所示。

动作要领：转身躲闪，迅速抱腿下压。

图 13-2-5　转腰抱腿

（4）抓踢倒摔，如图 13-2-6 所示。

动作要领：顺势抓脚，上步绊脚快，尽力抬起。

图 13-2-6　抓踢倒摔

（5）压肘反制，如图 13-2-7 所示。

动作要领：脖子前弯，反弹后甩，快速挣脱。

图 13-2-7　压肘反制

（6）扭折手肘，如图 13-2-8 所示。

动作要领：快速抓手腕，压肘反向扭转，出其不意。

图 13-2-8　扭折手肘

（7）顶撞栽跌，如图 13-2-9 所示。

动作要领：防止被扼，提膝顶臀，快速力猛。

图 13-2-9　顶撞栽跌

（8）猛力肘击，如图 13-2-10 所示。

动作要领：两手互握，甩动肘击，直捣心窝软肋。

（9）猛力坐下，如图 13-2-11 所示。

动作要领：快速跌坐，抓腿后倒，将其摔倒。

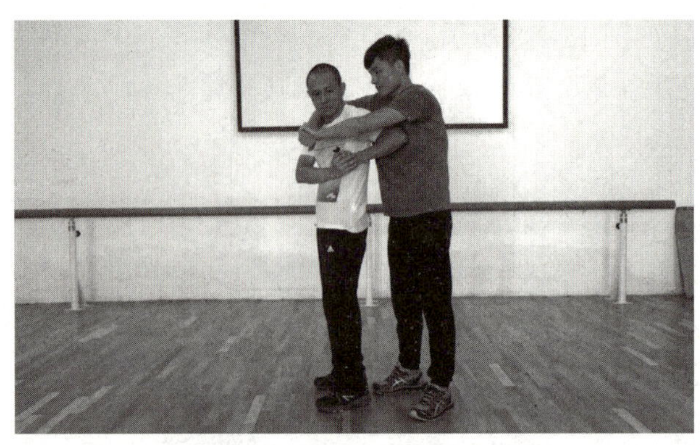

图 13-2-10　猛力肘击

图 13-2-11　猛力坐下

安全提示

防身须知

（1）提高警觉，保持镇静。夜晚避行僻静区域，被人跟踪，向最近住户高声呼救。

（2）尽量少带钱；若带着钱，钱不外露，皮包要紧贴身边。

（3）日常行经的路上,应记牢哪里有警务点或可呼救的地方和公共电话。

（4）夜行时，发现停着可疑车辆中有人，最好绕路或掉头而去。

（5）单独进入屋内、走廊或电梯时，若发现可疑人在内或跟随，退出为妙。

（6）对陌生可疑的人，尽可能记住形貌、身材、肤色、衣着、口音等。

（7）女性衣着应朴素整洁，切忌过分暴露。

（8）小心谨慎择友，不与陌生人攀谈、不夜晚出游或单独进餐。

（9）离家独居应注意居住环境，邻居有无正当职业，并小心门户。

（10）不乘坐副驾驶座位无驾驶识别证的出租车，同时记牢司机姓名及车号。

三、“四两拨千斤”——太极拳的练习心法

1. 八式太极拳

1）预备式

身体自然直立，下颌内收，肩臂松垂；精神集中，眼平视前方，呼吸保持自然，如图 13-2-12 所示。

起势，如图 13-2-13 所示。

图 13-2-12　预备式

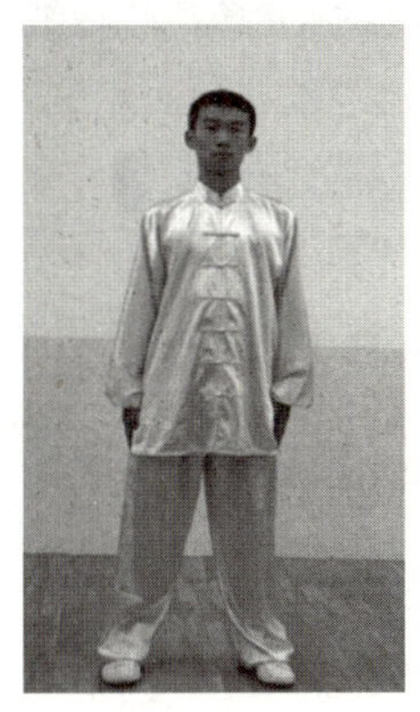

图 13-2-13　起势

（1）左脚向左半步，与肩同宽，脚尖向前。

（2）两手慢慢向前平举，与肩同高，掌心向下。

（3）上体正直，两腿屈膝半蹲，同时两掌轻轻下按，落至腹前，掌膝相对，眼看前方。

动作要领：头颈正直，下颌微收，沉肩、坠肘，眼平视，上下肢动作协调。

2）第一式：倒卷肱

（1）上体右转，同时右臂外旋，右手向右后上方画弧平举，掌心向上；左手随之翻掌向上；眼看右手，如图 13-2-14（a）所示。

（2）上体左转，同时右臂屈肘，右手由耳侧向前推出，掌心向前，高与鼻平；左臂屈肘回收，掌心向上；眼看右手，如图 13-2-14（b）所示。

（3）同（1），方向相反，如图 13-2-14（c）所示。

（4）同（3），方向相反，如图 13-2-14（d）所示。

动作要领：腰、胯松沉，上体中正；两手随上体转动弧线运动，速度均匀。

学练要领

虚 灵 顶 劲

头颈向上提升，并保持正直，要松而不僵可转动。

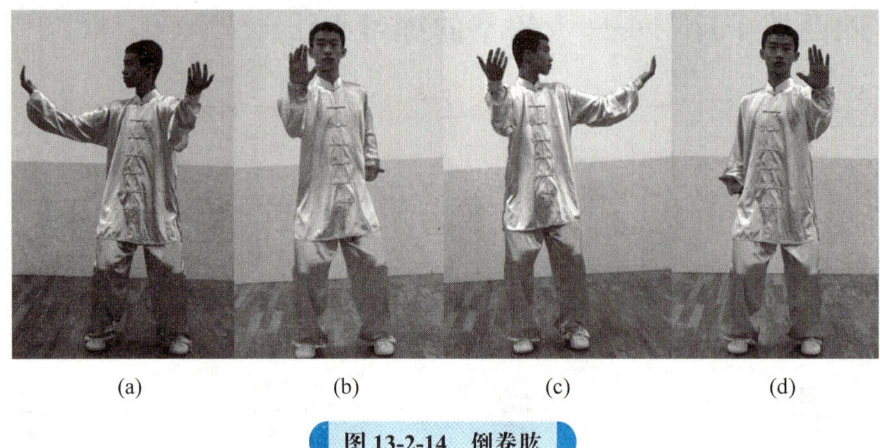
(a) (b) (c) (d)

图 13-2-14 倒卷肱

3）第二式：搂膝拗步

（1）重心移至右腿，左脚尖点于右脚内侧；同时右手上举至右肩外侧，手与耳同高，掌心向上；左臂屈肘，左手收至右胸前，手心向下；眼看右手，如图 13-2-15（a）所示。

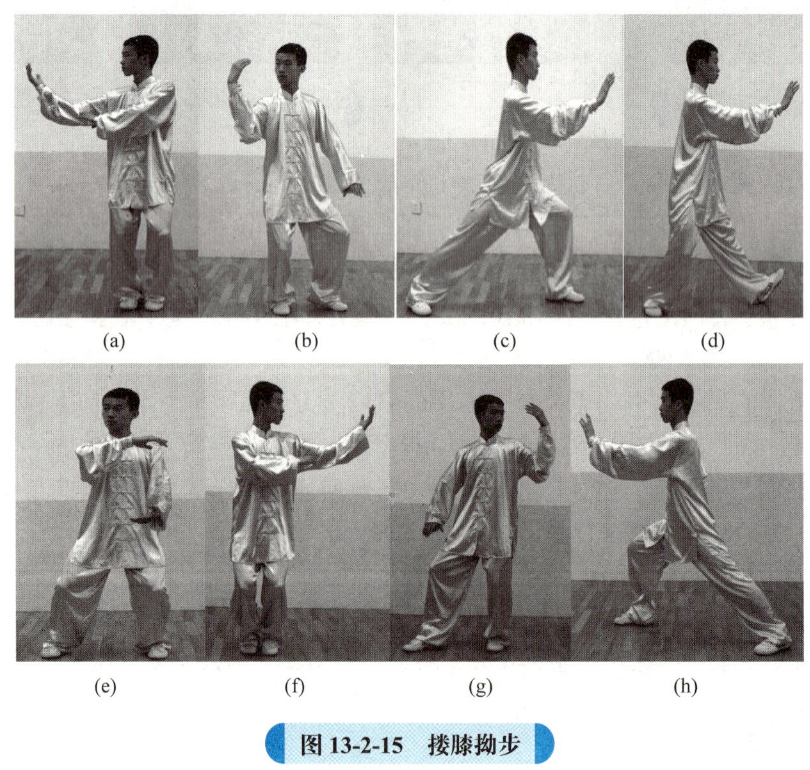
(a) (b) (c) (d)
(e) (f) (g) (h)

图 13-2-15 搂膝拗步

（2）左脚向左前方迈出一步，上体左转，成左弓步，同时左掌向下经左膝前搂过，按于左胯旁；右手屈收，经耳侧向前推出，掌心向前，高与鼻平；眼看右掌指，如图 13-2-15（b）、（c）所示。

（3）右腿屈膝，上体后坐，重心移至右腿，左脚尖翘起；身体右转，左脚内扣，重心移至左腿，右脚收回，脚尖点地，成丁步；同时左手上举至左肩外侧，肘微屈，手与耳高，掌心向上；右手收于左胸前，掌心向下；眼看左手，如图 13-2-15（d）~（f）所示。

（4）同（2），方向相反，如图 13-2-15（g）、（h）所示。

动作要领：重心转换，虚实分明，以腰为轴；松腰，松胯，上下协调一致。

学练要领

含胸拔背、沉肩垂肘

胸要含不能挺，肩不能耸而要沉，肘不能抬而要下垂，全身要自然放松。

4）第三式：野马分鬃

（1）左腿屈膝，上体后坐，重心移至左腿，右脚尖翘起；身体左转，右脚尖内扣，重心移至右腿，左腿点于右脚内侧，成丁步；同时右手向上、向左画弧，屈臂平举于胸前；左臂外旋，左手向左、向下画弧收于腹前，两掌心上下相对成抱球状；眼看右手，如图 13-2-16（a）~（c）所示。

（2）左脚向左前方迈出一步，上体左转，重心前移成左弓步；同时左右手分别向左上右下分开；左手高与眼平，掌心向上，肘微屈，右手落于右胯旁，掌心向下，指尖向前；眼看左手，如图 13-2-16（d）、（e）所示。

（3）上体后坐，重心移至右腿，左脚尖翘起；上体右转，左脚尖内扣，重心移至左腿，右脚点于左脚内侧，成丁步；同时右臂内旋，左手向右上划弧屈臂平举于胸前，两掌手心上下相对抱成球状；眼看左手，如图 13-2-16（f）~（h）所示。

（4）同（2），左右方向相反，图 13-2-16（i）、（j）所示。

动作要领：上体正直；两臂分开保持弧形；身体转动以腰为轴。

学练要领

手眼相应，以腰为轴，移步似猫行，虚实分清：指打拳时必须上下呼应，融为一体，要求动作出于意，发于腰，动于手，眼随手转，两下肢弓步和虚步分清而交替，练到腿上有劲，轻移慢放没有声音。

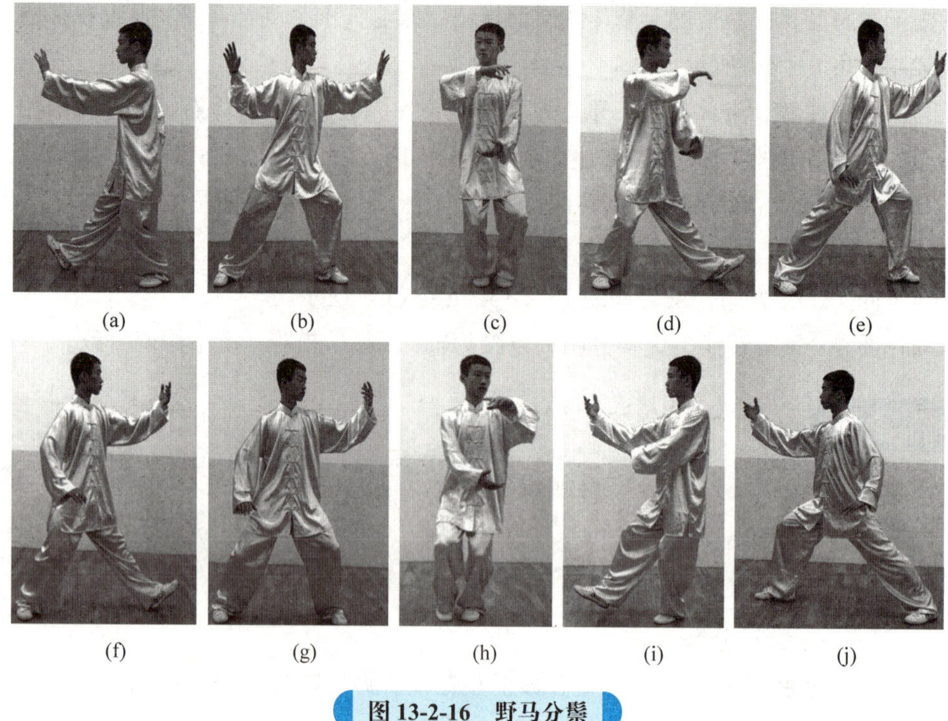

(a) (b) (c) (d) (e)

(f) (g) (h) (i) (j)

图 13-2-16　野马分鬃

5）第四式：云手。

（1）重心微向后移，右手向内翻掌，掌心向下，左手向外翻掌，向前上伸于右臂内侧，掌心向上；上体左转，左脚尖外摆，右脚尖内扣，重心移至左腿，右脚收至左脚内侧，成小开立步；同时随身体左转，左手向上，向左经脸前立圆云转，至身体左侧时，向外翻掌成平举；右手向下、向左经腹前立圆云转至左肩前，掌心斜向内；眼看左手，如图 13-2-17（a）~（c）所示。

（2）上体右转，重心移至右腿，左脚向左侧横跨一步，脚尖向前；同时随身体右转，右手经脸前向右立圆云转，至身体右侧时，向外翻掌成平举；左手向下经腹前向右立圆云转至右肩前，掌心斜向内；眼看右手，如图 13-2-17（d）、（e）所示。

（3）上体左转，重心移至左腿，两脚均向前，成左弓步；同时左手经脸前向左立圆云转，至身体左侧时，向外翻掌成平举；右手向下经腹前向左立圆云转至左肩前，掌心斜向内；眼看左手，如图 13-2-17（f）、（g）所示。

（4）上体右转，重心移至右腿，左脚收至右脚内侧，成小开立步；同时右手经脸前向右立圆云转，至身体右侧时，向外翻掌成平举；左手向下经腹前向右立圆转至右肩前，掌心斜向内；眼看右手，如图 13-2-17（h）、（i）所示。

（5）上体左转，重心移至左腿，右脚向右侧横跨一步，脚尖向前；同时随身体左转，左手经脸前向左立圆云转，至身体左侧时，向外翻掌成平举；右手向下经腹前向左立圆云转至左肩前，掌心斜向内；眼看左手，如图 13-2-17（j）、（k）所示。

（6）上体右转，重心移至右腿，两脚尖均向前，成右弓步；同时右手经脸前向右立圆云转，至身体右侧时，向外翻掌成平举；左手向下经腹前向右立圆云转至右肩前，掌心斜向内；眼看右手，如图 13-2-17（l）、（m）所示。

动作要领：腰、胯松沉，以腰为轴，匀速转换。

(a) (b) (c) (d) (e) (f) (g) (h) (i) (j) (k) (l) (m)

图 13-2-17 云手

学练要领

动中求静，动静结合，即肢体动而脑子静，思想要集中于打拳。

6）第五式：金鸡独立

（1）上体左转，重心移至左腿；同时左手向左画弧至身体左侧，掌心向下；右手下落于右腿外侧，掌心向下，眼看左手，如图 13-2-18（a）所示。

（2）左腿蹬地立起，右腿随即屈膝提起，成左独立势；同时右掌向前上屈臂挑起，立于右腿上方，肘膝相对，掌心向左，高与鼻平；左手向左下画弧按于左胯旁，眼看右手，如图 13-2-18（b）所示。

（3）右脚下落，重心移至右腿，随即左腿屈膝上提成右独立势；眼看左手，如图 13-2-18（c）所示。

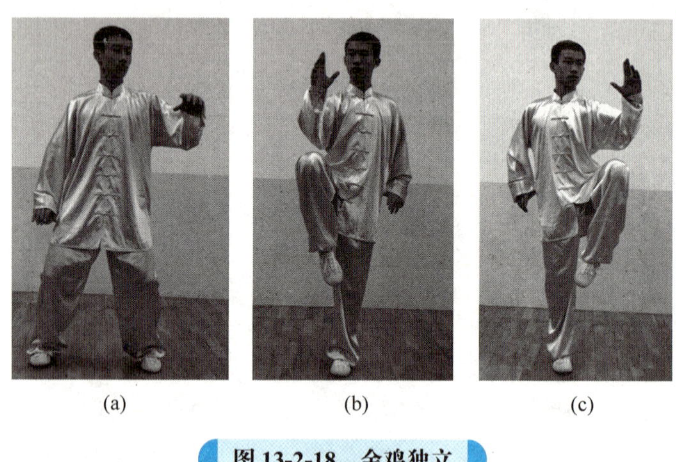

(a) (b) (c)

图 13-2-18　金鸡独立

动作要领：两手挑按与提膝协调一致；独立腿微曲，上体正直，力求平衡。

学练要领

式式均匀，连绵不断，指每一式的动作快慢均匀，而各式之间又是连绵不断，全身各部位肌肉舒松协调而紧密衔接。

7）第六式：蹬脚

（1）左脚下落，重心移至左腿，右脚收于左脚内侧；两手于腹前交叉，两掌心均向内，如图 13-2-19（a）所示。

（2）左腿微屈，右膝提起，两手上举合抱于胸前；右脚向右前方蹬出，勾脚尖，力在脚跟；同时两臂左右分开平举；眼看右掌，如图 13-2-19（b）、（c）所示。

（3）右脚下落，重心移至右腿；同时两臂下落，两手于腹前交叉，两掌心均向内；眼看右手，如图 13-2-19（d）所示。

（4）同（2），左右方向相反，如图 13-2-19（e）、（f）所示。

动作要领：重心平稳，分手和蹬脚动作协调一致。

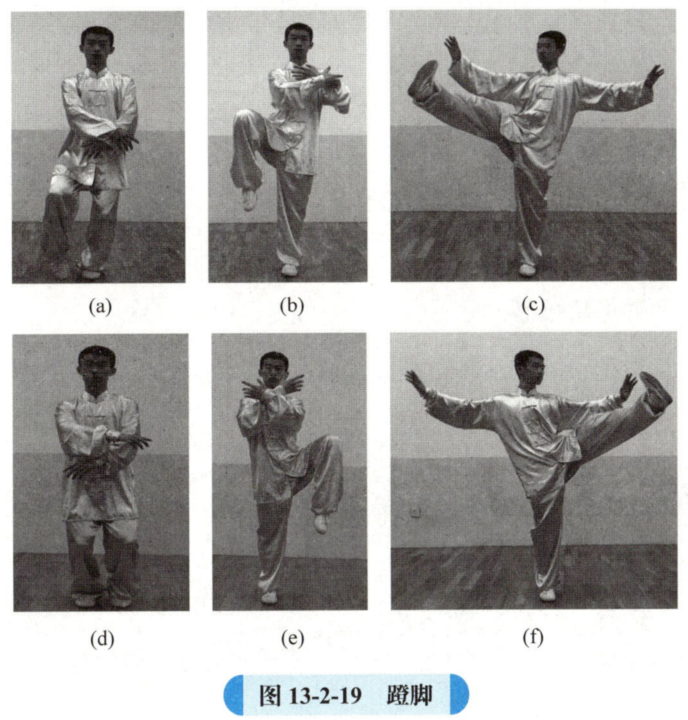

(a) (b) (c) (d) (e) (f)

图 13-2-19 蹬脚

学练要领

打太极拳要求有意地运用腹式呼吸，加大呼吸深度，从而改善呼吸机能和血液循环。

8）第七式：揽雀尾

（1）左脚下落，重心移至左腿，右脚收于左脚内侧，脚尖点地，上体微右转；同时左手平举于胸前；右手向下、向内画弧收于左肋前，两掌心上下相对成抱球状；眼看左手，如图 13-2-20（a）、（b）所示。

（2）上体右转，右脚向前方迈出，成右弓步；同时右臂向右前上方掤出，臂平屈成弓形，高与肩平，掌心向内；左手向左下落于左胯旁，掌心向下；眼看右前臂，如图 13-2-20（c）、（d）所示。

（3）身体微右转，右手随即前伸翻掌向下；左手翻掌向上，经腹前向上、向前伸至右前臂下方，然后上体左转，重心移至左腿；同时两手下捋，经腹前向左后上方画弧，直至左手掌心向上，高与肩平；右臂平屈于左胸前，手心向内；眼看左手，如图 13-2-20（e）、（f）、（g）所示。

（4）上体微右转，左臂屈肘折回，左手附于右手腕内侧，上体继续向右转，左掌心向前，右前臂呈半圆形；眼看右手腕部，如图 13-2-20（h）、（j）所示。

（5）右手翻掌，掌心向下，左手经右腕上方向前、向左伸出，两手左右分开，宽与肩同；左腿屈膝，上体后坐，重心移至左腿，右脚尖翘起；同时两手屈肘经胸前收至腹前，掌心向前下方；眼平视前方，如图 13-2-20（j）~（l）所示。

（6）上动不停，重心前移，成右弓步；同时两手向前，向上按出，掌心向前，指尖向上；眼平视前方，如图 13-2-20（m）所示。

（7）左腿屈膝，上体后坐，重心移至左腿，身体左转，右脚尖内扣，身体重心再移至右腿，左腿收至右脚内侧，脚尖点地；同时右手向左屈臂平举于胸前；左手向左、向下、向右画弧至肋前，两掌心上下相对成抱球状；眼看右手，如图 13-2-20（n）、（o）所示。

（8）同右揽雀尾，方向相反。如图 13-2-20（p）~（z）所示。

动作要领：两臂保持弧形，分手、松腹、弓腿，协调一致。

(a) (b) (c) (d)

(e) (f) (g) (h)

(i) (j) (k) (l)

图 13-2-20　揽雀尾

(m) (n) (o) (p)

(q) (r) (s) (t)

(u) (v) (w)

(x) (y) (z)

图　13-2-20（续）

学练要领

练习太极拳是一个循序渐进的过程，需要持之以恒；同时，在练习时应多加观摩，相互学习交流；只要经过认真的练习和不断努力，一定可以收到强身健体的效果。

9）第八式：十字手

（1）左腿屈膝，上体后坐，重心移至右腿，左脚尖内扣，上体右转；右手向右平摆画弧，与左手成两臂侧平举，肘部微屈；同时右脚尖外摆，成右侧弓步；眼看右手，如图 13-2-21（a）、（b）所示。

（2）重心移至右腿，右脚尖内扣，随即向左收回，两脚距离与肩同宽，成开立步；同时两手向下经腹前向上画弧交叉于胸前，掌心向内，右手在外，成十字手；眼看前方，如图 13-2-21（c）所示。

动作要领：圆满舒适，沉肩坠肘。

(a) (b) (c)

图 13-2-21　十字手

收势：两手向外翻掌，掌心向下，两臂慢慢下落，停于身体两侧；重心移至右腿，左脚向右脚靠拢，成并立步；眼看前方，如图 13-2-22（a）～（d）所示。

动作要领：周身放松，气沉丹田。

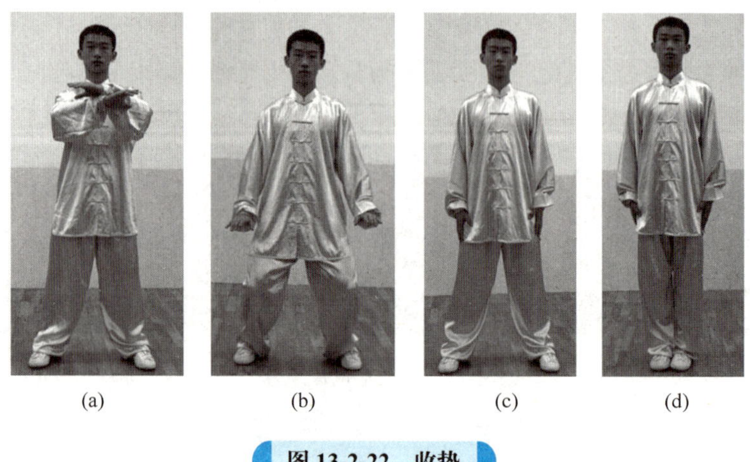

(a) (b) (c) (d)

图 13-2-22　收势

2. 练习太极拳的方法

（1）静心用意，呼吸自然。练拳要求思想安静集中，专心引导动作，呼吸平稳，深匀自然，不可勉强憋气。

（2）中正安舒，柔和缓慢。即身体保持舒松自然，不偏不倚，动作如行云流水，轻柔匀缓。

（3）动作弧形，圆活完整。动作要呈弧形或螺旋形，转换圆活不滞，同时以腰作轴，上下相随，周身组成一个整体。

（4）连贯协调，虚实分明。动作要连绵不断，衔接和顺，处处分清虚实，重心保持稳定。

（5）轻灵沉着，刚柔相济。每一动作都要轻灵沉着，不浮不僵，外柔内刚，发力要完整，富有弹性，不可使用拙力。

知识链接

八式太极拳动作舒展大方，柔和平稳，圆活连贯，由简至繁；练起来轻松自如，阴阳相合，刚柔相济，均匀缓慢，如行云流水，连绵不断；以连续弓步为主要步型变化，手法动作以中国传统太极拳的正手即棚、捋、挤、按为主线变化而成。整套八式太极拳基本都是由原地左右对称的单个动作组成，简单易学、动作全面、突出重点、对称均衡，按中等速度练习用时 2min 左右，对于初学者是一套行之有效、体验太极拳动作风格的拳术。

四、“一招制胜”——散打的练习秘诀

1. 散打的基本技术

散打是双方在一定规则限制下的徒手对抗，双方都要掌握一些散打的基本动作和技术，进行没有固定程式的较技、较勇。当对手接近或进入你的防守范围时，你就要把自己的肢体变成武器，使用散打的各种拳法、腿法、摔法等进攻技术出击；同时，还要让自己的肢体成为盾牌，使用格挡、抄挂、闪躲等防守技术阻止或避开对方的进攻，以便伺机进行出其不意的还击。

（1）自我保护

散打具有很强的攻防特点，在学练中要学会自我保护，避免受伤，并在学练散打基本技术的同时发展各项身体素质。

① 学会安全地摔倒

当要摔倒时，首先要做的就是迅速团身滚动，以缓冲倒地的力量，或者下蹲向前、向后、向侧倒地。掌握倒地的方法，可以预防受到攻击时出现伤害事故，也可以防止

日常生活中因倒地引起的身体伤害，如图 13-2-23、图 13-2-24 所示。

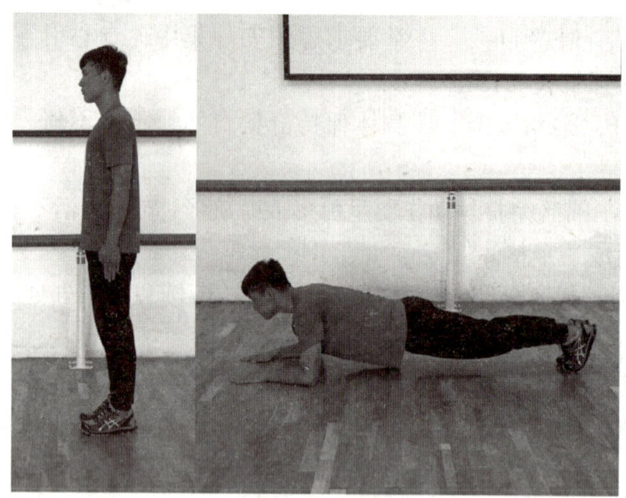

图 13-2-23 前倒

图 13-2-24 后倒

② 提高身体素质，强壮自我

在散打比赛中，后脑、颈部、裆部是禁止击打部位；此外其他一些身体重要部位如眼睛、鼻子、胸腹等，则需要进行自我保护，可用手臂、腿部、背部等部位防御对方的攻击。

而提高速度、灵敏、力量、耐力、柔韧等身体素质，对学练武术散打有着很大的作用。以下选择一些简单实用的练习方法供您参考。

练一练：

5~10 次一组，练习 2~3 组，间歇 2~3min，如图 13-2-25~图 13-2-29 所示。

图 13-2-25　蹲跳冲拳

图 13-2-26　俯卧撑

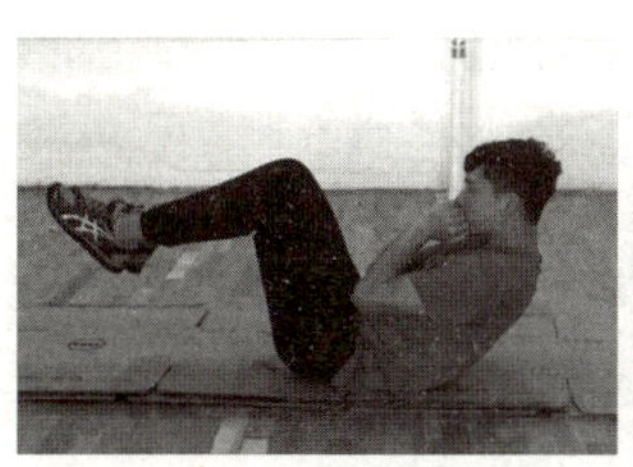

图 13-2-27　仰卧屈伸

图 13-2-28　压肩

图 13-2-29　两腿交换跳

（2）实战姿势

实战姿势就是进入对抗前的准备姿势。它的好坏直接影响进攻与防守的有效程度，因此学练散打必须掌握规范的实战姿势，以便为进一步学习散打基本技术打好坚实的基础，如图 13-2-30 所示。

学练提示

攻 防 要 点

散打的基本姿势重心要放在两腿之间，便于步法移动；身体保持侧身，暴露面积要小，要能有效地保护好自身所需防守的各个部位。

(a) 侧面　　(b) 正面

图 13-2-30　准备姿势

（3）基本步法

为了完成和实现攻与防的行动，必须通过灵活的步法调整和寻找与对方的最佳距离、实战位置以及进攻角度。随时把握攻击时机，使自己处于最佳位置。

① 进步：前脚向前进一步，同时后脚蹬地向前擦地跟进。

② 退步：后脚提起后退一步，前脚蹬地迅速向后擦地后退。

③ 闪步：前脚向一侧横跨一步，后脚蹬地随之侧移。

④ 垫步提膝：后脚蹬地向前踏于前脚内侧，同时前腿迅速屈膝前提，如图 13-2-31 所示。

图 13-2-31　垫步提膝

⑤ 交叉步提膝：后脚从前脚后面插步，前腿迅速屈膝上提，如图 13-2-32 所示。

图 13-2-32　交叉步提膝

知识链接

步法的作用

经常练习步法可以提高下肢的协调、灵活和力量等素质。提高对距离的判断能力，在实战中能通过步法的移动抢占有利的位置，发动进攻或转换防守。

（4）拳法技术

散打比赛中运用的拳法主要有冲拳、掼拳、抄拳、鞭拳等。所有拳法动作，发力顺序都是起于脚，传于腰、肩、肘，最后达于拳；收拳时要以腰带肘主动收回。

小贴士

散打实战姿势分为正架势和反架势，左手在前为正架势，右手在前为反架势。本章以正架势为实战姿势。

① 冲拳

直线冲拳，力达拳面，如图 13-2-33 所示。

② 掼拳

平弧线掼拳，横向击打，力达拳面或偏于拳眼侧，如图 13-2-34 所示。

③ 抄拳

上弧线抄拳，拳由下向前方勾起，拳心朝里，力达拳面，如图 13-2-35 所示。

④ 鞭拳

防守反击的手法，左手拍挡后，以头领先，快速转体，以腰带臂鞭打甩拳，力达拳背，如图 13-2-36 所示。

图 13-2-33　左右冲拳

图 13-2-34　左右掼拳

图 13-2-35　左右抄拳

图 13-2-36 左右鞭拳

（5）腿法技术

散打比赛中运用的腿法主要有蹬腿、鞭腿、踹腿等，主要特点是起腰近，出腿远。起腿时先屈膝上提，膝部收紧，靠近身体，然后展髋挺膝发力；出腿时放长击远，求得攻击距离，加大攻击力量。出腿后，迅速还原为实战姿势。

① 蹬腿

屈膝勾脚向前蹬出，力达脚跟，亦可送髋，脚掌下压，力达脚前掌，如图 13-2-37 所示。

图 13-2-37 左右蹬腿

② 踹腿

屈膝勾脚向侧踹出，踹出后上体、大腿、小腿、脚掌要成一条直线，力达脚掌，如图 13-2-38 所示。

图 13-2-38　左右蹬腿

③ 鞭腿

侧身横向踢击，蹦脚背，力达脚背至小腿下端，如图 13-2-39 所示。

图 13-2-39　左右鞭腿

④ 勾踢腿

转体收腹合胯，直腿勾脚向斜上方擦地勾踢，力达脚弓内侧，如图 13-2-40 所示。

图 13-2-40　左右勾踢腿

（6）摔法技术

摔法是将力量、速度和技巧等融合在一起的复合技术，主要用于防守反击，多在接住对方进攻性的各种拳法和腿法后运用的快摔的技法。

① 别腿摔，如图 13-2-41（a）~（c）所示。

动作要领：准确抓住对方手腕，上步、转身、拧腰迅速连贯。

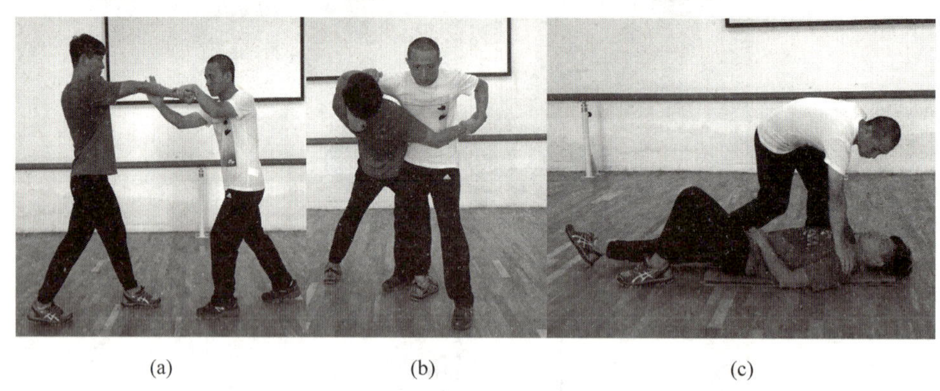

(a) (b) (c)

图 13-2-41　别腿摔

② 抱腿摔，如图 13-2-42（a）~（c）所示。

动作要领：下潜快，抱腿紧，两臂后撤，肩顶有力。

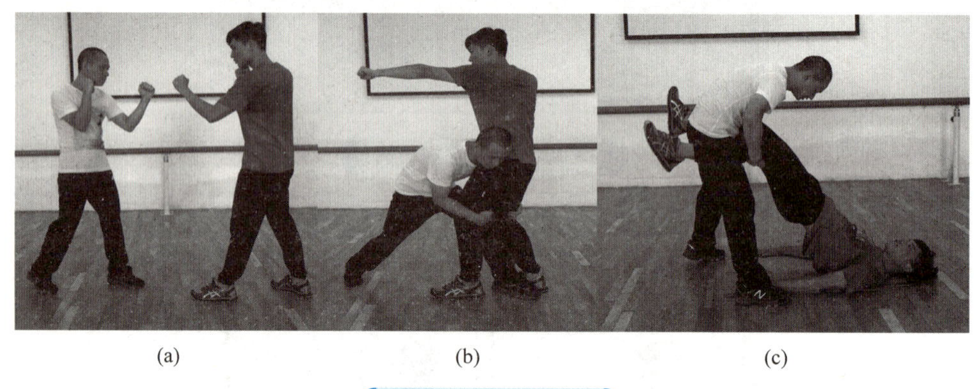

(a) (b) (c)

图 13-2-42　抱腿摔

③ 接腿搂腿摔，如图 13-2-43（a）~（c）所示。

动作要领：抱腿紧，搂腿、推肩协调有力。

安全提示

与同伴练习摔法，要注意互相保护，并做到以下几点。

（1）在垫子或松软的沙坑进行练习。

（2）练习前应先练习几次倒地动作，做好准备活动。

（3）应从“别腿摔”“抱腿摔”等摔倒幅度小的动作开始练习。

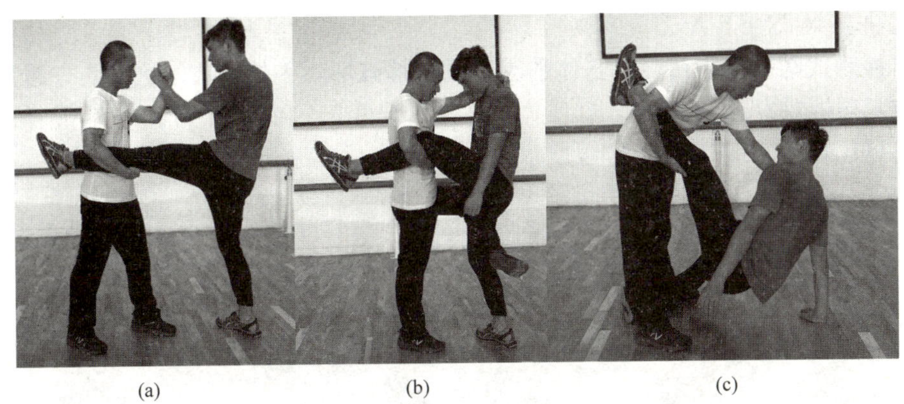

(a) (b) (c)

图 13-2-43 接腿搂腿摔

（7）基本防守技术

防守技术在散打比赛中占有非常重要的地位。防守是用来保护自己的方法，但不是消极防御，而是在瞬间选择正确的防守技术，为反击创造条件。防守技术可以分为“接触式防守”和“非接触式防守”两种。

① 接触式防守

接触式防守是指用自己的肢体破坏对手的进攻，改变对手的攻击路线，从而导致对手的进攻偏离目标，或使其重心在防守技术的作用下失去控制的一项技术。如拍挡、格挡、外挂、内挂、抄腿等，如图 13-2-44 所示。

(a) 拍挡 (b) 格挡

(c) 外挂 (d) 内挂 (e) 抄腿

图 13-2-44 接触式防守

② 非接触式防守

非接触式防守是指用自己身体的晃动或位移破坏对手的进攻，这种防守通常情况下能有效接近对方，给予重击。这种防守要有灵活的步法和身法，如侧闪、后闪、绕闪等，不要盲目乱躲乱闪，如图 13-2-45 所示。

(a) 侧闪　　(b) 后闪　　(c) 绕闪

图 13-2-45　非接触式防守

> 小贴士
>
> **攻 防 之 道**
>
> 防守技术可以使对方的进攻落空或削减对方的力量，有效地保护自己；同时也可为迅速还击创造条件。因此，防守动作不能太大，恰到好处地防住或避开对方的攻击即可，目的是保存体力准备反击。

2. 散打的组合技术

组合技术就是把两种或两种以上的不同手型、手法、步型、步法、腿法等基本功串联起来，进行单人或多人的进攻和防守连贯练习，对提高身体的协调能力和连贯完成不同动作的能力有非常重要的作用。

（1）单人组合动作一

实战姿势→左冲拳→右掼拳→左勾拳→右横摆肘→右勾踢腿→左侧踹腿→实战姿势，如图 13-2-46 所示。

（2）单人组合动作二

实战姿势→左冲拳→右冲拳→左鞭腿→右鞭腿→转身侧踹腿→后扫腿→实战姿势，如图 13-2-47 所示。

（3）双人攻防组合动作

实战姿势→左冲拳、左拍挡→右掼拳、左格挡→右冲拳、左拍挡→右横踢、下挡→右弹拳、右格挡→左横踢、右转撤步下挡→抱推搂摔→实战姿势，如图 13-2-48 所示。

图 13-2-46 单人组合动作一

图 13-2-47 单人组合动作二

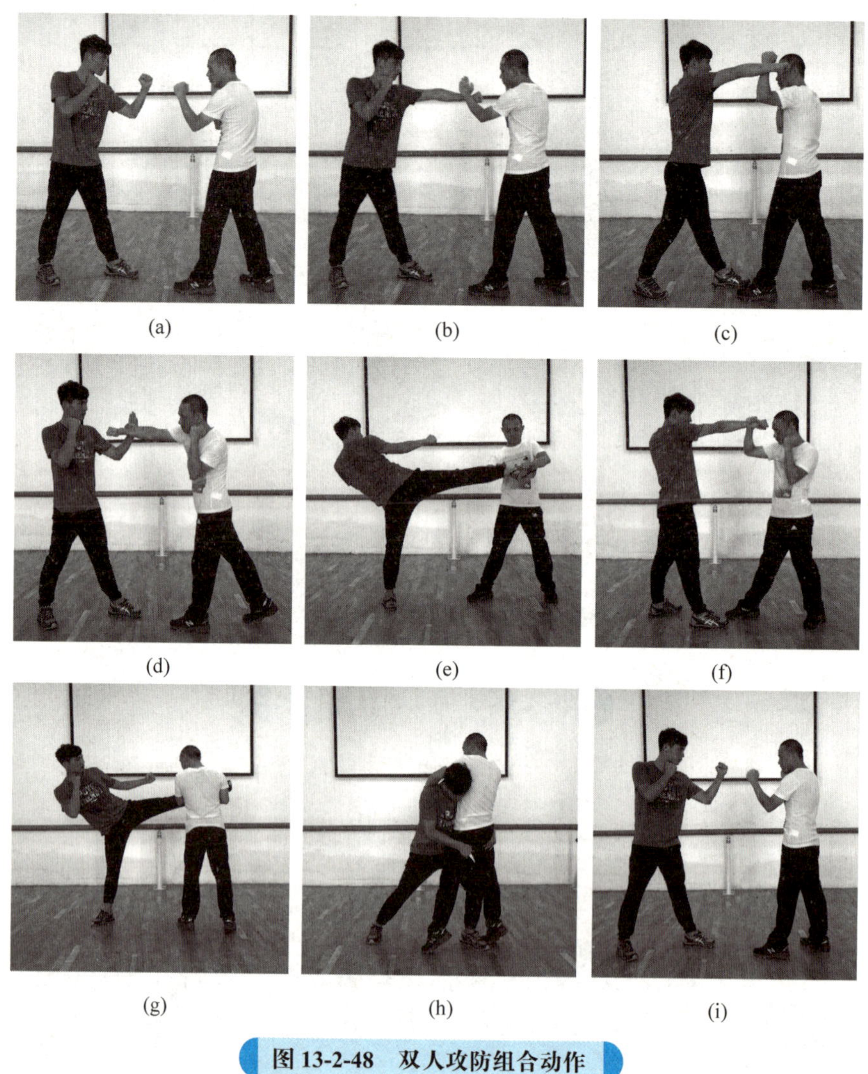

图 13-2-48　双人攻防组合动作

第三节　不看热闹看门道——学会欣赏武术

武术有着独特的表演价值功能，通过高超娴熟的技艺、扣人心弦的搏斗技巧体现了中华民族拼搏向上的民族精神。俗话说“内行看门道，外行看热闹”，学会欣赏武术，体悟武术的民族精神与技击之美。

一、武术运动的美学欣赏

1. 形体美

武术运动对手眼身步法都有严格的要求。技击练习对力量和时机掌握的要求都有利于塑造运动员的形体美，如图 13-3-1 所示。只有美的身体才能带来美的运动，武术运动员的身体形态是否健美，不仅会影响武术的演练风格，而且还会影响武术表演的艺术效果。形体美由姿态美、身体美组成。同舞蹈、体操、戏剧一样，武术也同样有造型艺术美的方面，如长拳中，站如松、坐如钟等舒展大方的动作；象形拳惟妙惟肖地模仿各种动物的千姿百态；在竞技比赛中，重如铁、快如风的搏击等，这些优美的姿态，漂亮的动作，都是通过运动员健康的身体、强健的体魄所表现出来的。武术运动中的形体美首先表现在运动员矫健的形体，其次表现在面部表情上，力求自然，随势而发。

2. 技艺美

技艺美是与武术套路的技术结构特点和演练者的技术发挥相联系的，如图 13-3-2 所示。武术套路的演练，不仅反映出演练者的创造性、独特性和艺术性，也能反映出其武术套路的风格特点。能充分体现武术的技艺美。技艺中又包含有技巧美、动态平衡美等多种审美因素。在以柔克刚、以短敌长的技巧中，你会感受到武术的技巧美；在运动中求平衡，平衡中求运动，你会体会它的动态平衡美。

图 13-3-1 武术的形体美

图 13-3-2 武术的技艺美

3. 风格美

不同拳术、器械在动作方法、节奏、劲力要求上有所不同。风格差别也较大，具

图 13-3-3　武术的风格美

有不同的风格美，如图 13-3-3 所示。拳术方面，如长拳要求动作舒展大方，身形要求顶平颈直、沉肩、挺胸、收腹、塌腰；太极拳则要求动作柔和缓慢、圆活连贯，行动如抽丝、迈步如猫行。武谚有“刀如猛虎”“刀走黑，剑走青”之说，说明刀法凶狠、剽悍；动作快速有力，呼呼生风，气势雄厚。剑要求“耀如闪电、舞如长风、气若长虹贯天、形近三尺春水”。棍要求势势紧连、步步紧逼、大开大合、起伏有致，时而声东击西，时而指上打下，刚劲迅猛，势不可当。枪要求“枪扎一条线”“出枪如游龙出水，入枪如猛虎入洞”，身法灵活多变，步法轻快、敏捷。

二、如何透过规则欣赏高手的功夫

1. 根据武术套路竞赛裁判法欣赏武术套路

武术套路竞赛的裁判评分是以规则为准绳，以运动员现场技术发挥为依据，采用减分、给分和加分的办法进行的。

（1）从动作质量分的评判欣赏武术套路

武术套路由诸多武术单个动作组成，每个完整动作又是由“型”与“法”构成。“型”是指手形、步形、身形。套路演练中，定势动作主要看其“型”正确与否。“法”是指手法、步法、身法、腿法、眼法、跳跃、平衡和各种器械的方法。对“法”的评判着重要看方法是否正确，运行路线是否合理、清楚，力点是否准确等，如图 13-3-4 所示。

图 13-3-4　武术套路

（2）从整套演练水平的评判欣赏武术套路

① 对功力的评判

运动员套路演练的功力水平主要通过劲力和协调两个方面来体现。

劲力主要是指运动员在完成动作时对力的运用与表现。套路演练时的劲力，要求用力顺达，发力完整，刚柔得当，力点准确。

协调主要是指运动员在完成动作时，身体各部位及器械的合理配合。武术讲究手、眼、身法、步协调一致，眼随手走，手到步到，上下相随等，这些都是协调配合的具体要求和表现。劲力与协调是相辅相成、不可截然分开的统一体。

② 对演练技巧的评判

套路既然是武术的一种表现形式，那么，武术套路竞赛必然讲究演练技巧。其包括精神、节奏、风格三方面。

精神主要是指内在心志活动的表现。演练者应该是精神贯注，形神兼备，具有攻防意识和战斗气势。

节奏主要是指对动、静、快、慢之间关系的处理技巧。套路演练时节奏处理要富有韵律感，快的令人振奋，慢的耐人寻味。

风格主要是指整个套路的技术特点和运动风貌。看演练者的动作技术演练是否符合项目的特点要求，是否体现项目技术特色。

③ 对编排的评判

套路编排对演练效果、得分高低有着直接的关系。其包括内容、结构、布局三方面。

内容主要是看整个套路中，基本动作、技术方法是否充实、全面，是否具有代表性。

结构主要是指套路中动作的衔接与安排是否合理、紧凑，是否顺畅、和谐、巧妙，是否起伏转折、富于变化。

布局主要是指整个套路演练对场地的运用是否合理、恰当、均衡，是否富有变化。

（3）从难度动作的评判来欣赏武术套路

难度动作是竞技武术套路发展的产物。比赛过程中，运动员对难度动作完成得成功与否，直接影响他的比赛成绩。

2. 根据《武术散打竞赛裁判法》欣赏散打比赛

《武术散打竞赛裁判法》是对《武术散打竞赛规则》的细化，由于条款众多，在此仅对比赛时观看散打比赛应当了解的规则条款，依据《武术散打竞赛裁判法》进行一定的解释，以便观赏散打比赛，如图 13-3-5 所示。

图 13-3-5 散打比赛

（1）净打 2min：每局比赛除暂停外的实际比赛时间。

（2）用迫使对方反关节的动作攻击对方：采用方法固定对方关节前端并击打、拧扳或迫使其关节超出正常活动范围的攻击动作。

（3）迫使对方头部先着地的摔法：在使用摔法过程中，控制住对方的身体，强迫对方头部先着地，有意伤害对方。

小技巧

散打比赛中禁止使用的动作

（1）禁止击打对方的后脑、颈部、裆部。

（2）禁止用头、肘、膝和反关节的动作进攻对方。

（3）禁止用迫使对方头部先着地的摔法或有意砸压对方。

（4）禁止用腿法攻击倒地一方的头部。

（5）禁止用硬推的方法将对方推下台。

（4）有意砸压对方：对方倒地时，顺势用身体的某一部位再次加力于对方身体的某一部位，以达到使对方丧失战斗力的目的。

（5）读秒：读 8s，读秒过程中，运动员示意可继续比赛，仍须读完 8s 再继续比赛；读 10s，读秒过程中，运动员没有示意继续比赛或已示意可以比赛，但发觉其直觉不正常时，仍须读到 10s，读到 10s 表示该场比赛终止。

（6）消极 8s：指定一方运动员进攻后，运动员 8s 后仍不进攻的行为。

（7）倒地：两脚以外的任何身体部位支撑了台面。

（8）主动倒地：两脚以外的其他身体部位需要先支撑台面后才能使用方法或使用方法后必须倒地的进攻方法。

（9）主动倒地超过 3s：使用主动倒地动作进攻没有击到对方，或使用主动倒地进攻动作时被对方反击所迫不能在 3s 钟内迅速站立。

（10）击中：运动员使用允许的方法打到对方的得分部位。

（11）下台无效：一方下台时，另一方虽在台上但没有与台下运动员身体的某一部位脱离，均被视为无效。

（12）抱缠时击中对方不得分：一方运动员抱住另一方运动员后，或者在双方互相搂抱的过程中击打对方，尽管是有效部位但仍不予记分。

（13）消极搂抱：威力达到不让对方进攻或反击的目的而一味采取抱缠的行为。

（14）每局胜负评定：边裁判员用色别标志表示胜负结果，红色或黑色多者为胜方。

思考题

1. 谈谈武术识图自学的方法与步骤。注意事项有哪些？
2. 人体主要有哪些薄弱与要害部位需要重点防护？
3. 学练太极拳时应注意哪些方面？

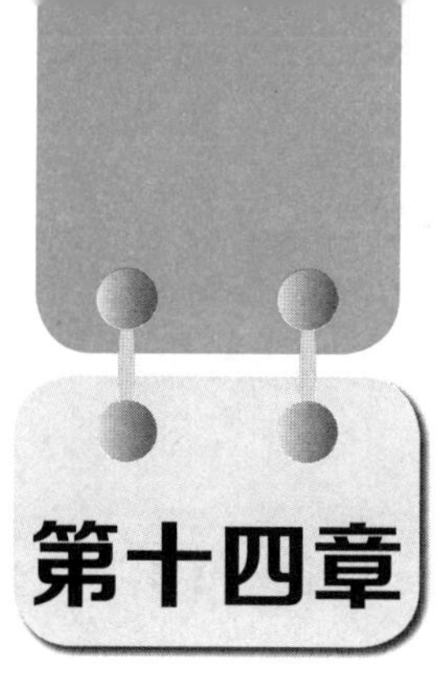

第十四章

健　美　操

健美操是有氧运动的一种，是在音乐伴奏下，以身体练习为内容、以有氧运动为基础，达到增进健康、塑造良好体态和陶冶情操的一项体育运动。它体现了人在力量、柔韧、协调、节奏感、审美及表现力等诸多方面的综合能力。

学习目标

（1）认识并了解健美操运动。

（2）正确理解健美操的概念、特点及功能。

（3）掌握健美操的练习方法。

（4）能够科学地设计健美操的锻炼方案。

第一节 走进肢体与节奏之美的健美操运动

一、走进健美操

1. 健美操运动的概念

健美操源于英文“Aerobics”，意为有氧运动，属于体操运动体系。被誉为“韵律体操创始人”的瑞典现代体操家 Meekman 认为：将运动员的喜悦、人体的运动规律、动作的创造性及现代音乐可以融合在一起；而苏联学者认为：力量、耐力、柔韧和美就是健美操的公式；美国健美操的代表简・方达认为：健美操是改善形体和心理感觉的体操。那么健美操运动到底是什么，我们认为：健美操是融合了体操、音乐、舞蹈和美为一体，以有氧运动为基础，通过徒手或手持专业器械的练习，达到增进健康、塑造形体和娱乐身心的一项新兴体育项目。

2. 国际健美操运动的发展

健美操的起源应该能追溯到 2000 年前的古希腊，当时的人们认为：世界万物中，只有人体的健美才是最匀称、最和谐、最完美的，他们提出了体操锻炼身体，音乐陶冶精神的主张。古人对健美健身的追求，提倡将音乐和形体动作的结合是现代健美操形成与发展的基础。

19 世纪的欧洲，先后在法国、德国、瑞典、丹麦、捷克等地出现了不同学派的体操。从 20 世纪 60 年代开始，真正意义上的现代健美操开始了发展，最初是美国太空总署医生库帕为太空人设计的体能训练项目。1969 年杰姬・索伦森综合了体操与现代舞创编出了健美操运动，它的新颖性和娱乐性吸引了许多人。1985 年美国首次举行了健美操比赛，来自全美各地的健美操运动员以极大的热情参与其中，各种精彩的比赛内容受到参观者的热烈欢迎，此次比赛将健美操运动迅速推广，成为全球性的运动。近几十年，美国以健身、健美为主的比赛一直处于世界领先地位，为世界健美操的不断发展做出很大贡献。欧洲健美操运动也很普及，各个国家健美操运动的发展出现欣欣向荣的景象。

3. 我国健美操运动的发展

1949 年新中国成立后，我国首次推出了第一套广播体操。1973 年康健书局出版社发行马济翰撰写的《女子健美操集》专著，著作从貌美与健美、妇女健康的运动、中年妇女的美容操，增进机体美的5分钟美容操、女子健康柔软操共五章内容阐述了美的价值、练习方法等。后来又相继出版《男子健美操集》，增加了器械练习内容。1983年人民体育出版社出版了《健与美》。从1984年开始，中央电视台相继播放“女子健美操”“健美5分钟”“动感组合”“青春时光”等健美操节目，为健美操在我国的普及与发展起到积极的宣传作用。健美操运动于20世纪80年代初传入我国。1985年北京体育学院推出“青年韵律操”受到广大青年学生的喜爱，使得健美操运动在我国各大专院校得到普及。此后，许多高等院校将健美操纳入教学计划，成为一项重要的体育教学内容。1986年在广州市举办了首届“全国女子健美操邀请赛”，共吸引了8省市9支参赛队伍，这次比赛开创了我国竞技健美操的新路，展现了我国健美操发展成果。1987年，我国第一家健美操运动中心“利生健康城”面向社会开放，这标志着我国社会健美操的兴起，新颖的锻炼方式、良好的健身效果很快吸引了大批的健美操爱好者，越来越多以健美操为形式的俱乐部相继开业，尤其在北京、上海、广州等一线城市，健美操更是火爆。1992年，中国健美操协会和中国大学生健美操艺术体操协会相继成立，这标志着我国对健美操项目的管理呈现出更加规范化的趋势。1996年在全国范围内统一竞赛规则，1998—2002年，国家体委制定并推出了一系列文件，使得健美操运动向着市场化和规范化迈进，标志着健美操运动进入一个新的发展历程。中国健美操协会于2002年在全国健美操锦标赛中增设了青少年健美操锦标赛，2003年首次举办全国青少年健美操锦标赛。其中竞技健美操被列为2008年北京奥运会的表演项目。

二、健美操运动的特点与价值

1. 健美操运动的特点

（1）集健美和健身于一体

健美操是以健身为基础，根据人体解剖学、运动生理学、体育美学等多学科理论，为使人体健康健美地发展而编排的。健美操动作讲究健美大方，强调力度和弹性，练习内容讲求针对性和实效性，不仅能使身体各部位的关节、韧带、肌肉得到充分锻炼，使人体匀称和谐地发展，而且还能增强体质，培养健美的体形和风度，塑造健美的自我。因此，健美操是一项既注重外在美的锻炼，又强调内在美培养的人体运动方式，对人的身心影响较为全面。

（2）鲜明的节奏感和韵律感

健美操是一种必须在音乐伴奏下进行的身体练习，音乐是健美操的灵魂。与艺术体操相比，健美操更强调动作的力度。因此，健美操的音乐节奏趋于鲜明强劲，风格更趋于热烈奔放。健美操音乐多取材于迪斯科、爵士、摇滚等现代音乐和具有上述特点的民族乐曲，而正是音乐中的高低、长短、强弱、快慢等有节奏的变化，使健美操更富有一种鲜明的韵律感。此外，旋律清晰、活泼轻快、情绪激奋的音乐，不仅能振奋练习者的精神，使人产生跃跃欲试的动感，而且还能使人在练习过程中忘却疲劳，产生一种轻松愉快的心情。

（3）动作的多变性和协调性

健美操成套动作的多变性不仅表现在动作的节奏和力度上，而且还表现在动作的复合性方面。其每节操很少是单个关节的局部动作，大多为多关节的同步运动。如在完成大幅度的上肢动作时，常伴有腰、膝、髋、踝和头部等的动作。这不仅可使身体各关节的活动次数成倍增长，而且还能有效地改善和提高人们身体的协调性。

（4）广泛的群众性

健美操是一项富有趣味性的运动，它能给人们带来热情奔放的情感体验，符合现代人追求健美、自娱自乐的需要，因此深受广大群众的喜爱。同时由于健美操，尤其是健身健美操，其练习形式多样，运动负荷和难度可以自我调节，不同年龄、性别、形体、素质、个性、气质的练习者都可酌情择项参加锻炼，各种人群都能从健美操练习中找到适合自己的练习方式，并通过训练增强体质，弥补自身的某些不足，并且还可从中获得乐趣。因而，健美操是男女老幼青睐的一项运动。此外，由于健美操不受气候的影响，对场地、器材条件的要求不高，练习起来简便安全，适合不同地区、不同条件的单位和部门开展。因此，这项运动具有广泛的群众性。

2. 健美操运动的价值

（1）健美操是一项全面促进身体健康的运动

通过健美操运动，练习者的腰肢更加灵活、脚步更加有力、身体反应更加灵敏，能够有效燃烧身体中的脂肪，增强机体的活力。通过适当的健美操运动，舞蹈者的心脏供血能力会逐渐得到锻炼和强化，其心脏泵血功能比同龄人要好很多。而且，舞蹈运动引发的心脏起搏能够强化血管输血能力，增强血管韧性，提高体内血液循环和代谢功能。健美操的舞蹈动作多样，可以有效锻炼舞蹈者的腰部、背部、腕关节、肩关节、肘关节、膝关节、踝关节、颈椎等各个关节，促进舞蹈者的身体灵活度提高。健美操运动作为一种日常的健身活动来进行，可以充分调动大脑在肢体协调方面的功能，促进大脑功能的正常发挥发展。而且全身性的运动促进了血液循环，提高了血液的供氧能力，也在一定程度上对大脑带来了好的影响。

（2）健美操具备运动心理的调节作用

健美操是一种节奏欢快、热情洋溢的舞蹈形式。在进行健美操运动的过程中，舞蹈者很容易获得愉快的运动体验。健美操的动作大多很简单，对动作的要求也不是特别严格，群众参与度比较高。通过健美操运动，练习者的精神状态能够得到良好的改善，其身心状态也会比同龄人好很多。精神面貌的提升和改善，让民众在生活中更多趋向于积极、乐观的情感，自身也会获得一种满足感和成就感。经常参加健美操运动，练习者在舞蹈动作、形体美学、音乐鉴赏能力、精神情怀、体育运动价值等各方面都会有收获，获得整体艺术素养的提升。

（3）健美操运动的社会价值

随着越来越多的人参与到健美操运动中来，健美操在身体健康和心态、心理、情绪方面发挥的积极作用也必然会向着更广泛的人群传播。依托健美操良好的健美、健身价值，能够带动更多的人认识到参与体育运动、参加健身运动的重要性。健美操运动的全民参与特点，让民众的精神风貌有了整体上的进步，人们的身体健康水平、精神文化水平和艺术修养的提高，在人与人的交流中更容易让友好的情绪互相感染。可以说，健美操在社会文化、精神文明、体育健身风气、社会风貌、民众健康水平、社会意识形态等方面都发挥了积极的作用。健美操运动的功能特点符合我国和谐社会建设的相关要求，符合精神文化建设的要求，能够有效地缓解社会矛盾，提升民众生活的幸福感，有着深远的社会意义，是多种运动、文化价值的集中体现。

三、健美操的分类

世界健美操和我国健美操种类繁多，分类方法也各不相同。根据当今世界和我国健美操运动的发展状况和未来的发展趋势，按照不同的目的和任务，健美操运动可分为健身健美操、竞技健美操和表演健美操三大类。

1. 健身健美操

根据不同的需要，健身健美操可以从不同的角度进一步分类和命名。

（1）按年龄结构可分为老年健美操、中年健美操、青年健美操、少年健美操、儿童健美操、幼儿健美操等。

（2）按人体解剖结构活动部位可分为头颈健美操、肩部健美操、胸部健美操、臂部健美操、腹部健美操、髋部健美操、腿部健美操等。

（3）按练习的目的和任务可分为热身健美操、姿态健美操、形体健美操、减肥健美操、节奏健美操、活力健美操、跑跳健美操等。

（4）按练习形式可分为徒手健美操、持轻器械健美操（哑铃、彩球、花环、绳、手鼓等）、专门器械健美操（垫上健美操、踏板健美操、健骑机健美操等）。

（5）按人数可分为单人、双人、三人、六人和集体健美操。

（6）按动作特色可分为瑜伽健美操、迪斯科健美操、搏击健美操、拉丁健美操、爵士健美操等。

2. 竞技健美操

竞技健美操是根据竞赛规则与规程的要求组编的一套具有较高艺术性，以比赛取得优异成绩为主要目的的健美操。竞技健美操只进行自编动作的比赛，有特定的比赛规则和评分方法，需完成一定的难度动作，对人体的心肺功能、身体素质、技术技能和艺术表现能力有较高要求。一般较适合于青年人。竞技健美操比赛共设五个传统项目：男子单人、女子单人、混双、混合三人、混合六人健美操。

3. 表演健美操

表演健美操主要是以在表演中展示自己的价值和魅力，在观赏中陶冶情操、净化心灵、促进健美操活动的广泛开展，满足人们展开和表现自我的需要为目的，在特定的活动、场合或节日庆典中进行表演，观赏、娱乐为一体的体育节目。一般而言，健身健美操用于表演极其普遍，竞技健美操用于表演时可不受规则的限制。

四、如何选择适合你的健美操

健美操种类很多，并非每一种都适合你，怎么才能知道哪一种最适合你呢？

首先，要把握以下三个原则。

（1）可行性：有参与的可能；有场地、器械条件；能够得到适时的指导。

（2）针对性：符合锻炼的目的；适合本人的实际情况。

（3）趣味性：本人喜欢；时尚流行；实际需要。

也许，很多人会说，我没有时间锻炼啊？扪心自问，你有时间逛街吗？有时间上网吗？所以，一切都是借口。请记住：时间就像海绵里的水，只要挤就会有。表 14-1-1 列出了各类健美操对不同人群的适用性，星多者适用性强。

表 14-1-1　各类健美操对不同人群的适用性

人群类型	拉伸塑形操	健身性健美操	轻器械健美操	竞技健美操
初练者	★★★	★★★	★	
有一定基础者		★★	★★	
有良好水平者	★	★★	★★	★★★
欲增加肌力者	★	★★	★★★	
欲减肥者	★★★	★★★		
欲提高技术者		★	★	★★★
协调性不好者		★★★	★★	
表演需要者	★	★★★	★★	★

知识链接

健美操皇后简·方达

有“健美操皇后”之称的美国著名影星简·方达曾是一名璀璨耀眼的明星，她那苗条的身材曾经是众多女性渴望通过形体锻炼达到的瘦身目标，如图 14-1-1 所示。

图 14-1-1 简·方达

过去几十年来，在瘦身风潮席卷下，简·方达一直在跟自己饮食无节制做斗争，她很担心自己发胖，哪怕是一点点也不能容忍。20 世纪 80 年代初期，简·方达首创的有氧健身操曾风靡全球，由她撰写的《简·方达健身体操》也在 32 周内位居《纽约时报》畅销书排行榜首位。简·方达还制定了一个标准，即把健美操的运动负荷规定在（220–年龄）×（65%~80%）之间，提出了运动必须持续 20min 以上，每周至少锻炼 3 次的要求。

名人名言

体操和音乐两个方面并重，才能够成为完全的人格。因为体操能锻炼身体，音乐可以陶冶精神。

——［古希腊］柏拉图

第二节 健美操是这样练成的

一、掌握基本动作及其变化规律

1. 健美操基本动作——下肢动作

（1）无冲击步伐

① 弹动：膝关节有弹性的屈伸。

② 半蹲：两腿分开或并拢，屈膝。

③ 弓步：一腿向前（侧、后）迈步屈膝，另一腿伸直。

④ 提踵：脚跟向上提起，然后还原。

⑤ 箭步蹲：一腿向前一步屈膝；另一腿屈膝，大腿垂直地面，脚跟向上；中心在两脚之间。

（2）低冲击步伐

① 踏步

动作方法：单拍完成动作。两脚在原地交替抬起和落地，如图 14-2-1 所示。

动作要领：每次落地下肢关节依次顺势缓冲。

图 14-2-1　踏步

② 一字步

动作方法：4 拍完成动作。两脚依次向前迈一步，并拢，再依次退一步，还原，如图 14-2-2 所示。

动作要领：每次落地下肢关节依次顺势缓冲。

图 14-2-2　一字步

③ V 字步

动作方法：4 拍完成动作。以右脚为例，右脚向右前迈一步，屈膝缓冲，左脚向左前迈一步成屈膝半蹲，两脚运动轨迹成 V 字形，然后从右脚开始依次退回原位，如图 14-2-3 所示。

动作要领：迈出的脚以脚跟落地，过渡至全脚，并注意关节的缓冲及动作的弹性。可加入不同的手臂动作。

④ 恰恰步

动作方法：2 拍动作。以右脚为例，右脚迈一步，后半拍左脚在右腿后方快速跟进一步或跳起并步，然后右脚再向前一步，如图 14-2-4 所示。

动作要领：注意节奏的掌握，第一拍两动，第二拍一动；通常和漫步连用。

图 14-2-3　V 字步

图 14-2-4　恰恰步

⑤ 并步

动作方法：2 拍完成动作。以右脚为例，右脚向右侧迈一步，左脚前脚掌并于右脚，稍屈膝下蹲，然后接反方向，如图 14-2-5 所示。

动作要领：落地时膝部应顺势向下屈膝缓冲，动作过程保持腰腹的稳定。

图 14-2-5　并步

⑥ 交叉步

动作方法：4 拍完成的动作。一腿向侧迈出，另一腿在其后交叉，稍屈膝，随之再向侧一步，另一脚点地并拢。然后可接反方向，如图 14-2-6 所示。

动作要领：交叉步是向侧移动的主要步伐之一，应尽能增大完成动作的幅度，落地时膝部应顺势向下屈膝缓冲，动作过程保持腰腹的稳定。

图 14-2-6　交叉步

⑦ 迈步后屈腿

动作方法：2 拍完成的动作。一脚向右侧迈一步，膝部稍弯曲，另一腿小腿后屈。然后可接反方向，如图 14-2-7 所示。

动作要领：第一拍迈一步落地时有一个两腿都屈的过程，接着重心应控制在支撑腿上，保持关节的弹动控制；另一腿勾脚后屈，脚跟尽量靠近臀部。

图 14-2-7　迈步后屈腿

⑧ 吸腿

动作方法：2 拍完成的动作。一腿支撑地面，另一腿屈膝向上抬起，还原，如图 14-2-8 所示。

动作要领：保持支撑腿的弹性缓冲及身体稳定，可吸腿跳起。

图 14-2-8 吸腿

（3）高冲击步伐

① 并步跳

动作方法：以右脚为例，右脚迈一步同时蹬地起跳，左脚并右脚，两脚同时落地，如图 14-2-9 所示。

动作要领：单脚起跳，双脚落地，空中保持身体肌肉适度紧张，落地经屈膝缓冲。

图 14-2-9 并步跳

② 上步吸腿跳

动作方法：右脚迈一步同时蹬地起跳，另一腿吸起，单脚落地，如图 14-2-10 所示。

动作要领：单脚起跳，双脚落地，空中保持身体肌肉适度紧张，落地经屈膝缓冲。

③ 开合跳

动作方法：4 拍完成的动作。两腿并拢屈膝向上跳起，落地成开立，然后再向上跳起，两腿并拢还原落地，如图 14-2-11 所示。

动作要领：双脚起跳，双脚落地，落地时两脚尖稍外开，腿向脚尖方向屈膝缓冲，空中保持身体稳定及肌肉适度紧张。

图 14-2-10 上步吸腿跳

图 14-2-11 开合跳

④ 弹踢腿跳

动作方法：2 拍完成动作。右脚抬起后屈，左脚起跳同时将右膝伸直向前（侧、后）踢出，然后右脚落地同时左腿后屈，接反方向或下一个动作，如图 14-2-12 所示。

动作要领：弹踢腿时大腿先发力，再小腿弹伸，膝关节不要强直，要有控制地向前下方伸。

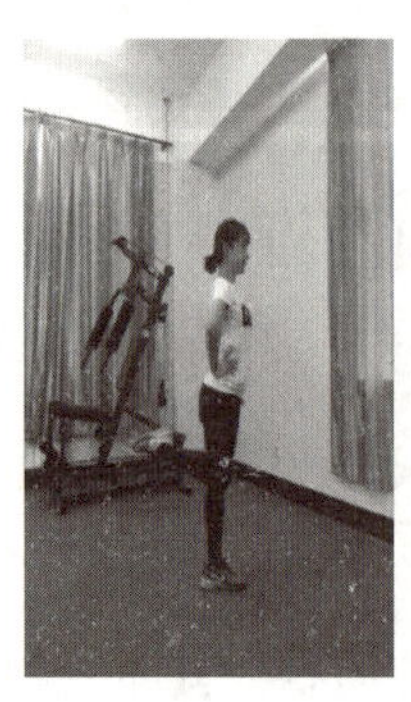 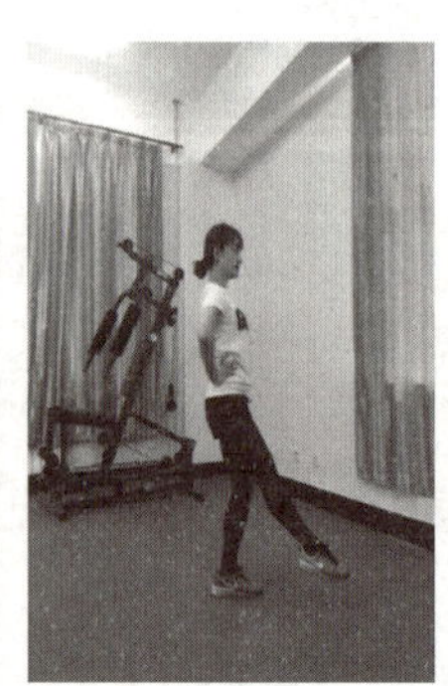  

图 14-2-12 弹踢腿跳

⑤ 后踢腿跑

动作方法：两脚经过腾空后，一脚落地，另一腿小腿后屈，然后依次交替进行，如图 14-2-13 所示。

动作要领：单腿起跳，单腿落地，空中保持身体肌肉适度紧张，落地经屈膝缓冲。

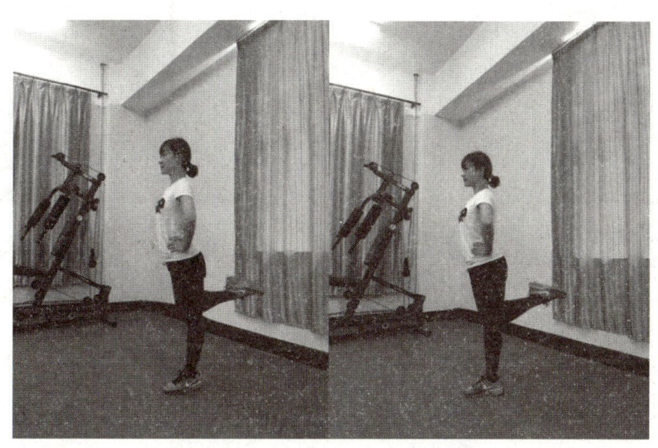

图 14-2-13　后踢腿跑

⑥ 小马跳

动作方法：2 拍完成动作。右脚抬起，左脚蹬离地面跳起向侧跳一小步，右、左脚依次落地并完成交换腿小跳，至右脚站立、左脚前脚掌点地，如图 14-2-14 所示。

动作要领：单腿起跳，依次落地。第一拍两动，第二拍一动，不要跳起来，只要实现交换腿动作即可。

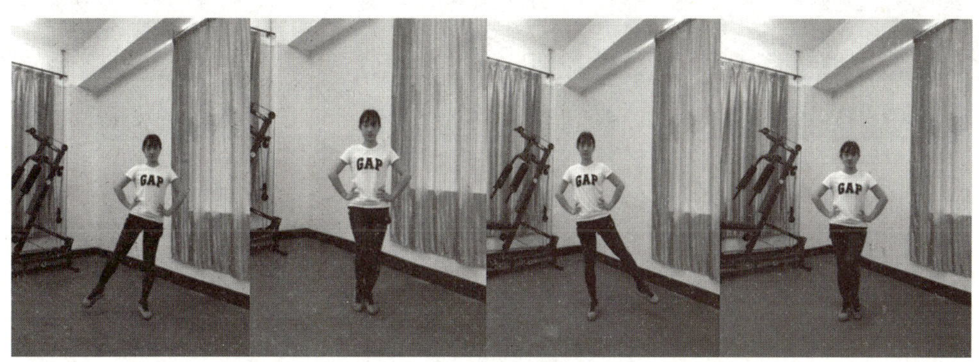

图 14-2-14　小马跳

2. 健美操基本动作——上肢动作

（1）基本手型

① 并掌。五指并拢伸直，指关节不能弯曲，如图 14-2-15 所示。

② 开掌。五指用力分开伸直，如图 14-2-16 所示。

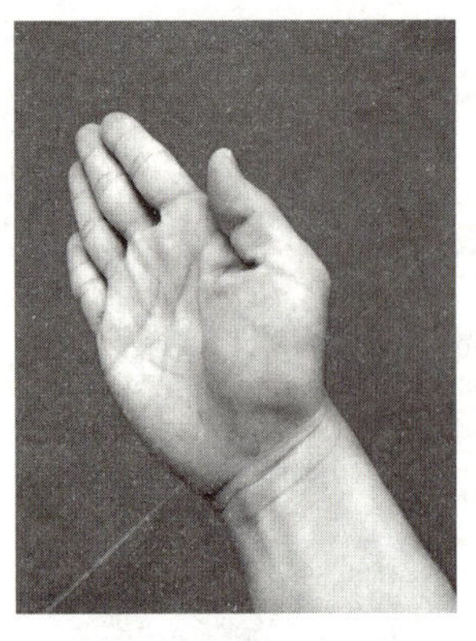
图 14-2-15　并掌

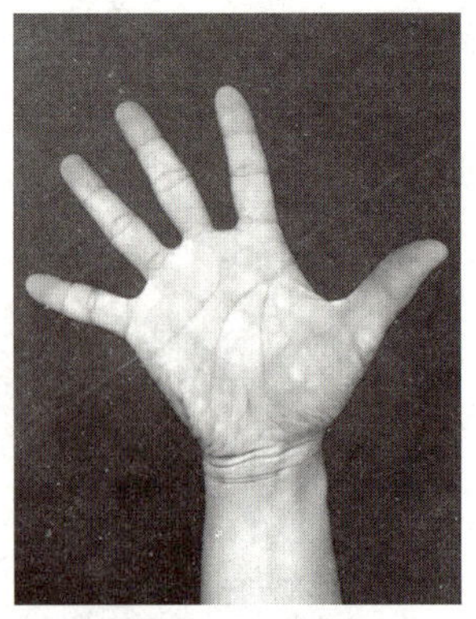
图 14-2-16　开掌

③ 花掌。开掌的基础上，从小指开始依次内旋，形成一个扇面，如图 14-2-17 所示。

④ 立掌。手腕用力上屈，五指并拢，指关节用力挺直，如图 14-2-18 所示。

⑤ 拳。四长指握拳，拇指第一关节扣在食指与中指的第二关节处，如图 14-2-19 所示。

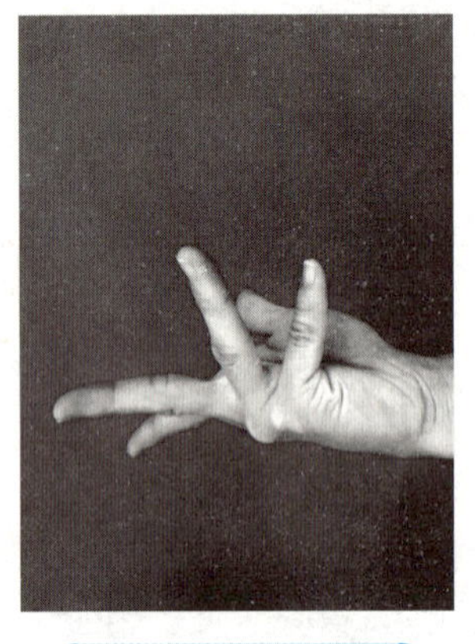
图 14-2-17　花掌

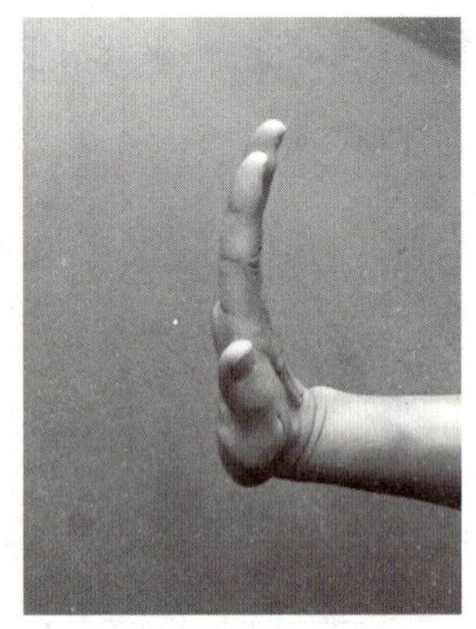
图 14-2-18　立掌

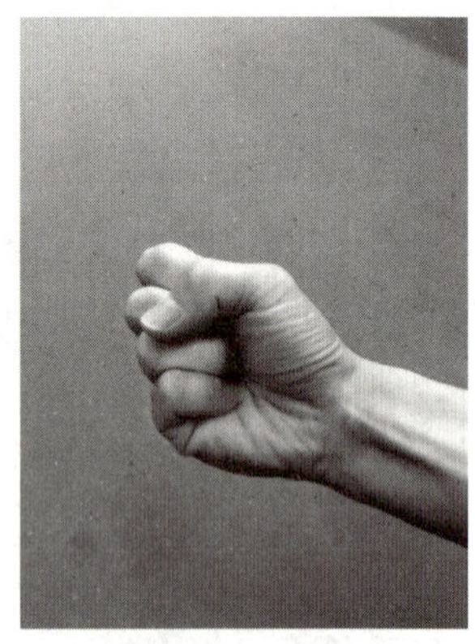
图 14-2-19　拳

（2）手臂动作

① 屈臂摆动。屈肘在体侧自然地摆动，可同时摆动或依次摆动。

② 冲拳。屈臂握拳，由腰间同时或依次冲至某位置。

③ 推。手掌由肩侧同时或依次推至某位置。

④ 绕和绕环。以肩关节为轴，手臂 180°～360° 的运动为绕；大于 360° 以上的运动为绕环。

3. 自编健美操的原则

（1）针对性。应根据不同性别、年龄、爱好、健康状况及身体能力与技能以及锻炼的环境和条件，自编适合的健美操套路。

（2）科学性。自编的健美操在练习时运动负荷能达到一定的心率目标，动作由简到繁，强度由弱到强，逐步增加身体负荷。从而使心血管系统、呼吸系统、消化系统和内脏器官功能得到改善和提高。

（3）安全性。所编的健美操套路应有利于促进身体健康，有效地保证安全。

4. 自编健美操的技巧

（1）基本动作 + 方向、路线的移动变化 = 新的动作

例如，“三步一吸”的基本动作，本来是前后移动方向，我们可以把它改变成方形移动或者左右加转体移动，就会出现新的动作。

（2）基本动作 + 幅度和力度的变化 = 新的动作

例如，左右的并步改变为交叉步，动作幅度加大了。

（3）基本步伐 + 上肢动作的变化 = 新的动作

例如，基本步伐不变，仅仅改变上肢动作，上举—单臂上举—斜上举—经上举绕环等。

小贴士

上肢动作不能总在肩以上的位置做，要注意肩水平位置上下的变化，使心脏的工作始终处于有氧心率的状态。

（4）改变动作强度，组成新的动作。

例如，低冲击步伐改变为高冲击步伐，或者高冲击步伐改变为低冲击步伐。

5. 自编健美操的方法

按照音乐来计划、组织动作。有规律地以 32 拍为单位，4 个八拍动作为一组进行。

首先确定动作难度。初级适合 2~4 种步伐的组合动作；中级适合 5~6 种步伐，还可以加一些变化，要切合实际根据自身掌握的熟练程度逐渐增加难度。

二、与音乐节奏合拍

音乐是健美操的灵魂，节奏是健美操的生命。健美操运动中充满了节奏，有看得见的动作节奏，也有听得出的音乐节奏，同时还有表现情感所特有的呼吸节奏。这三种节奏缺一不可，它们相互作用，贯穿在健美操运动中。选择适宜的音乐进行健美操练习，可以加速学习进程，增强学习效果。在音乐的伴奏下练习，更能给人带来生机，陶冶美的情操。

健美操音乐的选择范围非常广，但大多数的音乐通常是以 2/4 拍或 4/4 拍等节奏感比较强的拍子为主。健美操的音乐速度通常以 10s 为单位作为设计动作速度的标准，分为慢、中、快三个速度。一般慢速为 16~20 拍 /10s，中速为 20~24 拍 /10s，快速为 24 拍 /10s 以上。音乐的节奏和速度严格地控制着动作的节奏和速度，也在很大程度上控制着运动的强度。

健美操是一种节奏韵律感很强的运动，是音乐节奏与动作节奏结合的产物。节奏强化训练可使练习者找到做操的感觉，找到动作、音乐及呼吸节奏融合点，使动作更加准确、协调连贯，充分展示优美的动态形象和韵律感，使动作更具有表现力和感染力，从而获得理想的艺术效果。

1. 讲解健美操运动中节奏的构成

在单个运动、组合运动或成套动作学习时，首先理解健美操节奏由音乐节奏、动作节奏和呼吸节奏和谐地组成，其中动作节奏、呼吸节奏是健美操动作所特有的，音乐节奏是动作节奏的指挥棒，动作节奏是呼吸节奏的调节剂，呼吸节奏是音乐节奏的催化剂，三者缺一不可。接着讲解练习中肌肉的紧张与松弛、空间与时间、用力时间和持续时间长短的关系。

2. 传授乐理的基础知识

在健美操教学中，讲授一些音乐常识，以增强学生对音乐、动作和呼吸等节奏之间关系的进一步认识。例如刚接触到音乐时，首先要学习 2/4、3/4、4/4 拍的音乐特点以及与动作、呼吸节奏之间的协调配合。随着健美操教学的深入，乐曲也随着练习者乐理知识的进步逐渐加难，音乐节奏、呼吸节奏、动作节奏三者更加融合，从而可以提高健美操的教学质量。

3. 采用快节奏的舞蹈训练法

在准备部分将过去的慢跑、游戏等活动改为快节奏的舞蹈训练，如跳西部土族舞、民间舞蹈等。这类舞蹈的特点是动作重复多，简单易学节奏快，音乐节奏清晰，欢快动听，练习一般采用集体舞蹈的形式，这种方法对训练音乐节奏和动作节奏效果较好。

4. 手势训练和击掌练习法

教学中通过理论讲解和实际操作，使学生了解各种音乐节拍，学会打拍子和各种手势，领会音乐指挥手势的作用，结合音乐进行各种手势练习。击掌练习时在教师指挥下集体或分组进行各种拍子的击掌，如根据音乐节拍一拍一击、两拍一击或一拍两击等，使学生熟练掌握各种节拍，适应各种节奏。这种方法一般在教学的初级阶段、课程的准备阶段、练习的间歇阶段或结束阶段使用。

5. 身体素质配乐练习

身体素质练习一般比较枯燥，运动负荷大，易产生疲劳。如果在做仰卧起坐、俯卧撑、推举杠铃等练习时配上优美的音乐，就会使练习者大脑皮质神经中枢产生“负诱导”作用，这样既可延缓疲劳，提高练习兴趣，又使练习者在音乐伴奏下的肌肉活动具有了节奏感。

三、模仿“镜面”动作

镜面示范被视为学习过程中练习者容易接受的最有效的途径。镜面示范是指教师面向练习者的站位、方向而言，教师在示范中总是左脚开步，而练习者则相反地用右脚开始做动作和进行移动，因此，方向总是相反的。换句话说，镜面动作就相当于你本身对着镜子跳，你看到的动作是出左手，你就要出右手，相反就对了。

要想顺利地模仿动作，要记住关键的几点。

（1）抓住关键的动作，记住重音，对整套动作有个大致的印象。可以分开记身体不同部分的动作，这样学习非常快。最后找细节，逐一攻破。

（2）尽量找到有镜子的练习室，没有镜子，跳舞时看不到自己的动作，错了自己也不知道，无法纠正，不利于动作的到位。

（3）借助视频，可以切换镜面示范或者背面示范，还可以选择慢速播放，放慢速度跟学动作。

（4）跟学视频时，可以先学习下肢动作，再学习上肢动作。可以先学一侧手臂动作，再学另一侧手臂动作。

四、健美操常用的手语和口语

1. 健美操的手势提示

手势是身体语言的一种，它是在健美操教学中教师运用各种手势指导练习者完成练习的方法。其特点是直观、简单、明了，有利于练习者连贯完成动作。手势提示方法主要运用于成套操和一段操的复习和巩固阶段。通过手势引导，提示练习者按顺序、方向、要点完成工作，保证练习者能将整套操连贯、完整地完成。

运用手势提示应注意以下几点。

（1）指导者运用手势时，要注意时机和效果。也就是说上一个动作没有结束之前，即 7~8 拍时就应将下一个动作的要点、方向及时地用手势提示出来，帮助练习者准确地完成动作。

（2）在健美操教学中，教师手势的运用要果断，有明确的目的性，做出什么样的手势，应心中有数。

（3）教师要掌握练习者完成动作的情况，在易出现问题的地方，提前向练习者发出准确信号，如击掌引起练习者的注意，然后给予手势提示。

2. 常用手语介绍

（1）向前走四步，用有力的摆臂前指，明示前进方向。

（2）做完一组高强度的动作或学完一组较复杂的动作后，可用拍手、竖大拇指等手势来表示赞许。

（3）当需要练习者在动作用力时加上出声可在语言提示后把手放在耳旁，表示希望听到大家的大吼声。

（4）用手掌轻拍一下自己的头，意味着这一组动作从头开始，手掌放在体前做出下压动作就意味着结束正在进行的动作变成原地踏步的动作。

（5）模仿再现练习者的错误动作，或适度夸张、放大某些错误动作的细节，帮助练习者认识错误，以手势提示身体某部位的发力方向与时间的正确动作。

以上手势的意思是大家认同的，但每个教师也会有一些自己独特的手势，应在教学中灵活运用。

3. 健美操的口头语言

（1）讲解性语言

在讲解动作过程中，语言要准确、精炼、生动并富有启发性。如“左吸腿跳左转接右腿大踢跳”这一组合动作可提炼为“左吸转右踢”，这样既讲清了动作之间的转换、运动路线及动作方向，使练习者在听、看、想、练几方面有机结合，同时又有助于进一步掌握健美操的术语。

（2）提示性语言

提示性语言即口语，是指在练习过程中，为引起练习者注意而采用的提示或口令，对顺利掌握和纠正健美操动作有很大的帮助。要求语言提示或者口令的声音洪亮，发音准确，声调要恰当，且要随着音乐和动作的要求起伏和变化，做到轻重有别、快慢有序。即通过不同的语气、语调提示来调节练习者的心理活动，通常采用边数节拍、边提示动作的方法。

如提示身体姿势时，可叫“一、二、三、四，两臂伸直”；提示动作开始时间，可叫“四、三、二、开始”；提示动作方向时可叫“向左三四，向右七八”；提示动作速度时可提示“五六加快”；若更换动作时，可叫“五六V字步”；要求连续进行时，可叫“五六再来一次”；要求停止练习时，可叫“五六七停”。

（3）评价性语言

评价性语言包括鼓励语、批评语和激励语，作用是及时调控，及时改正不正确的动作。比如想鼓励练习者就用“加油、跟我来、棒极了”；当练习者出现含胸、塌腰等问题，指导者就要用“挺胸、紧腰”，调节练习者的情绪和注意力，使他们及时了解学习效果，轻松自信地坚持练习，排除压抑感和自卑感；在进行高强度或高难动作练习时，可随音乐的强劲节拍用适当的象声词进行鼓励，如“嗨”“啪”“咚”等，以增强练习的趣味性，加强动作力度，缓解疲劳的产生。

在健美操教学过程中，教师运用各种形式的语言提示及手势提示动作的要求，使练习者能够在教师的提示下顺利地完成一段不熟练的动作。成功的提示应是提示的任何信息都能在练习者那里得到及时有效的反馈，使教师传达给练习者的信息量大大增加，并且练习者对教师的意图理解得更为准确和清晰，同时也能保证教师出色地完成教学任务。

五、套路动作的识记方法

帮助学生加强记忆，就是依据记忆的规律和原则，结合健美操的特点，科学合理地组织教学实践活动，尽力使教学过程达到准确化和规范化。常用的识记方法有以下几种。

1. 复述法

复述是教学过程中让练习者以多种形式重复讲授的主要内容，把必须记忆的动作名称、做法、节拍保持一定的记忆而不易消失，明确记忆任务。教师每节课布置教学任务的同时要向练习者提出具体的记忆内容。授课结束时，要求练习者简单小结所学动作的名称和做法。

（1）布置课外笔记。为了使学习的动作能长期地保持在学生的记忆中，要布置练习者做课外笔记，记写动作的内容和体会。

（2）动作归类。分阶段将所学内容进行系统归类，包括基本动作的内容和规范要求、基本组合的规范要求、成套动作的连接技巧等。通过系统化归类的知识才能长久地保持在记忆中。

2. 衔接法

健美操动作由于节数多，拍节多，动作变化多的特点，给练习者的学习和掌握带来一定困难。因此，教师要注意如何使练习者熟练掌握每节与每节之间、每段与每段之间、动作与音乐之间的衔接，以培养正确的记忆动作与感知动作的能力。

（1）学好单节操。学好单节操是掌握成套动作的基础，因此，教学时要教会练习者掌握每节动作的基本环节，明确每节操的开始姿势、动作方向、动作路线、节拍、手型、步型、结束姿势。第一段最后一节的教学时，要及时将此段各节动作与前段动作衔接进行练习，如此逐节、逐段地滚动教学，最后串联成套。

（2）动作与音乐的衔接。对于动作与音乐的配合问题，教学时要让练习者熟悉音乐，分析音乐与操的关系。讲清前奏的节拍、动作开始的音乐、动作中特殊处理的音乐以及结束的音乐。当练习者初步了解动作与音乐的关系后，再带领他们在音乐伴奏下，附加口令指挥反复练习，逐步过渡到完全在音乐伴奏下进行练习。

3. 念动法

念动练习是一种有意识、有系统地在脑海中重复再现原已形成的动作表象。这种方法不费体力，而对于复习和掌握动作具有良好的作用。

（1）依据人体生理结构，记忆成套体操顺序。健美操是根据人体结构设计的动作，其动作类别包括头颈、肩、胸、腰、髋、上肢、下肢 7 个部位。尽管健美操动作千变万化，但只要掌握人体生理结构和人体动作的自然规律，应用念动练习的方法有助于学生掌握和记忆成套动作的顺序。

（2）课内想象练习。在课堂上除身体练习外，还可集中注意观察一个动作过程，然后进行想象，使它在脑中完成。对还不熟练的成套动作，反复想象各节的名称、顺序，各节各段之间的连接技术，使它们在脑中串联成套。

（3）课外想象练习。利用休息或入睡前进行想象练习，能使想象运动的肌肉产生微弱的神经冲动，多次重复就会起到强化记忆的作用。

4. 激励法

根据自觉积极性原则，培养提高健美操的学习兴趣是加强记忆的前提。

（1）丰富记忆内容、激化求学感。采用挂图、照片、视频等直观教具演示国内外优秀运动员的动作，组织练习者观看即将学习的套路录像，能使学生产生强烈的求学感，增强学好健美操的信心，集中注意力，在头脑中容易建立概念，达到提高记忆的目的。

（2）安排跳跃组合，激发学习兴趣。每节课安排一组趣味性跳跃组合，能激发学习兴趣。据有关科研测定表明，当音乐速度达到每分钟 138~180 拍时，就会形成一种明快而强烈的跳跃性节奏。这种节奏具有催人跳舞的巨大吸引力，能使练习者在跳跃中产生兴奋的良好意境，获得学习的兴趣。

5. 表演法

在教学的巩固提高阶段，为了加强记忆的准确性，采用表演的方法，突出正确、熟练、优美的动作，改正错误动作，提高动作质量，达到巩固动作技能的效果。

（1）正误演示。教师根据平时的学习表现，对那些易犯错误、典型错误，派出一名练习者做动作，让其他人看清错误。而后推荐一名动作优秀的练习者进行表演，这种对比练习，使大家一目了然，知道错误之处、错误程度，知错而改。

（2）检查性表演及评议。将练习者分成若干小组，每组 2~3 人，进行轮换表演。每组表演后让学生对表演的优劣进行评议，分析和纠正错误，以达到掌握技术动作的目的。

第三节 力与美的欣赏

一、竞技健美操——力与美的象征

竞技健美操是一项在音乐的伴奏下，能够表现连续、复杂、高强度成套动作的运动项目。它的动作特点是具有鲜明的节奏感和韵律感，同时要求动作有一定的力度和弹性。因此，教练员、运动员在创编成套动作时，不仅要有足够数量精彩的难度动作，还应保持健美操的项目特色，同时还要给人以美的享受，表现美的形象，让美的动作、美的图案（队形）和美的旋律得以充分展示，去感染观众和裁判员，这对比赛能否取胜起着至关重要的作用。

二、世界冠军的最后得分

竞技健美操是一项艺术性极高并要求不断创新的运动项目。在竞技健美操比赛中，动作创新和艺术性是密不可分的，只有具备高度艺术性的动作和编排，才有更高的价值。可以预料，在今后的国际比赛中，只有将高度的艺术性与完善的技术紧密结合，并具有自己独特个人风格的运动员，才能在激烈的竞争中取胜。

1. 比赛项目及场地

比赛可分为男单、女单、混合双人、三人（男三、女三、混合三人）、六人项目。单人、混双、三人项目的场地为 7m × 7m，六人项目的场地为 12m × 12m。标记带为宽 5cm 的红色或黑色带，标记带是场地的一部分。

2. 运动员服装

女生着泳装式紧身健美操服和肉色连裤袜，白色运动鞋袜，不允许使用悬垂饰物。集体项目运动服装应协调一致。

3. 比赛内容及时间

健美操比赛只进行符合规则要求的自编动作比赛。

健身健美操的成套动作时间为 2.5~3min（计时由动作开始到动作结束）。

竞技健美操的成套动作时间为 1min45s，有 ± 5s 的宽容度。

4. 比赛成套动作的评分标准

竞技健美操比赛成绩是艺术分、完成分和难度分相加再减去所有扣分即为最后得分。艺术分最高分 10 分，完成分最高分 10 分，难度分计算前 12 个难度的价值 ÷ 系数。预赛成绩不带入决赛。竞技健美操的难度动作分为四类：动力性力量，静力性力量，跳与跃，平衡与柔韧。艺术分根据操化动作、过渡与连接的编排、成套内容、表现力与音乐的使用四个方面评分。完成分包括动作技术技巧、合拍与一致性、动作的规范性三个方面。

三、健美操运动员的感染力

健美操运动员的表现力是指在竞技健美操比赛中，运动员的内在精神气质和外在动作表现的统一，是表演艺术水平的体现。运动员的面部表情、动作的表现激情是感染观众，提高比赛成绩的重要因素。影响健美操运动员表现力的因素包括气质与性格、专项素质、动作规格、舞蹈、音乐和兴趣等，这些因素对运动员先天的表现意识形成、各类动作完成质量的提高、动作表演内涵的丰富、表现情绪的激发及艺术修养的培养都有着不同程度的影响，并最终影响运动员的表现水平。运动员的感染力可以通过四个途径来提高：扎实的动作基础，层次清晰、特色鲜明的音乐，自信心和应变能力的培养，良好的身体姿态。

四、团体项目的整体艺术效果

健美操源于生活及人们对人体健美的追求，是体操、舞蹈、音乐逐步发展和结合的产物。健美操较好地把体育与艺术结合在一起。因此，它与一般体育运动项目相比，具有比较多的艺术特点。例如，整齐一律，它是同一形式的一致重复，是最简单形式美，在健美操中运用的也最为广泛。试以竞技健美操中的混合六人健美操为例，无论是三男三女，二男四女或四男二女健美操，其服装的颜色一般是统一的，其发型发式也是一致的，这便属于单纯的美。其规定动作或自选动作中，许多动作都要求整齐一致，这便属于一律的美。它虽然简单，却是最基本的形式美构成法则，也是健美操中多人操的动作基础。当然，如果过分地强调整齐一律，就会显得呆板。在混合双人和三人健美操中，均衡应用得较多，而在混合六人健美操中，则对称动作应用较多，这样能使整个队形对称整齐，整体壮观，达到较好的视觉效果。在健美操中，对比主要可运用于色彩、形体及音乐中。拿色彩对比来说，混合双人健美操中，男女运动员的服装颜色不必强求一致，如运用黑白对比、红黑对比、蓝白对比等，往往能获得出奇制胜的效果。再如混合六人健美操，如果是三男三女的话，则宜三男的服装颜色统一为一色，三女的服装颜色为另一色，如能形成强烈对比的话，则视觉效果可能会更好一些，因为它在统一中有变化，比较符合形式美的法则。

五、从美的鉴赏中得到美的熏陶

健美操真正的美体现在动作编排新颖美，动作高质优美，高难动作和连接创造艺术美，完成成套动作的节奏流畅美，艺术表现美，稳定美，难与美和谐统一。这种美绝非文学艺术性的美，它完全是追求人体的创造美和表现美。运动员通过一套高难、新颖、赋予美感的动作，将人体最大限度地美展现给观众。

思考题

1. 健美操的基本动作有哪些？
2. 如何科学地设计锻炼方案？
3. 如何欣赏健美操比赛？

参考文献

[1] 张建新 . 大学体育文化教程 [M]. 北京：北京体育大学出版社，2012.
[2] 常静，许庆兵，等 . 大学生体育文化素养与运动实践教程 [M]. 北京：新华出版社，2015.
[3] 王幼军 . 体育理论 [M]. 合肥：合肥工业大学出版社，2013.
[4] 张越，郭怡，等 . 奥林匹克文化教程 [M]. 杭州：浙江大学出版社，2013.
[5] 罗时铭，曹守和 . 奥林匹克学 [M]. 3 版 . 北京：高等教育出版社，2015.
[6] 鲁威人 . 体育学 [M]. 北京：清华大学出版社，2016.
[7] 吴纪晓 . 大学生健康教育 [M]. 北京：高等教育出版社，2005.
[8] 王健，何玉秀 . 健康体适能 [M]. 北京：人民体育出版社，2007.
[9] 王步标，黄超文 . 体适能与健康 [M]. 长沙：湖南科学技术出版社，2003.
[10] 邓树勋，王健 . 高级运动生理学——理论与运用 [M]. 北京：高等教育出版社，2003.
[11] 田野 . 运动生理学高级教程 [M]. 北京：高等教育出版社，2003.
[12] 邓树勋，王建，乔德才 . 运动生理学 [M]. 北京：高等教育出版社，2004.
[13] 王瑞元 . 运动生理学 [M]. 北京：人民体育出版社，2002.
[14] 黄和平，李成 . 体育保健学 [M]. 南昌：江西高校出版社，2013.
[15] 翟向阳，卢红梅，等 . 体育保健学 [M]. 杭州：浙江大学出版社，2013.
[16] 贾秀春，李晓霞 . 体育保健与健康指导 [M]. 长春：吉林大学出版社，2012.
[17] 季克异 . 田径 [M]. 北京：高等教育出版社，2006.
[18] 李鸿江 . 田径 [M]. 3 版 . 北京：高等教育出版社，2014.
[19] 吴永海 . 田径训练使用手册 [M]. 北京：国家行政学院出版社，2013.
[20] 张英波，孙南 . 跑、跳、投 [M]. 北京：北京体育大学出版社，2009.
[21] 陆仲元 . 足球学习指导 [M]. 桂林：广西师范大学出版社，2002.
[22] 朱保成，白先月 . 足球入门 [M]. 合肥：安徽科学技术出版社，2009.
[23] 李吉慧 . 现代足球训练理论与实践 [M]. 北京：人民体育出版社，2008.
[24] 解颖爽 . 足球 [M]. 济南：山东大学出版社，2001.
[25] 周爱光，刘丰德 . 乒乓球运动 [M]. 北京：高等教育出版社，2014.
[26] 唐建军 . 乒乓球实战技巧 [M]. 北京：北京体育大学出版社，2003.
[27] 蔡继玲，吴修文，等 . 乒乓球 [M]. 北京：北京体育大学出版社，2002.
[28] 于可红，郑其适，陈浩 . 羽毛球训练教程 [M]. 北京：高等教育出版社，2016.
[29] 朱建国 . 羽毛球运动教学与训练教程 [M]. 北京：清华大学出版社，2015.
[30] 陈浩 . 羽毛球运动 [M]. 杭州：浙江大学出版社，2015.
[31] 邵明虎 . 小球教程：乒乓球、羽毛球、网球 [M]. 北京：北京师范大学出版社，2012.
[32] 谢成超，杨学明，等 . 大学网球教程 [M]. 北京：化学工业出版社，2016.
[33] 何伟 . 网球基础教学与训练 [M]. 上海：上海交通大学出版社，2013.
[34] 周文胜，闫美怡 . 网球基础与实战技巧 [M]. 成都：成都时代出版社，2011.
[35] 李雄辉，王萌，等 . 看图学打网球 [M]. 北京：人民邮电出版社，2016.
[36] 梅雪雄 . 游泳 [M]. 北京：高等教育出版社，2007.
[37] 黄宇顺 . 游泳 [M]. 成都：成都时代出版社，2010.
[38] 季克异 . 游泳 [M]. 北京：高等教育出版社，2007.

[39] 秋实 . 游泳入门 [M]. 广州：世界图书出版公司，2008.
[40] 张瑞林 . 游泳 [M]. 北京：高等教育出版社，2010.
[41] 王金宝 . 游泳 [M]. 北京：人民教育出版社，2007.
[42] 蔡仲林，周之华 . 武术 [M]. 北京：高等教育出版社，2005.
[43] 周殿学，周洪生 . 防身术 [M]. 长春：吉林文史出版社，2014.
[44] 周殿学，周洪生 . 散打 [M]. 长春：吉林文史出版社，2014.
[45] 王洪 . 健美操教程 [M]. 北京：人民体育出版社，2000.
[46] 马鸿韬 . 健美操运动教程 [M]. 北京：北京体育大学出版社，2007.